広島経済大学研究双書第32冊

増田 正勝 著

ドイツ経営パートナーシャフト史

東京 森山書店 発行

序

　「経営パートナーシャフト」とは"Betriebliche Partnerschaft"の訳である。直訳すれば「経営的パートナーシャフト」となる。すなわち経営レベルにおけるパートナーシャフトである。この経営パートナーシャフトの理念を実現している、あるいはそれを実現しようと試みている企業が「パートナーシャフト企業」(Partnerschaftsunternehmen) あるいは「パートナーシャフト経営」(Partnerschaftsbetrieb) といわれる。経営を超えた空間におけるパートナーシャフトについては、「超経営的パートナーシャフト」(Überbetriebliche Partnerschaft) あるいは「社会的パートナーシャフト」(Soziale Partnerschaft) ということがいわれる。

　同じようにパートナーシャフトという言葉が使われており、しかも英語のパートナーシップと同義語的に理解されて、しばしば「労使共同」あるいは「労使協力」といった訳語が当てはめられることが多い。しかし、敢えてより適切な訳語を探すとすれば、「労使協働」の方がパートナーシャフトの意味するところに近いであろう。目的を共有するところでパートナーシャフト的関係が成立し、その目的の実現に向かってパートナーが協働する関係にあるとき、はじめてパートナーシャフトについて語り得るからである。

　しかし、本書では、ドイツ語のパートナーシャフトという言葉をそのまま使用することにした。経営レベルにしろ、経営を超えたレベルにしろ、パートナーシャフトといわれる関係が形成されるまでには相当の歴史的時間が経過しなければならなかった。その歴史的過程を尊重しようとすれば、ドイツ語のパートナーシャフトという言葉はそのままにしておいた方がよいと判断した。したがって本書の書名も『ドイツ経営パートナーシャフト史』ということになった。

経営を超えたレベルにおけるパートナーシャフト、すなわち「社会的パートナーシャフト」は、一般に、労働組合と使用者団体という、労働協約パートナー間のパートナーシャフトと理解されている。ドイツでは労働組合も使用者団体も産業別に組織されているので、両者の関係は自ずと超経営的な空間で、つまり社会的な空間で形成されることになる。しかも労働組合は被用者（Arbeitnehmer）の利益団体であり、他方、使用者団体は使用者（Arbeitgeber）の利益団体である。もともと利害の対立する労使がパートナーシャフト的関係を形成するということは、少なくとも現在の経済社会秩序を原則的に肯定するとともに、その経済社会の構成員としてお互いの存在を尊重するということがなければならない。19世紀における敵対的な労使関係から今日の「社会的パートナーシャフト」へ至るまでには1世紀以上に及ぶ時間の経過が必要であった。

　経営における労使関係も同じような経過をたどりながらも、19世紀後半に入ると経営パートナーシャフトの原初的形態が生まれ始めた。ひとつの源流は労働者代表制の萌芽であり、いまひとつの源流は利潤参加の流れであった。はじめはいずれも家父長主義的思考や労働者保護主義的思考に支配されていたが、前者は、やがて経済民主主義の思想と合流して、労働者の経営参加、すなわち労資共同決定へと成熟していく。後者は、さまざまの変種を派生させながら、やがて所有参加の思想、さらに労働者の財産形成政策の思想と合流しつつ、労働者の成果参加や資本参加へと発展していく。この二つの思想財から得られる素材を基にして一定の経営思想を構築しようとしたのが、経営パートナーシャフトの構想であった。果たしてそれに成功しているだろうか。これが本書におけるわれわれの基本的な問題意識である。

　ドイツにおける経営パートナーシャフトの生成・発展を歴史的に考察しようとすれば、その思想史的・制度史的淵源を19世紀にまで遡らなければならないが、本書では、第2次世界大戦以後の展開に焦点を合わせている。それは何よりもドイツにおける経営パートナーシャフトは第2次世界大戦後においてはじめて本格的な発展期を迎えるからである。

現在ではおよそ3,000社において経営パートナーシャフトが実践されているといわれている。その場合、「経営パートナーシャフト」といわれるものはいったい何であろうか。1950年に創設され、パートナーシャフト運動の中心的担い手となっていく「パートナーシャフト協会」(AGP) の定款 (1972年) によれば、経営パートナーシャフトの概念は以下のように定義されている。

　　「経営パートナーシャフトとは、企業経営者と従業員との間の、契約によって協定された協働の形態であり、それは、すべての参加者に最高度の自己啓発を可能にし、またさまざまの形態の協力、および適切な共同責任を伴った共同決定によって、労働疎外を克服しようとするものである。このパートナーシャフトの不可欠の構成要素は、共同で獲得した成果に、または企業の資本に、あるいはこの両者に従業員が参加することである。」

　この定義によれば、経営パートナーシャフトには二つの柱がある。第1の柱は、従業員の経営参加であり、精神的参加 (Immaterielle Beteiligung) といわれるものである。第2の柱は、物的参加 (Materielle Beteiligung) といわれるものであり、利潤参加、成果参加、資本参加などを含んでいる。この二つの柱を支えている基礎は、経営構成員の協働である。経営は、資本提供者・従業員・企業経営者の三者から構成される労働共同体として理解される。そして、この三者によって共有される協働の目的が企業目的の達成ということになる。

　近年では「従業員参加」(Mitarbeiterbeteiligung) という用語がよく使われるようになった。経営パートナーシャフトの物的参加の側面を意味している場合が多いが、経営パートナーシャフトとほぼ同じ意味で使われることもある。

　本書では、まず六つの企業の経営パートナーシャフトを取り上げている。パウル・シュピンドラー・ヴェルク社 (第1章) は、戦後の経営パートナーシャフトを語るうえで絶対に欠かせない存在であるとしても、他の5社ははじめから何か特別の意図があって選択されたわけではない。偶々資料がそろっていたというような事情から取り上げられたにすぎない。しかし、偶然とはいえ、結果としては、まずいろいろな企業規模の経営パートナーシャフトと出会うことができた。また、ピエロト社 (第3章)、グリューンベック社 (第4章)、ベル

テルスマン社(第5章)は、いずれも「パートナーシャフト賞」を受賞しており、「パートナーシャフト協会」(AGP)を中心とするパートナーシャフト運動との関わりも描くことができた。

シュピンドラー(Spindler, Gert P.)は、戦後における経営パートナーシャフトのパイオニアの一人である。「パートナーシャフト協会」(AGP)を創設して、パートナーシャフト運動の旗手となった。ドゥレーガーヴェルク社(第6章)のクリスティアン・ドゥレーガー(Dräger, Christian)は、1978年から1984年までAGPの理事長を務め、パートナーシャフト運動の発展に大きく寄与した。ゼドゥス・シュトル社(第2章)は、古くからのAGP会員としてパートナーシャフト運動を地道に支えてきた。こうして見てみると、6社はいずれも、「パートナーシャフト協会」(AGP)を中心とする、経営パートナーシャフトの促進・啓蒙活動に直接・間接に関わっている。

では、実際に経営パートナーシャフトはどのように実現されてきたのか。この6社にかぎらず、経営パートナーシャフトの実践は実に多様である。決まり切った一定のモデルといったものはない。企業ごとにそれぞれユニークさがある。これがわれわれの至りついた結論である。この6社に共通するものがあるとすれば、その会社形態に関わりなく、いわゆる家族企業ないし同族企業としての特質を持ち続けているということであろう。例えば、ベルテルスマン社では、ベルテルスマン財団を創設して同族の株式をすべてここに移譲し、議決権のない優先株と受益証券のみを公開するという方法で、同族的所有構造を保持しようとしている。他の多くのパートナーシャフト企業についてもその所有構造を調べてみるといいと思うが、残念ながらわれわれの研究はそこまでは及んでいない。さらにいまひとつの共通点を挙げるとすれば、経営パートナーシャフトの実践はいずれも企業者(所有者)のイニシアティフによって行われているということである。

第7章では、労働者財産形成法の展開を取り上げている。1984年の「第4次財産形成法」は、労働者財産形成政策の方向を個別企業レベルにおける資本参加へ大きく転換させることになった。それは長年のパートナーシャフト運動

の成果であるとともに、経営パートナーシャフトの促進に新たな駆動力を与えることになった。経営パートナーシャフトの進展と労働者財産形成法の展開を結びつけて考察していく必要がある。

　ドイツの労働組合は、伝統的に経営パートナーシャフトの運動には批判と懐疑の目を向けてきた。なぜ経営パートナーシャフトは労働組合の理解を得られなかったのか。第8章では、そのいくつかの諸相について考察を加えてみる。

　第9章では、1950年に創設された「パートナーシャフト協会」（AGP）の活動を取り上げる。今のところ60年近いAGPの活動をまとめた著作物はない。雑多な資料を集めて何とか全体像を描こうと努めてみたものの、不満足なものに終わっている。それでもAGPがパートナーシャフト運動の中心的担い手であったことは伝えられたのではないかと思う。

　ドイツの経営学者で経営パートナーシャフトの専門家といえば、まずギード・フィッシャー（Fischer, Guido）である。シュピンドラーと共に「パートナーシャフト協会」（AGP）の創設に参加し、経営経済学者として経営パートナーシャフトの促進・啓蒙に大きな影響を与えた。第10章においてフッシャーの経営パートナーシャフト思想を考察する。

　最後の第11章では、ガウグラー（Gaugler, Eduard）の経営パートナーシャフト思想を取り上げる。フィッシャーの門下生として、その経営パートナーシャフト思想を継承しつつ、マンハイム大学を拠点として「パートナーシャフト協会」（AGP）の活動を学術的に支援してきた。今日では「従業員参加の老大家」（Nestor der Mitarbeiterbeteiligung）と称されている。ガウグラーの経営パートナーシャフト思想の特質について考察を試みる。

　本書における、われわれの基本的立場は、経営パートナーシャフトは社会的パートナーシャフトを前提としてはじめて成立し得るという立場である。経営パートナーシャフトが追求する、経営における人間性の回復および労働者の精神的参加・物的参加という目標は、独り閉じられた経営空間の中で実現されるものではなく、社会経済過程における経済民主主義的労使関係の形成、すなわち社会的パートナーシャフトの形成と相俟ってはじめて実現可能となるという

ことである。

　われわれはこれまですでに二つの研究においてこのような観点を明らかにしてきた。すなわち『ドイツ経営政策思想』（森山書店、1981年）では、社会的カトリシズムの立場に立つ、ブリーフス（Briefs, Goetz）以下6人の経営社会学者たちが、経営における人間問題の解明とその克服に立ち向かう中で、経営の権力構造とその民主化の問題、すなわち労資共同決定の問題に遭遇せざるを得なかったことを学説史的に明らかにした。また、『キリスト教経営思想—近代経営体制とドイツ・カトリシズム』（森山書店、1999年）は、社会的カトリシズムにおける共同決定思想および所有参加思想の生成・発展を、キリスト教労働組合運動の展開と交差させながら、19世紀にまで遡って描こうと試みたものである。この書の「第10章　フィッシャーのパートナーシャフト思想」は、いわば本書の序奏ともいうべきものとなっている。そこで展開されたフィッシャー批判がそのまま通奏低音となって本書の終わりまでわれわれを導いている。

　「モンタン共同決定法」（1951年）によって開始されたドイツ的企業体制、すなわち労資共同決定制度を、経営パートナーシャフトにとって異質のものとして受け取っているかぎり、経営パートナーシャフトの啓蒙・促進の運動も常に限界にぶつからざるを得ない。すでにドイツ的企業体制の基礎となっている労資共同決定制度を経営パートナーシャフトの思想および実践において未だに十分に統合し得ていないというのが、経営パートナーシャフトに対する、われわれの批判であり、本書の結論である。

　経営パートナーシャフトについてはじめて研究報告を行ったのは、1998年12月、南山大学社会倫理研究所主催の第8回定例研究会においてであった。テーマは「経営的パートナーシャフトと社会的カトリシズム」であった。その後、1999年12月、和歌山大学で開催された第6回「現代ドイツ企業研究会」で「ドイツにおけるパートナーシャフト経営について」と題して研究報告を行った。この当時はまだ研究方向も定まらず、経営パートナーシャフトをテーマにして研究をまとめようなどとは思いも寄らなかった。2001年3月に山口大学を定年退職して同年4月から広島経済大学に勤務し始めてようやく研究テー

マが定まり、2005年のゼドゥス・シュトル社の経営パートナーシャフトを皮切りに、2009年12月までに9編の論文をまとめた。第10章のフィッシャーについては山口大学時代の論稿がある。第9章だけが未発表である。これを除いて既発表の論文10編については改めて加筆・修正を施して本書に収めた。それらの基礎論文についてはその一覧をこの書の末尾に付けてある。

経営パートナーシャフトに関する文献を何となく集め始めたのは、1987年と1998年、マンハイム大学に在外研究中のことであった。ガウグラー教授 (Prof. Dr. Dres. h.c. Eduard Gaugler) の講座図書室にあるいろいろな文献を複写する中に経営パートナーシャフトの資料も含まれていた。1998年にはガウグラー教授に紹介していただいて、カッセルにある「パートナーシャフト協会」(AGP) に事務局長のレチウス氏 (Lezius, Michael) を訪ねるとともに、カッセル大学に保管されているAGP蔵書を閲覧することができた。改めてレチウス氏のご厚意に御礼申し上げる。

実際に経営パートナーシャフトの研究に取りかかってからも、資料の収集やいろいろな問い合わせに、ガウグラー教授はいつも丁寧に応えて下さった。2000年の初夏にはご夫妻で山口を訪れて下さり、山口・萩・仙崎、宮島・平和公園などをご案内することができた。教授の温かいお人柄をいつまでも忘れることができない。こうして研究をまとめることができたのもガウグラー教授のご指導あってのことである。ここに衷心より厚く御礼申し上げる次第である。

2007年8月末、旅すがら、ピエロト社、ベルテルスマン社、ドゥレーガーヴェルク社、ゼドゥス・シュトル社を訪問させていただいた。突然の訪問にもかかわらず面談に応じて下さり、また貴重な資料を戴いた。深く感謝申し上げる次第である。

この度の研究もまた、恩師、故市原季一先生によって導かれるところとなった。本書第1章のシュピンドラーについては、ご著作『ドイツ経営政策』(森山書店、1957年) の中ですでに考察を加えておられた。それから半世紀を経て改めて検討することになったが、果たしてどのように評価されるであろうか。

先生がご逝去されて30年という歳月が流れ、当方もすでに古希を過ぎてしまった。それでもなおたえず先生のご批判を待っている。それが学恩というものであろうか。今さらながらに深い感謝の念を覚える次第である。

　市原門下の学兄諸氏も学界を退かれる方が多くなってきたが、先輩の吉田修先生、同期の永田誠氏にはいつも変らぬ激励をいただいて有難く思っている。

　本研究については、とりわけ「現代ドイツ企業研究会」の先生方からご教示・ご鞭撻をたまわった。とりわけ清水敏允、宗像正幸、田渕進、吉森賢、佐々木常和、古川澄明の各先生方には日頃のご厚誼を感謝したい。

　本書は、「広島経済大学研究双書第32冊」として刊行されるものである。広島経済大学より出版助成を受けた。刊行に当たり、同双書を企画・運営している広島経済大学地域経済研究所にはいろいろご面倒をおかけした。合わせてここに厚く御礼申し上げる次第である。

　過去の2冊の研究書に続いて3冊目の本書も森山書店が出版を引き受けて下さった。森山書店社長、菅田直文氏には心から御礼申し上げたい。経営学専門書の伝統ある出版社としてますますのご発展を衷心よりお祈り申し上げる。

　末尾ではあるが、2008年元旦早々、急性大動脈（胸部・腹部）解離という病魔に襲われ、一時は研究生活を断念することも考えたが、幸い手術もなく解離したままの状態で日常生活に復帰することができた。入院中は何かと大学にはご迷惑をかけお世話になった。前広島経済大学学長・現理事長石田恒夫先生、大学院研究科長中川栄治先生、経営学科主任細井謙一先生、経営学科の米谷雅之先生ほか諸先生方には改めて厚く御礼申し上げたい。また、主治医の齋藤聰先生（済生会山口病院外科）、カンガス神父様（山口カトリック教会）をはじめ本当にたくさんの方々から励ましをいただいた。お陰をもって何とか研究をまとめあげることができた。感謝の念に堪えない。最後に、これまで研究生活を支えてくれた妻キリエと4人の子供たち、光哉・真哉・待子・奏哉に深く感謝する。

　　　　2010年2月21日　四旬節第一主日

　　　　　　　　　　　　　　　　　　　　　　　　著　　者

目　　次

第1章　パウル・シュピンドラー・ヴェルク社の 経営パートナーシャフト……………………………………1
　Ⅰ．序　　論………………………………………………………………1
　Ⅱ．パウル・シュピンドラー・ヴェルク社の生成と発展、そして解散……3
　Ⅲ．"シュピンドラー・モデル"の展開……………………………………9
　　1．経営パートナーシャフトの精神……………………………………10
　　2．経営パートナーシャフトの組織……………………………………12
　　　2-1．パートナーシャフト委員会……………………………………12
　　　2-2．共同企業者諮問委員会…………………………………………15
　　　2-3．情報権……………………………………………………………15
　　3．成果参加………………………………………………………………16
　　　3-1．経営成果の計算と参加方式……………………………………16
　　　3-2．損失参加…………………………………………………………18
　　　3-3．資産参加…………………………………………………………18
　　4．共同企業者契約の締結と解約………………………………………18
　Ⅳ．"シュピンドラー・モデル"と経営協議会……………………………19
　Ⅴ．シュピンドラーの経営パートナーシャフト思想……………………23
　　1．経営パートナーシャフトの基本思考………………………………23
　　2．経営パートナーシャフトと共同決定………………………………26
　　3．経営パートナーシャフトと成果参加………………………………27
　Ⅵ．結　　論………………………………………………………………29

第2章　ゼドゥス・シュトル社の経営パートナーシャフト………33
　Ⅰ．序　　論………………………………………………………………33
　Ⅱ．ゼドゥス・シュトル社の生成と発展…………………………………35
　Ⅲ．ゼドゥス・シュトル社の経営パートナーシャフト…………………38

            1. 成 果 参 加……………………………………………………………………*38*
            2. 資 本 参 加……………………………………………………………………*39*
                2-1. 経営成果の個別分配……………………………………………………*39*
                2-2. 従業員持分口座―貸付参加……………………………………………*40*
                2-3. 匿名組合参加……………………………………………………………*41*
        Ⅳ. シュトル・ヴィタ財団の設立………………………………………………………*43*
        Ⅴ. 経営パートナーシャフトと企業文化………………………………………………*46*
        Ⅵ. 結　　論………………………………………………………………………………*49*

第3章　ピエロト社の経営パートナーシャフト………………………………………*51*
    Ⅰ. 序　　論…………………………………………………………………………………*51*
    Ⅱ. ピエロト社の生成と発展………………………………………………………………*52*
        1. 17世紀から第2次世界大戦終了までの歩み……………………………………*52*
        2. 第2次世界大戦後から1980年代までの展開……………………………………*54*
        3. 1980年代以降の発展………………………………………………………………*56*
    Ⅲ. "ピエロト・モデル"の展開…………………………………………………………*58*
        1. 従業員参加の基礎……………………………………………………………………*58*
        2. パートナーシャフト委員会…………………………………………………………*59*
        3. 成 果 参 加……………………………………………………………………*60*
            3-1. 参加資格……………………………………………………………………*60*
            3-2. 成果参加総額の算出………………………………………………………*60*
            3-3. 経営成果の個別分配………………………………………………………*61*
            3-4. 貸付参加……………………………………………………………………*61*
            3-5. 資本参加……………………………………………………………………*62*
        4. パートナーシャフト契約の解消および定款の変更………………………………*62*
            4-1. パートナーシャフト契約の解消…………………………………………*62*
            4-2. 定款の変更…………………………………………………………………*63*
    Ⅳ. "ピエロト・モデル"と経営パートナーシャフト思想………………………………*63*

1．"ピエロト・モデル"と財産形成思考…………………………63
　　　2．"ピエロト・モデル"と労資共同体思考…………………………66
　Ⅴ．"ピエロト・モデル"の実践………………………………………69
　Ⅵ．結　　論…………………………………………………………72

第4章　グリューンベック社の経営パートナーシャフト………75
　Ⅰ．序　　論…………………………………………………………75
　Ⅱ．グリューンベック社の生成と発展………………………………76
　Ⅲ．"グリューンベック・モデル"の形成と展開……………………79
　　　1．第1段階：パートナーシャフト契約と利潤参加………………79
　　　　1-1．パートナーシャフト契約の課題…………………………80
　　　　1-2．パートナーシャフト委員会………………………………80
　　　　1-3．利潤参加……………………………………………………81
　　　　1-4．"グリューンベック・モデル"の特徴……………………82
　　　2．第2段階：グリューンベック従業員参加有限会社の設立……83
　　　3．第3段階：第4次財産形成法と匿名参加………………………84
　　　4．第4段階：グリューンベック水質浄化有限会社と
　　　　　　　　　グリューンベック従業員参加有限会社の合併……85
　　　5．第5段階：従業員による会社の相続……………………………86
　Ⅳ．グリューンベックの経営パートナーシャフト思想……………87
　Ⅴ．結　　論…………………………………………………………91

第5章　ベルテルスマン社の経営パートナーシャフト…………95
　Ⅰ．序　　論…………………………………………………………95
　Ⅱ．ベルテルスマン社の生成と発展…………………………………97
　　　1．1835年から第1次世界大戦終了まで……………………………97
　　　2．ワイマール期および第三帝国における展開……………………99
　　　3．戦後の再建から1950年代まで……………………………………101

4 目　次

　　4. 1960年代から1970年代まで……………………………………………102
　　5. 1980年代以降の発展……………………………………………………104
　Ⅲ. 経営パートナーシャフトと資本参加………………………………………106
　　1. 貸付参加から資本参加へ………………………………………………106
　　2. 受益証券と資本参加……………………………………………………108
　　3. 経営パートナーシャフトと資本参加…………………………………111
　Ⅳ. 経営パートナーシャフトと経営参加………………………………………113
　　1. パートナーシャフト企業………………………………………………113
　　2. 経営パートナーシャフトと企業体制…………………………………114
　　3. 経営パートナーシャフトと経営管理原則……………………………116
　Ⅴ. ベルテルスマン財団と経営パートナーシャフト…………………………119
　Ⅵ. 結　　論………………………………………………………………………122

第6章　ドゥレーガーヴェルク社の経営パートナーシャフト………125
　Ⅰ. 序　　論………………………………………………………………………125
　Ⅱ. ドゥレーガーヴェルク社の生成と発展……………………………………127
　Ⅲ. 経営パートナーシャフトと企業文化の形成………………………………130
　Ⅳ. 経営パートナーシャフトと資本参加………………………………………135
　　1. 受益証券と資本参加……………………………………………………135
　　2. 資本参加の目的…………………………………………………………141
　Ⅴ. 経営パートナーシャフトとコーポレート・ガバナンス…………………143
　Ⅵ. 結　　論………………………………………………………………………148

第7章　労働者財産形成法の展開と経営パートナーシャフト………151
　Ⅰ. 序　　論………………………………………………………………………151
　Ⅱ. 第1次財産形成法（1961年）の展開………………………………………153
　　1. 第1次財産形成法の背景………………………………………………153
　　2. 第1次財産形成法………………………………………………………156

2-1. 財産効果的給付……………………………………………157
　　2-2. 財産効果的給付に対する助成…………………………………158
　3. 第1次財産形成法の活用状況と問題点……………………………159
Ⅲ. 第2次財産形法（1965年）と
　　第3次財産形成法（1970年）の展開…………………………………161
　1. 第2次財産形成法の展開……………………………………………161
　　1-1. 第1次財産形成法の改正………………………………………161
　　1-2. 第2次財産形成法………………………………………………162
　2. 第3次財産形成法の展開 ……………………………………………163
Ⅳ. 第4次財産形成法（1984年）と
　　第5次財産形成法（1990年）の展開…………………………………165
　1. 第4次財産形成法の展開……………………………………………165
　　1-1. 第4次財産形成法………………………………………………166
　　1-2. 所得税法の一部改正……………………………………………168
　　1-3. 第1次財産参加法の効果………………………………………168
　　1-4. 資本参加の進展 ………………………………………………171
Ⅴ. 第5次財産形成法（1990年）以降の展開……………………………173
　1. 第2次財産参加法（1990年）………………………………………173
　2. 第3次財産参加法（1999年）………………………………………174
Ⅵ. 労働者財産形成法の展開と経営パートナーシャフト………………175
Ⅶ. 結　　論………………………………………………………………180

第8章　労働組合と経営パートナーシャフト………………………………185
　Ⅰ. 序　　論………………………………………………………………185
　Ⅱ. 労働組合と"シュピンドラー・モデル"……………………………187
　　1. 労働組合のシュピンドラー批判……………………………………188
　　2. シュピンドラーの労働組合批判……………………………………192
　Ⅲ. 労働組合と労働者の資本参加………………………………………195

1. ドイツ労働組合総同盟（DGB）と労働者の資本参加……………………195
　　　2. ドイツ職員労働組合（DAG）と労働者の資本参加……………………200
　Ⅳ. 共同決定法と経営組織法……………………………………………………203
　Ⅴ. 結　　論………………………………………………………………………208

第9章　「パートナーシャフト協会」（AGP）の創設とその活動……211
　Ⅰ. 序　　論………………………………………………………………………211
　Ⅱ. 「パートナーシャフト協会」（AGP）の創設………………………………212
　Ⅲ. 「パートナーシャフト協会」（AGP）の活動………………………………217
　　　1. 1970年代の活動……………………………………………………………217
　　　2. 1980年代の活動……………………………………………………………220
　　　3. 1990年代の活動……………………………………………………………224
　Ⅳ. 「パートナーシャフト賞」の創設……………………………………………226
　Ⅴ. 「パートナーシャフト協会」（AGP）とミハエル・レチウス………………230
　　　1. 経営パートナーシャフトと秩序政策的目標………………………………231
　　　2. 「パートナーシャフト協会」（AGP）の指導像…………………………233
　Ⅵ. 結　　論………………………………………………………………………236

第10章　フィッシャー経営学と経営パートナーシャフト……………239
　Ⅰ. 序　　論………………………………………………………………………239
　Ⅱ. フィッシャー経営学とカトリック社会論…………………………………242
　　　1. 倫理的・規範的経営学の提唱……………………………………………242
　　　2. カトリック会議とフィッシャー…………………………………………246
　　　　2-1. マインツ・カトリック会議（1948年）……………………………246
　　　　2-2. ボーフム・カトリック会議（1949年）……………………………249
　Ⅲ. フィッシャー経営学と経営パートナーシャフト…………………………251
　　　1. 「パートナーシャフト協会」（AGP）の創設……………………………251
　　　2. 経営パートナーシャフトの精神的基礎…………………………………252

Ⅳ．経営パートナーシャフトと共同決定……………………………………*257*
　　Ⅴ．結　　論………………………………………………………………………*261*

第11章　ガウグラー経営学と経営パートナーシャフト……………*265*
　　Ⅰ．序　　論………………………………………………………………………*265*
　　Ⅱ．企業をめぐる人間主義的要請……………………………………………*268*
　　　1．経営経済的要請と人間主義的要請……………………………………*268*
　　　2．労働の人間化と経営経済的要請………………………………………*272*
　　　3．人間主義的要請と共同決定……………………………………………*275*
　　Ⅲ．経営パートナーシャフトにおける経営参加と成果参加……………*277*
　　　1．パートナーシャフト的共同決定………………………………………*277*
　　　2．経営パートナーシャフトと成果参加…………………………………*280*
　　Ⅳ．パートナーシャフト運動とガウグラー…………………………………*283*
　　　1．「パートナーシャフト協会」(AGP) とガウグラー…………………*283*
　　　2．パートナーシャフト運動の評価………………………………………*284*
　　　　2-1．1950年代から1960年代までのパートナーシャフト運動………*284*
　　　　2-2．1970年代のパートナーシャフト運動………………………………*287*
　　　　2-3．1980年代以降のパートナーシャフト運動…………………………*288*
　　Ⅴ．結　　論………………………………………………………………………*290*

主要基礎論文一覧……………………………………………………………………*293*
事　項　索　引………………………………………………………………………*295*
欧文人名索引…………………………………………………………………………*301*

第1章　パウル・シュピンドラー・ヴェルク社の経営パートナーシャフト

I. 序　　論

　第2次世界大戦後ドイツにおいて戦災の跡がまだ生々しく残っている中で、早くも経営パートナーシャフトの実践に取り組む企業がすでにいくつか生まれつつあった[1]。それらの企業の中でとりわけ人々によく知られるようになるのが、本章で取り上げるパウル・シュピンドラー・ヴェルク社の経営パートナーシャフトであった。"シュピンドラー・プラン"あるいは"シュピンドラー・モデル"と称される、同社で実践された「共同企業者制度」（Mitunternehmertum）のユニークさもさることながら、ゲルト・パウル・シュピンドラー（Spindler, Gert Paul）が単に経営パートナーシャフトの実践者に止まることなく、経営パートナーシャフトの唱導者・啓蒙家として自らの使命を自覚し、積極的に行動を展開したことによって、彼の名は人々の記憶に深く刻まれること

（1）　経営経済学者のギード・フィッシャー（Fischer, Guido）が最も早く経営パートナーシャフトについて経営学的考察を加え、その実践例を紹介した。以下の10社が取り上げられている。
　① Karl Kübel Werke、② Paul-Spindler-Werke K.G.、③ Union-Werke Dr. Naegele、④ Theodor Groz & Söhne & Ernst Beckert、⑤ Duisburger Kupferhütte、⑥ Photo-Porst-Nürnberg、⑦ Baufirma Wilhelm Völker、⑧ Albert Stoll KG.、⑨ Melitta-Werke Bentz & Sohn、⑩ Knapsack-Griesheim A.G.（Fischer, Guido: *Partnerschaft im Betrieb*, Heidelberg 1955, S. 118ff. ギード・フィッシャー『労使共同経営』（清水敏允訳、1961年）205頁以下。）
　これら10社の中に、②シュピンドラー社とともに、次章で取り上げる⑧ Albert Stoll KG. 社も含まれている。

になった。

　まず、シュピンドラーは精力的な著述家であった。経営パートナーシャフトに関連する著作を挙げると以下のようである。

> Spindler, Gert P.: *Das Mitunternehmertum. Der dritte Weg zur wirtschaftlichen Mitbestimmung. Denkschrift an die Gesetzgeber*, Hilden 1949.
>
> Spindler, Gert P.: *Mitunternehmertum. Vom Klassenkampf zum sozialen Ausgleich*, Lüneburg 1951.
>
> Spindler, Gert P.: *Partnerschaft statt Klassenkampf — Zwei Jahre Mitunternehmertum in der Praxis*, Stuttgart 1954.
>
> Spindler, Gert P.: *Unternehmensführung und Partnerschaft*, Hilden 1957.
>
> Spindler, Gert P.: *Neue Antworten im sozialen Raum. Leitbilder für Unternehmer*, Düsseldorf/Wien 1964.
>
> Spindler, Gert P.: *Praxis der Partnerschaft. Erfahrungen und Erkenntnisse eines Unternehmers*, Düsseldorf/Wien 1970.

　以上の著作の中でとりわけ初期のものはきわめて論争的かつ挑戦的であり、労働組合に格好の攻撃材料を提供することになるが[2]、これらの著作によってシュピンドラーの名は広く世に知られるところとなった。

　いまひとつの注目すべき行動は、経営パートナーシャフトの啓蒙・普及をめざしてひとつの運動体を組織したことであった。

　1950年10月、シュピンドラーの呼びかけに応じて、企業者およそ50人と研究者、聖職者、諸団体の代表者などがフランクフルトに集合して、「パートナーシャフト協会」(Arbeitsgemeinschaft zur Förderung der Partnerschaft in der Wirtschaft e.V. AGP)（「経済におけるパートナーシャフトを促進するための活動共同体」）の創設を決議し、その初代理事長にシュピンドラーが選出された。「パートナーシャフト協会」(AGP) はその以来途絶することなく連綿と息の長い活動を展開している。今日、本部はカッセルに置かれ、年次大会・研究会・研

---

　(2)　シュピンドラーと労働組合との対決については、本章および第7章。

修会の開催、定期刊行物や関連書籍の出版などを通して、経営パートナーシャフトの啓蒙・促進に取り組んでいる。現在およそ3,000社において経営パートナーシャフトが実践されているといわれている[3]。この「パートナーシャフト協会」の、いわば生みの親がシュピンドラーであった。

シュピンドラーの経営政策とその思想については、すでに市原季一『ドイツ経営政策思想』(1957年) によって紹介され、批判的検討が加えられている。そこでは、労資同権的共同決定をドイツ的経営共同体思想の展開と見る立場から、シュピンドラーの経営政策とその思想は「Herr-im-Haus-Standpunktであるといわねばならない[4]」として批判されている。家父長主義的観点に立っているとする、この批判に対して、おそらくシュピンドラーには言い分があるであろう。彼自身はそのような企業家像を克服することを自らの課題としていたからである。

シュピンドラーは、1994年に『シュピンドラー・モデル──一企業家の回想』(*Das Spindler-Modell. Erinnerungen eines Unternehmers*, München 1994) という回想録を著している。およそ半世紀後に至って、かつて自ら唱導者となった経営パートナーシャフトの実践を彼はどのように回顧しているだろうか。大いに興味をそそられるところである。以下では、この回想録を手掛かりにしながら、"シュピンドラー・モデル"を再構築し、その歴史的意義について考察を試みてみる。

II. パウル・シュピンドラー・ヴェルク社の生成と発展、そして解散

「パウル・シュピンドラー・ヴェルク合資会社」(Paul-Spindler-Werke KG) (以下では「シュピンドラー社」とする) は、1832年、デュッセルドルフ近郊のヴッパータール (Wuppertal) に生まれた。初めは半絹製品と布テープを製造

---

(3) 「パートナーシャフト協会」(AGP) の創設と活動については本書第9章。
(4) 市原季一『ドイツ経営政策』(森山書店、1957年)、112頁。

していた。1848年になって近くのヒルデン（Hilden）に移った。そこには多くの手織り工が居住していたからであった。1880年代の半ば頃から機械化が開始された。20世紀の始め二つの織物工場が増設され、さらに第3の工場も設置された。

ヒルデンは、デュッセルドルフの北15キロ、ゾーリンゲンの南10キロほどのところにあり、ライン工業地帯の一部として発展を遂げてきた。早くから繊維産業が盛んであった。しばらくすると皮革産業や金属加工産業も育っていくが、後になると化学産業や鉄鋼産業も発達するようになった。しかし、第2次世界大戦後、1960年代も末になると、繊維産業も鉄鋼産業も斜陽化・衰退していく。繊維産業のシュピンドラー社もやがて消え去る運命にあった。今日ではサービス産業とハイテク産業がヒルデンの主要産業となっている。

第1次世界大戦が終わると、新しい素材の人造絹糸（レーヨン）が服地生産に用いられるようなり、シュピンドラー社でもこの新しい素材が採り入れられるようになった。3代目の経営者、シュピンドラーの父パウル・シュピンドラー（Spindler, Paul）は、1930年代の始め、世界的な経済不況の中で、レーヨンを生産する化学工場の設立を決意した。さらにしばらくするとレーヨンステープルも生産されるようになった。こうして、原料生産から紡績・機織、染色・仕上げまで垂直的に統合された繊維企業が完成された。これは当時ヨーロッパでは類を見ないものであった。1938年当時で従業員数はおよそ2,200人であった。

1914年生まれのゲルト・パウル・シュピンドラーがこの家族企業の経営陣に加わったのは1943年のことで、29歳のときであった。1937年から兵役に就いていたが、健康を害し退役したばかりであった。兵役に就く前は、1932年から1934年まではチューリッヒの紡績専門学校で学んでいた。すでに当時、ナチスに追われてユダヤ人や知識人が続々とチューリッヒに流れ込んできたことを回想している。1934年の夏、スイスからイギリスに渡った。カーペットを主要製品としている大規模企業で研修を兼ねて働いた。すでに第2次世界大戦の前夜が始まっていたが、ロンドンの生活はシュピンドラーをすっかり英国

ひいきにしてしまったようである。母国ではヒトラー政権が成立し独裁政治が猛威をふるう中で3年間の外国生活を送ったわけである。「この時期は私の人生にとって、とくに私の政治的態度にとって、さらにまた私の一般的な行動にとってきわめて重要であった[5]」と回顧している。

　戦争が終結すると、シュピンドラー父子は、民主的な新しい社会経済秩序が到来することを予感し、そこでは企業者も一般社会政策的な課題を担うことになるだろうと確信していた。企業ではとりわけ人事政策において大きな変化が起こることを予期した父は、この領域における政策決定をすべて息子のゲルト・シュピンドラーに委ねた。そこで彼が構想したプランが、1951年1月1日から導入された「共同企業者制度」(Mitunternehmertum)[6]であった。それは従業員の利潤参加と経営参加を2本柱とする経営パートナーシャフトのプランであった。

　このプランにシュピンドラー自身の思想と独創性が大きく反映していることはいうまでもないが、彼の父親の影響も明白に見られる。

　父シュピンドラーは、「頭脳は工場のために、心は従業員のために」(Den Kopf für das Werk, das Herz für die Belegschaft) を銘肝とする企業者であった。1929年10月10日、シュピンドラー社の最後の手織り工を記念して、その記念碑の除幕式が行われた。集まった従業員を前にして父シュピンドラーは次のような式辞を述べた。

　「われわれは、消え去っていく職業の思い出として、当社の生成・発展のシ

---

(5)　Spindler, Gert P.: *Das Spindler-Modell. Erinnerungen eines Unternehmers*, München 1994, S. 44.
(6)　この Mitunternehmertum という言葉は、市原季一、前掲書においては「全員企業者」と邦訳されている。他方、G. Fischer: *Partnerschaft im Betrieb* の訳書『労使共同経営』(清水敏允訳、1961年) では「共同企業者制」と邦訳されている。「パートナーシャフト協会」の創設に際して、シュピンドラーは Mitunternehmertum という言葉に強い執着を見せたが、最終的に同協会としては「経営パートナーシャフト」(betriebliche Partnerschaft) という用語を選択したという経緯がある。Mitunternehmertum も betriebliche Partnerschaft も概念するところはほぼ同じである。その点から考えると「全員企業者」も「共同企業者制」も適切な訳とすることはできないが、本書では「共同企業者」「共同企業者制度」あるいは「共同企業者プラン」とする。

ンボルとして、また労働者と企業者は企業にとって等しく重要であるという事実への警鐘として、この記念碑を大切にしていきたい。労働者と企業者はお互いに依存し合っており、双方が最善を尽くすことによって共に繁栄することができるのである[7]。」労資協働の思想を明らかにしたものであったが、階級対立と階級闘争が日常的に激化していた当時にあっては、このような思想はいかにも過激であった。他の企業者たちは彼を「赤いシュピンドラー」(die rote Spindler) と呼んだという。

こうした労資協働の思想と労働者福祉政策は、ナチスの展開する労働政策と共通するもののようであったが、父シュピンドラーはナチスの正体をすでに見抜き、できる限りの抵抗を試みた。工場の煙突にナチスの旗が立てられたことに憤慨して、旗を降ろさないと工場の操業をストップする、と市長に電話したというエピソードが残っている。

シュピンドラー社はすでに1922年に「共済金庫」(Unterstützungskasse) を設けて幅広い企業福祉政策を展開していたが、戦後の1950年になって、改めて社団法人「社会福祉組織」(die soziale Einrichtung) が設立された。これは会社から一定の予算配分を受けて、企業年金、疾病助成金など、さまざまな従業員福祉を実施するものであった。これ以外に、家族手当、疾病手当など会社が本人へ直接に給付する制度もあった[8]。

父シュピンドラーの経営思想と経営政策は、「内的な首尾一貫性をもって、1951年1月1日の共同企業者制度へ導いた[9]」と、シュピンドラーは述べている。シュピンドラー社の経営パートナーシャフトは、父から息子へと伝えら

---

(7) Spindler, Gert P.: *Partnerschaft statt Klassenkampf — Zwei Jahre Mitunternehmertum in der Praxis*, Stuttgart 1954, S. 18.
(8) シュピンドラー社の「社会福祉組織」の事業として以下のようなものがあった。企業年金、疾病助成金、災害臨時扶助金、女子従業員および従業員の妻に対する出産手当、14歳以下の子供をもつ、戦死・行方不明の従業員の妻に対する扶助金、戦死・行方不明の従業員の子女に対する職業教育助成金など。なお、これ以外に、会社が直接に本人へ給付しているものに家族手当、疾病手当、傷害手当などがあり、また従業員用社宅の建設・運営があった。
(9) Spindler, Gert P.: a.a.O., S. 18.

れた遺伝子の展開であったといえるだろう。

　1950年12月31日の時点で、シュピンドラー社は本社と七つの工場から構成されていた。8番目の工場は建設中であった。従業員総数は2,350人で、男子1,319人、女子1,031人であった。従業員の10.9％が月給、3.5％が時間給・週給、46.2％が出来高払い賃金、39.4％が時間給・週給と業績給の混合形態であった。

　生産工程は大きく二つに分かたれていた。第1の工程は、レーヨンとレーヨンステープルが生産される化学工場であった。第2の工程では、まず準備工場で第1工程で生産された繊維素材から経糸と緯糸が準備され、次に四つの織物工場で布地に加工された。それらは染色・プリント工場と仕上げ工場を経て、販売可能な製品へ完成された。こうして生産された製品は、中級の婦人用衣服の表地と裏地に用いられるもので、顧客は主として衣料産業と個人商店であった。

　ここで注目されることは、シュピンドラー社の従業員は、その職場によって繊維産業労働組合に組織されている者と化学産業労働組合に組織されている者に二分されていたことである。繊維産業労働組合は経営パートナーシャフトに対して肯定的であったが、化学産業労働組合はやや批判的であった。

　父シュピンドラーは繊維産業の将来についてまだ楽観的な見方をしていたが、父の死後、経営責任者となったシュピンドラーにはもはや楽観は許されなかった。戦時経済と終戦直後の経済は、シュピンドラー社に巨額の利潤をもたらしたが、戦後、市場経済化が急速に進む中で、弱点が明らかになってきた。ひとつは、自社生産の化学繊維で織物加工をすると布地にしわが生じる傾向があるという品質の問題があった。もうひとつはコストの問題であった。大規模企業はシュピンドラー社の1ヶ月の生産量を1日で生産することができたのである。

　シュピンドラーは、繊維産業の実状を知ろうとアメリカへ旅立った。そこで認識されたことは、自社生産の化学繊維が最先端の自動織機に使えないという事実と、アメリカでは機械化が急速に進んで、織り工1人で60の機械を操作

しているという事実であった。当時ヨーロッパでは、1人で操作できる機械数はせいぜい4から6であった。シュピンドラーは、まずレーヨンとレーヨンステープルを生産していた化学工場を閉鎖することを決意した。品質とコストの問題以外に、環境保全の規制から化学工場の操業はますますコストをプッシュする要因になっていた。

ちょうど「共同企業者制度」を開始した1951年、化学工場の閉鎖によって950人の従業員のリストラを行った。同時にその空き地に二つのオートメ工場を建設して生産の効率化を図った。

他方、製品の多角化を展開した。従来は婦人服の表地と裏地の生産を専門としていたが、これをさらに紳士服へと拡大した。また、羊毛とポリエステルの混毛製品の生産も開始した。婦人服・紳士服の表地では単色が支配するようになったので、自社の小規模なプリント工場も閉鎖した。

新しい市場戦略の一環として、1960年代に入ると、「クラシックなシュピンドラー」(Spindler für KLASSISCH) をスローガンに、古代ギリシャ・マラトンのエフェーボスのブロンズ像をマークに採用した。毎年2回コレクションを開催して、自社製品の宣伝に努めた。いわゆるファッションショーである。自社製品で作った子供服、スポーツ着、婦人服・紳士服の展示を行った。さらにシュピンドラーは、伝統的な織物から紙・プラスチック・日用品といった商品群へ多角化していく戦略も構想していた。

こうした努力にもかかわらず、シュピンドラーは、自社のみならずドイツの繊維産業全体を包囲する市場環境がますます悪化しつつあるという状況を認識せざるを得なかった。世界市場では、生産規模がますます拡大する一方で、製品の専門化・細分化がいっそう進行しつつあった。このような市場状況の中にあって、ドイツの昔ながらの繊維産業はいずれ淘汰されるだろうし、シュピンドラー社とて遅かれ早かれ同じ運命に見舞われるだろうと予感していた。

1968年、わずかだが初めて損失が生じ始めたとき、シュピンドラーは、会社の解散を決意した。それまでにすでに会社全体の売却を考えて、アメリカ企業を中心に候補者を探していたが、適当な会社は見つからなかった。次の1年

間をかけて会社解散への助走を開始した。まず販売を停止して、市場から完全に撤退した。製品・半製品は国内の関連業者に引き取ってもらった。染色工場と機械装置だけはドイツ国内の企業に売却できたが、全体の工場と機械は発展途上国に売却された。その他の土地と建物もすべて売却された。こうして1970年12月31日をもって、シュピンドラー社は、その140年の歴史に終止符を打った。

この間、シュピンドラーは、従業員を含めてすべての債権者の補償を完全に全うした。従業員の再就職に全力を尽くしたが、とくに障害者や寡婦の従業員の補償に配慮した。

シュピンドラーの「共同企業者プラン」を批判的に冷笑していた人々は、この結末をそれ見よとばかりに喜んだ。しかし、同じ時期にドイツ国内では、綿織物、毛織物、絹織物の大規模企業が次々と崩壊していったのである。

会社が解散されて後、シュピンドラーは、企業経営者から完全に身を引いて、経営コンサルタントとして"シュピンドラー・モデル"の普及と啓蒙に努めるかたわら、著述に没頭し、多くの著作を残している。シュピンドラー本社の建物は歴史記念物として管理され、現在はホテルになっている。また「最後の手織り工」の銅像はヒルデン市内に展示されている。

Ⅲ．"シュピンドラー・モデル"の展開

1951年1月1日より、シュピンドラー社においては、従業員と経営責任者（Geschäftsleitung）との間で「共同企業者契約」（Mitunternehmer-Vertrag）の締結が開始された。この「共同企業者契約」がいわゆる"シュピンドラー・モデル"と称されるものであるが、そこに込められたシュピンドラーの経営思想とその具現化の過程を考察する前に、まず「共同企業者契約」の概要を見ておこう。

1951年の「共同企業者契約」は、1960年1月および1966年1月と2度にわたって改訂が行われた。最初の「共同企業者契約」についてはすでにその骨子

が紹介されており(10)、またその翻訳も行われているので(11)、ここでは、1966年に改訂された最後の「共同企業者契約」を中心にして、その概要を見ていくことにしよう。最初のものに比べると形式もよく整えられている。全体で六つの部分から構成された「共同企業者契約」に「共同企業者契約の運用規程」(Ausführungsbestimmung für Mitunternehmer-Vertrag) が付けられている。

1. 経営パートナーシャフトの精神

1951年の前文は以下のようになっている。

「ひとつの企業で活動する者はすべて共同責任を担うものであることを前提として、共同の活動の形成とその成果に参加するのは当然であるという原則の承認の下で、パウル・シュピンドラー・ヴェルク合資会社の経営責任者は、当社の従業員 (Mitarbeiter) と、1950年1月1日をもって有効となる、以下の共同企業者契約を締結するものである(12)。」

1966年の前文は、以下のように改訂されている。

「企業は、それが経営責任者であれ、指令的職務や執行的職務を遂行する従業員であれ、あるいは資本提供者であれ、そこで活動する者すべてが相互依存の関係にあるところの労働共同体 (Arbeitsgemeinschaft) である。企業は、共通の協働を通してのみ経済的給付を生産することができる。したがって、各人は、それぞれの人格と貢献に応じた仕方で、経営現象の形成とそれに対する責任および成果に参加するのは当然である（以下、省略)(13)。」

シュピンドラーは、回想録の中で、「わたしは、企業を、資本提供者・経営者・従業員から構成される成果達成共同体 (Errungenschaftsgemeinshaft) と見なしていた。この共同体にあっては、人間 (das Humane) と経済 (das Ökonomische) は常に同格のもの (gleichrangig) として見なされ、かつ取り扱われな

---

(10) 市原季一、前掲書、102頁以下。
(11) ギード・フィッシャー『労使共同経営』（清水敏允訳、1961年）226~240頁。
(12) Paul-Spindler-Werke KG: Mitunternehmer-Vertrag, 1950.
(13) Paul-Spindler-Werke KG: Mitunternehmer-Vertrag, 1966, S. 1.

ければならないのである[14]」と述べている。

　この二つの前文を比べてみると、経営パートナーシャフト実践の15年間に、シュピンドラーの経営思想がきわめて明確な形をとるところまで完成されてきたことを知ることができる。1966年の「共同企業者契約」には、1951年にはなかった「協働の原則」（Grundsätze der gemeinsame Arbeit）が第1部として規定されている。それには以下の四つの原則が含まれている[15]。

　① 経営責任者と従業員は、競争と市場の要請に適応し、すべての利害関係者（Beteiligte）の福祉を向上させるために、たえず品質の改善と競争力の強化に努めることを共通の目標として認識する。
　② 経営責任者と従業員は、経営的・業務的事柄においてお互いに公正明大であらねばならない。双方はお互いをパートナーと見なし、それにふさわしく行動しなければならない。
　③ 経営責任者は、少なくとも四半期毎に事業計画と事業状況を従業員に報告し、それに対する意見表明の機会を与えなければならない。報告は、経営執行部によって、パートナーシャフト組織と経営総会において行われる。
　④ 従業員は、与えられた情報可能性を活用して、経営事象について自己の判断を形成する義務がある。また、職場の範囲を超えるような問題の解決についても、協議と行動を通して最善の協力を示すことが期待されている。

　シュピンドラーは、自らのモデルを「経営内的パートナーシャフト」（die innerbetriebliche Partnerschaft）あるいは「経営内的協働」（der innerbetrieblicher Zusammenarbeit）と称している。そして、この「経営内的協働」は以下の三つの柱によって構築されている[16]。

　①経営構成員は、どのような地位にあれ、全体に対する各人の給付

---

(14) Spindler, Gert P.: *Das Spindler-Modell*, S. 188.
(15) Paul-Spindler-Werke KG: Mitunternehmer-Vertrag, 1966, S. 2.
(16) Spindler, Gert P.: *Partnerschaft statt Klassenkampf*, S. 13.

(Leistung) に応じて、企業の成果（Ertrag）と財産に参加する。

②すべての協働者は共同決議権（Mitentscheidungsbefugnis）を有する。

③専門的職務を委託された集団と人間との間に人間的関係を再生し、公正明大性によって不信感を克服する。

この三つの柱が"シュピンドラー・モデル"の基礎を支えていることは、「共同企業者契約」の前文および「協働の原則」を見るとよく理解できる。

経営パートナーシャフトは、従業員の「物的参加」（materielle Beteiligung）と「精神的参加」（immaterielle Beteiligung）という二つの側面を合わせもっている。前者には大きく「成果参加」（Erfolgsbeteiligung）と「資本参加」（Kapitalbeteiligung）が含まれ、後者は「法的に規定された経営参加」と「任意の経営参加」（freiwillige Partizipation）に分類される。

1950年の「共同企業者契約」では、前文に続いてすぐに「物的参加」に関する条項が規定され、その後に「精神的参加」の条項が続いていたが、1966年の「共同企業者契約」では、これが逆になっている。これは単に形式的な変化というよりは、「シュピンドラー・プラン」に一定の進化があっての変化と考えられる。

企業は、資本提供者・経営者・従業員の三者から構成された「成果達成共同体」であり、この三者が経営構成員であり、経営目的の達成をめざして協力する協働者である。経営成果の配分をめぐって三者の間には当然利害対立が存在するが、シュピンドラーはむしろ「成果達成共同体」の形成こそ企業の目的と捉えている。繊維産業を包囲する市場環境の厳しさがシュピンドラーをいっそうこのような経営観の形成へ導いたものと考えられる。「成果達成共同体」の形成があってはじめて「物的参加」が可能になるのである。

2. 経営パートナーシャフトの組織
2—1. パートナーシャフト委員会

この名称は1951年の「共同企業者契約」には存在しなかった。そこでは「経済委員会」が規定されていた。ところが1966年には「パートナーシャフト

委員会」(Partnerschaftsausschuß) は、「協働の最高機関であり、経営組織法に従って経営の必要性に基づいて拡張された経済委員会 (Wirtschaftsausschuß) に相当するものである[17]」と規定されている。

　パートナーシャフト委員会は以下のメンバーによって構成される[18]。

　①経営責任者およびその代理人。

　②経営責任者によって指名された8名の正規委員(共同企業者)。

　③経営協議会によって指名された8名の正規委員(共同企業者)。

　④双方から指名された特別メンバー(投票権なし)。

②と③の委員はいずれも共同企業者契約を締結している者でなければならない。①と④を別にすれば、②と③は労資同数の形をとっているので、1951年の「モンタン共同決定法」による監査役会(Aufsichtsrat)の構成に類似している。

　パートナーシャフト委員会の任務としては以下のものが規定されている[19]。

　①営業・生産・組織に関する重要事項について協力する(Mitwirkung)。

　②共同企業者の動議・提案を作成するとともに、委員会で取り扱われたすべての問題・施策を常時共同企業者へ報告する。

　③パートナーシャフト的協働から生じてくるすべての問題と施策を処理する。

　④算定可能な付加的給付の新設または改善に際して協力する。

なお、同委員会は必要に応じて小委員会を設けることができる。常設の小委員会としては「決算小委員会」と「経営提案制度小委員会」がある。議長と副議長は、正規委員の中から投票によって選出される。

　経営責任者が以下のような諸事項について計画する場合、それに先立ってパートナーシャフト委員会に意見を求めその理由を説明しなければならない[20]。

---

(17) Paul-Spindler-Werke KG: Mitunternehmer-Vertrag, 1966, Ⅱ, Ziffer 1.
(18) Ebenda, Ⅱ, Ziffer 2.
(19) Ebenda, Ⅱ, Ziffer 3.
(20) Ebenda, Ⅱ, Ziffer 7.

① 企業の生産対象の変更、とくに新しい生産部門の導入もしくは従来の生産部門の廃止。
② 会社の事業所もしくはその部分の第三者への売却。
③ 営業支店・分工場の設置と廃止。
④ 年間投資計画の作成。
⑤ それによって長期借入金が100万DMを超えてしまうような借入金の導入。
⑥ 原則的な生産技術的・市場政策的決定で、それによって従業員の解雇が必要となるか、現在習熟している職務で、あるいは従来の賃金・労働条件で働けなくなるような場合。
⑦ 基準積立金（Sollrücklage）の引き上げもしくは引き下げ。

なお、年次決算の確定は、経営執行部の責任であるが、監査を経てから、経営執行部はこれを決算小委員会で検討させ、さらにパートナーシャフト委員会で説明しなければならない[21]。

パートナーシャフト委員会の意思決定は、いわゆる多数決原理による意思決定ではない。「2人の正規委員の希望があれば、正規委員だけで秘密投票を行って、パートナーシャフト委員会としての態度を決定する[22]」とされている。それは決議といえるものではなく、あくまでも意見表明に近いものである。したがって、以下のような条件が付けられている。

① 経営執行部が計画した政策に同意が得られなかった場合、経営執行部は、2回目のパートナーシャフト委員会で賛同を得られるように努力する。
② それでも同意が得られず経営執行部がそれを実施する場合、正規委員は次年度に共同企業者契約を解約することができる。ただし共同企業者全員の3分の2の賛成が必要である。（以下、省略）

---

(21) Ebenda, Ⅱ, Ziffer 9.
(22) Ebenda, Ⅱ, Ziffer 8.

シュピンドラーは、共同企業者は「共同決議権」（Mitentscheidungsbefugnis）を有するとしているが、いわゆる「共同決定権」（Mitbestimungsrecht）ではない。最終的には経営執行部の、したがって経営責任者の意思決定権が貫徹する仕組みになっている。内実は監査役会の構成を労働者代表に3分の1だけ与えた「経営組織法」に近いものになっている。決定権や決議権というよりも協議権といったほうがよいであろう。次に見るように、シュピンドラーは、共同企業者に損失参加を求めている。以上のような意思決定の仕組みから見ると、共同企業者を損失に参加させることに異論が出てくるのも当然といわねばならないだろう。

2－2. 共同企業者諮問委員会

　シュピンドラー・モデルでは、共同企業者制度の自己管理機関として「共同企業者諮問委員会」（Mitunternehmerbeirat）が設置されている。パートナーシャフト委員会の正規委員の中から秘密投票で選ばれた6人の委員によって構成される。諮問委員会は、以下のような任務を遂行する[23]。

　① 共同企業者契約の締結を希望する者を決定する。
　② 共同企業者の資格の喪失について決定する。
　③ 共同企業者契約から生じるすべての紛争について調停する。正規の訴訟手続は、本諮問委員会の召集を待ってはじめて開始される。

2－3. 情報権

　従業員に対する公正明大性を確保するために、情報公開について以下のようなことを特別に規定している[24]。

　① パートナーシャフト委員会が共同企業者の質問に十分に対応していない場合、経営執行部は、共同企業者全員に対して直接情報を与える。

---

(23) Ebenda, Ⅱ, Ziffer 5.
(24) Ebenda, Ⅱ, Ziffer 6.

② マイスターから上の幹部は、指令や措置が通常のものでない場合、その理由を部下に対して説明する義務があり、また部下はその説明を受ける権利がある。

③ すべての共同企業者は、秘匿事項として開示された情報を社外の人間に秘密にする義務がある。

3. 成 果 参 加

シュピンドラーによれば、企業は、資本提供者・経営者・従業員の三者によって構成される「成果達成共同体」である。達成された経営成果は、この「協働の成果」(Ertrag der gemeinsamen Arbeit) であり、そこから共同企業者の経営成果への参加権が生まれてくる。この「協働の成果」は、ひとつは経営成果として、いまひとつは企業資産の増加として把握される。以下、それに関する規定を抜粋しながら見ていこう。

3―1. 経営成果の計算と参加方式[25]

① 共同企業者は、以下の条件に従って、経営成果 (Gemeinschaftsertrag) と企業の資産増加に25％の比率で参加する。

② 経営成果は、税務貸借対照表に従って確定された年間成果である。

ⓐ この年間成果から社員の資本および貸付に対する利子と経営執行担当社員の給与が差し引かれる。

ⓑ 共同企業者契約発効後、賃金協定もしくは経営協定に基づいて、その暦年において従業員がそれまでの業績に対して追加的に得た金額が年間成果に加算される。

③ 経営成果に対する共同企業者の持分総額に上記ⓑの追加額が加算される。

④ 共同企業者各人は、旧暦年における全共同企業者の月額基本賃金総額

---

(25) Ebenda, Ⅲ, Ziffer 1.

に対する、各人の平均月額基礎賃金額の比率に応じて、配分される共同企業者持分と資産増加に参加する。なお、利潤への参加は、支給賃金総額を基礎とし、損失への参加の場合は、税金・社会保険料など法定控除後に残った手取り賃金を基礎とする。
⑤ 共同企業者に配分される成果持分は、決算確定後に計算される。税金・社会保険料など法定控除分を差し引いて、決算報告書が確定して6週間以内に成果持分の半分が支払われる。残りの半分は、基準積立金（Sollrücklage）が充足されるまで留保される。

　基準積立金は、月額支給給与総額ないし月額支給平均賃金総額に達するまで積み立てられる。共同企業者の基準積立金勘定が未補填の欠損を示している場合には、税金・社会保険料など法的控除を差し引いた、共同企業者の利潤持分によってこの欠損が補填される。基準積立金は、会社社員の資本金勘定と同じ利率によって利子が付けられ、また同じような仕方でその価値が維持される。この利子は、基準積立金勘定が充足されるまで毎年貸方に記帳される。基準積立金が充足されると、決算報告書の確定後6ヵ月以内に、その成果持分のすべてが支払われる。

非常に分かりにくい規定になっている。経営成果から資本利子と企業者賃金を差し引き、それにⓑの追加的な付加給付額を加える。それ以前から存在する追加的給付（Zusatzleistung）[26]はいわば既得権としてこの経営成果計算から除外されているが、ⓑは成果分配として把握されている。こうして算出された経営成果の25％が共同企業者の持分総額となる。個別的な分配は④によるが、分配された経営成果の半分は現金で支給され、残り半分は「基準積立金」として社内に留保される。ここでは明らかに労働者の財産形成促進が意識されている。

---

(26)　シュピンドラー社の既設の追加的給付として以下のものが挙げられている。①老齢・疾病・寡婦年金者に対する付加的年金、②クリスマス手当、③家族手当、④食事補助、⑤正規従業員に対する優遇措置、⑥結婚援助金、⑦記念式典お祝い、⑧自社製品の購入割引。（Mitunternehmer-Vertrag, 1966, Ⅳ、S. 6-7.）

3—2. 損失参加[27]

① 規定された方式による成果計算が損失を示している場合、共同企業者の損失持分は　その基準積立金によって補填される。各共同企業者に割り当てられた損失持分がその基準積立金を超えている場合には、その差額は負債として記帳される。

② 共同企業者は、この契約に基づいて生じた負債以上のものを基準積立金に払い込む必要はない。

③ 退職するときに基準積立金が未補充の損失を示している場合には、共同企業者契約によって生まれてくるその他の請求権と差引勘定される。それでもなお損失が残っている場合、その分は免除される。

3—3. 資産参加[28]

① 共同企業者は、経営成果への参加分以外に、在職期間中に生じた経営資産の増加分に参加する。この資産増加分は、資産評価法に従って毎年1月1日に作成された資産計算書に基づいて算定される。資産増加分は、共同企業者が退職する年の1月の資産計算と入社した年の1月の資産計算を比較して算定される。

② 経営の不動産は、統一価格で計算される。資産計算の時点で価格の引き上げが行われていない場合、立法者によって計画された一般的な引き上げが適用される。

4. 共同企業者契約の締結と解約[29]

① 共同企業者契約は常時締結することができる。また、暦年の終わりの3ヶ月前までなら常時解約することができる。

② 共同企業者契約の解約は、雇用関係には何ら影響しない。いったん解

---

(27) Paul-Spindler-Werke KG: Mitunternehmer-Vertrag, 1966, Ⅲ, Ziffer 2.
(28) Ebenda, Ⅲ, Ziffer 3.
(29) Ebenda, Ⅴ, Ziffer 1 (1)(2)(3).

約しても、共同企業者諮問委員会の決定があれば、次の暦年の始めから再び契約を締結することができる。

③雇用関係の終了は同時に共同企業者契約の終了となる。

以上、シュピンドラー社の「共同企業者契約」を1966年の改訂版を中心にしてその概要を見てきた。1951年の最初の「共同企業者契約」と比較して、いくつかの大きな変更が見られる。

第1に、51年版は全21条で構成されていたが、66年版は前文に続いて五つの部分から構成され、さらに運用規程が付けられている。それまでの過去15年間の経験を土台に"シュピンドラー・モデル"がいっそう整備されたことを物語っている。

第2に、51年版では、経営成果への参加に関する規定から始まって、次に共同決議に関する規定へと進んでいたが、66年版ではこれが逆になっている。これは単に形式の問題というよりは、経営パートナーシャフトの中心を協働に置き、協働の結果として成果参加を把握するという方向へ大きく前進したものと理解される。企業を「成果達成共同体」と把握する経営観が明瞭に提示されている。

第3に、51年版では、経営責任者・経営協議会議長・経営執行部代表によって構成された「経済委員会」が共同決議機関になっていたが、66年版ではこれが「パートナーシャフト委員会」となり、正規委員については労使同数原則が実現している。

全体としては、1966年の「共同企業者契約」は形式・内容ともに大きく進化を遂げてきたといえるだろう。

Ⅳ. "シュピンドラー・モデル"と経営協議会

今日改めてシュピンドラー社の「共同企業者契約」を眺めてみてとくに驚くべきものはない。経営パートナーシャフトはすでに多くの企業で実践されるようになってきたからである。しかし、1949年、シュピンドラーが自らの基本

構想を『共同企業者制度―経済的共同決定への第三の道』として著したとき、実に大きなセンセーションを引き起こした。

1949年10月にはドイツ民主共和国が成立し、ドイツは社会体制を異にする二つの国に分裂し、資本主義か社会主義かという経済体制をめぐる論争が最高潮に達していた時期であった。その中間を行くという、シュピンドラーの「第三の道」はいずれの陣営からも挑戦状として受け取られ、冷ややかな拒絶によって迎えられた。

他方、労働組合が要求する労働者の共同決定権の是非をめぐって、産業界・政界・学界においてこれまた激越な論議が展開されていた時期でもあった。1951年には石炭・鉄鋼産業における「モンタン共同決定法」が成立する。労働組合の干渉を排除した"シュピンドラー・モデル"が労働組合から猛烈な攻撃を受けたことはいうまでもない。

もともと中道を求めてきたドイツの社会的カトリシズムは、"シュピンドラー・モデル"に大きな関心を示した[30]。とくにケルンのフリングス枢機卿（Frings, Josef）とザンクト・ゲオルゲン神学大学のネル・ブロイニング（Nell-Breuning, Oswald von）が肯定的な関心を寄せてくれたと、シュピンドラーは回想している[31]。

伝統的な企業者像に足場を置いていたドイツの企業者たちは、シュピンドラーを新しい社会的方向をめざす「赤」と見なし、伝統に逆らうこの「新しい小さな木を芽のうちに圧殺したい」[32]と思っていた。企業者たちのこのような拒絶反応を受けて、シュピンドラーが使用者団体に加盟することを断念したのも十分にうなずける。

シュピンドラー社の従業員たちにとってはどうであったか。彼らにとって最も理解に苦しむことは、経営者のシュピンドラーがなぜ「共同企業者制度」と

---

(30) 増田正勝「経営的パートナーシャフトと社会的カトリシズム」『社会と倫理』（南山大学社会倫理研究所編）第8号、2001年1月、65-78頁。
(31) Spindler, Gert P.: *Das Spindler-Modell*, S. 204.
(32) Spindler, Gert P.: *Partnerschaft statt Klassenkampf*, S. 19.

いったプランを発想するに至ったのかということであった。それについて同僚から質問を受けたある従業員は次のように答えたという。「世の中にはともかく風変わりな人がいるものだよ。切手を集めたり、サッカーをしたり。共同企業者もシュピンドラー氏にとってはまあそんなものだろうよ[33]」と。しかし、それよりももっと深いところに企業者一般に対する不信感があった。プランの背後に何か「釣り針」や「騙し手」が隠されているのではないかと。

世間の風当たりは別にして、従業員の不信感を克服して、「共同企業者プラン」を従業員にどう理解させ受け入れさせるかが、シュピンドラーにとって最大の問題であった。1943年、兵役から戻って父の経営に加わったとき、すでに経営パートナーシャフトの構想は暖められていたであろう。戦後、1948年の時点では、具体的なプランとしては「まだきわめて漠然とていた[34]」という。しかし、すでに助走は始まっていた。

将来の成果参加をめざして、1948年の末、クリスマス・ボーナスとともに、1ヶ月の給与支給額に相当する給付金が配分されたが、2年間は解約できないという条件のもとで積み立てられた。さらに1949年の末には、1.5ヶ月分の給付金が同じ条件の下で積み立てられた。

「共同企業者プラン」が初めて公式に提示されたのは、1950年7月17日のことであった。このときから経営協議会（Betriebsrat）との交渉が開始されたのであるが、経営協議会と従業員の理解を得るのに、シュピンドラーは思わぬ困難に遭遇することになる。

1951年1月1日の実施までわずか6ヵ月足らずの間に完全な了解にまで至らなければならなかった。経営協議会および従業員から提起される疑問や懸念に誠実に答えていった。経営協議会との交渉は何回も行われ、次第にプランが整備されていった。最後に、最終的な原案が従業員全員に送付され、その8日後に経営総会が開催され、質疑応答が行われた。経営協議会および従業員から提

---

(33) Ebenda, S. 22.
(34) Ebenda, S. 18.

起された疑問や危惧の主なものを挙げると以下のようなものがあった。

　まず第 1 に、「共同企業者プラン」は、従業員を労働組合から離反させることをねらったものではないかという疑念であった。これは、経営パートナーシャフトに向けられる最も代表的な疑念であった。シュピンドラーは、労働組合代表が監査役会に参加する「モンタン共同決定」方式には反対していたが、労使間に対立・緊張関係が存在するかぎり「経済的従属者の団結は必要である[35]」として、労働組合の意義を認めていた。

　第 2 は、「共同企業者契約」の締結をめぐって、締結するグループと締結しないグループが生まれ、従業員が分裂するのではないかという危惧であった[36]。従業員の理解が得られない場合には大いに考えられる危惧であったが、結果としては従業員全員が「共同企業者契約」を締結した。従業員の不信感を払拭し、理解と受容を獲得することにシュピンドラーは成功したといえるだろう。

　第 3 は、経済委員会に関することであった。従業員代表としては経営協議会議長だけが参加する形に決着するが、経済委員会における意思決定の方式について疑念が寄せられた[37]。他の 2 人の委員は経営者と経営執行部代表であるから、経営協議会議長の立場は始めから弱い。1966 年の改訂では「パートナーシャフト委員会」が登場し、意思決定の仕組みが大きく改善されるが、51 年の規約では、不利益が生じた場合は共同企業者契約を解約すればよいという、きわめて消極的な解決が示されていた。

　第 4 は、損失参加に関する問題であった。従業員に大きな不利益をもたらすのではないかと危惧されていたのである。現実にはそのようなことをほとんど起こっていなかったので、一応単なる危惧に終ったのであるが、損失への参加が適当であるかどうかについては原則的な疑問が提起されていた。これについては次節において考察する。

---

(35)　Ebenda, S. 19.
(36)　Ebenda, S. 20.
(37)　Ebenda, S. 21.

第5は、シュピンドラーがまったく予期していなかった問題であるが、「共同企業者制度」によって上位・下位秩序が混乱するのではないかという、職員層から提起された懸念であった[38]。彼らは自分たちの地位と権威が喪失することを恐れていたのである。シュピンドラーは、むしろ職員層の中に存在している家父長主義的権威主義に驚いた。

　第6は、成果参加や資産参加によって生じる所得に特別の課税がなされるのではないかという危惧であった[39]。これについては、共同企業者制度から生まれた所得については通常の給与所得税が課せられるだけだと説明された。

　第7は、これもシュピンドラーが予期していなかった問題であるが、共同企業者制度に反感をもった顧客企業や供給業者がシュピンドラー社との取引を停止するのではないか、という危惧であった[40]。このようなことは実際には起こらなかった。

　こうして経営協議会との交渉と経営協議会が主催する経営総会において「共同企業者契約」について理解と啓蒙が進められ、1951年1月1日「シュピンドラー・プラン」はスタートした。1948年と1949年に積み立てられた給付金は、この間に従業員数が大きく増加したのでこれを解消して、1950年12月31日付けで改めて給与1ヶ月分相当の給付金を積み立てて、基準積立金の形成に備えた。

　シュピンドラー社は1970年12月31日をもって解散するので、"シュピンドラー・モデル"の実験も20年でその命運を閉じることになった。

Ⅴ．シュピンドラーの経営パートナーシャフト思想

1. 経営パートナーシャフトの基本思考

　"シュピンドラー・モデル"が実践に移されていち早くそれを論評したもの

---

(38) (39) Ebenda, S. 20.
(40) Ebenda, S. 19.

に、カッテポエル（Cattepoel, Dirk）の『ドイツ社会旅行—労働者から協働者へ』(*Sozialreise durch Deutschland. Vom Arbeiter zum Mitarbeiter*, Düsseldorf 1953) がある。カッテポエルは、シュピンドラーが激しい批判・攻撃にさらされながらも「己の思想と認識に行動を一致させてきたことは、……すばらしい言葉だけは無数にいわれていても立派な行動は滅多に見られない世の中にあって、それは十分に注目する価値がある[41]」と称賛する一方で、シュピンドラーが実践した経営パートナーシャフトのモデルについては厳しい批判を加えた。

シュピンドラーは、第2次世界大戦後すべての財産を失って東側から西側に逃れてきた難民を見て、ドイツ国民であったからには母国の富の形成に何らかの貢献をなしたはずだから、彼らは国家によって補償さるべきではないか、という感想をもった。この思いは、企業の従業員にも向けられた。「生産手段は、企業者、資本、従業員の共同給付（Gemeinschaftsleistung）の成果である。この成果の増大（または損失）は企業者のみに及び、従業員はただ賃金を受け取るだけでこの成果からは排除されている[42]。」これは公正の原理に反する。そこから成果参加および資産参加のプランが生まれてきた。

シュピンドラーのもうひとつの問題は、労働者の主体的地位をどう回復するかという問題であった。近代産業において労働者の孤立化・従属化・被搾取化がますます進行し、この状況から脱するために労働者は経営の外にある組織に救済を求めるようになった。しかし、社会体制の変革では問題の解決にならない。社会主義体制においても労働者の疎外は克服されなかったからである。「経営で活動している人間の真の結合を再生し、専門化を緩和し、経営の活動に参加しているすべての者の意識を全体としての経営に近づけることこそ、本来的な課題である[43]」とした。

シュピンドラーのこのような問題意識に対して、カッテポエルは二つの問題

---

(41) Cattepoel, Dirk: *Sozialreise durch Deutschland. Vom Arbeiter zum Mitarbeiter*, Düsseldorf 1953, S. 206.
(42) Spindler, Gert P.: *Das Spindler-Modell*, S. 188.
(43) Spindler, Gert P.: *Partnerschaft statt Klassenkampf*, S. 13.

を突きつける。第1は、「共同企業者プラン」は真の意味における共同所有 (Miteigentum) を実現できるか、という問題であり、第2は、経営における所有は、今日果たして協働者共同体 (Mitarbeitergemeinschaft) を実現する鍵となるであろうか、という問題であった。

第1の問題については、所有の本源的な意味は物財に対する支配権にあるという観点から、"シュピンドラー・モデル"は何らこのような支配権を根拠づけるものではなく、「単に経営の成果へ参加する権利を規定しているにすぎない。ここで経営は一種の金庫にすぎず、一定の契約条件で預金を行っているだけである[44]」と酷評する。所有に基づく支配権がないから、共同決議権を規定しても虚構にすぎず、従業員は「共同企業者として従属したままである[45]」と批判する。そしてむしろ「労働者株式」(Arbeiteraktie) の方が見込みがあるのではないかという。

第2の問題は、より根本的な問題である。カッテポエルは、「経営の社会的問題は所有問題から切り込むことはできない[46]」と主張する。「今日の労働者は、経営がだれのものであるかには関心がない。労働者が共同決定を要求しているのは、決して所有関係の変更を求めているのではなく、認められた責任ある人格として、共同の思考と協力によって、具体的な経営現象に参加したいからである[47]。」「したがって、責任ある人格の共同の思考と協力を実現できるような協働者共同体の形成にこそ取り組むべき課題がある[48]」とする。

カッテポエルの最後の主張と提言については、もともとシュピンドラーもめざすところであり、異論はないであろう。カッテポエルは、シュピンドラーの著『階級闘争に代ってパートナーシャフトを』(1954年) がまさしく同じ方向に向かっていることを認めている。

しかし、第1の批判点については、シュピンドラーは大いに異論のあるところであろう。"シュピンドラー・プラン"はもともと経営における所有関係を

---

(44) (45)　Cattepoel, Dirk: a.a.O., S. 208.
(46) (47) (48)　Ebenda, S. 210.

基礎にしていないからである。経営における意思決定への参加の根拠は協働にあり、協働の成果の分配によって経営における所有関係を変更しようとする意図は全くもっていない。この点、カッテポエルはシュピンドラーを完全に誤解していたといわなければならない。

2. 経営パートナーシャフトと共同決定

　シュピンドラー・プランが構想され実践に移された時期は、労働者の共同決定権をめぐる論議が最高潮に達していた時期であった。労働組合はゼネストの脅迫をもって「モンタン共同決定法」（1951年）の成立を勝ち取った。シュピンドラーはこの法案には反対の立場をとっていたが、労働者の経営参加についてはむしろ積極的な推進者であった。

　「モンタン共同決定」に対する批判は二つに集約される。第1点は、労働組合が共同決定に参加することについてである。シュピンドラーは、「労働組合に対する関係は相互尊重によって規定されており、両者間に重大な敵対関係はなかった[49]」と回顧している。「従属的な労働者の権利を守り、労働者が物質的・社会的発展に参加できるように配慮することが被用者団体の課題である[50]」として、むしろ労働組合の社会経済過程における意義と役割を正当に評価していた。労働組合は経営を超えたレベルで活動すべきであり、労働組合自体が経営に参加することには反対であった。労働者の共同決定権は、経営成果の達成に貢献する者に限られるべきであって、経営共同体の構成員でない労働組合には参加の資格がないという主張であった。「共同決定の基礎となるべきものは、権力の配分ではなく、協働（給付）である[51]」とする立場であった。

　第2点は、「モンタン共同決定」では、労働者の代表のみが経営に参加するにすぎないということであった。個々の労働者は、「いわば"未成年者"とし

---

(49) (50)　Spindler, Gert P.: *Das Spindler-Modell*, S. 201.
(51) (52) (53)　Ebenda, S. 191.

て労働者代表に従属している⁽⁵²⁾。」「むしろ企業において共同で行動し（mithandelnder）共同で思考する（mitdenkender）パートナーとならなければならない⁽⁵³⁾」とする。

　1951年の「モンタン共同決定法」は、石炭・鉄鋼産業の企業を対象とするので、繊維産業のシュピンドラー社には適用されない。1952年の「経営組織法」は適用対象となるが、これは強制法ではないし、合資会社のシュピンドラー社は監査役会をもたないので、せいぜい経営協議会に関わってくるにすぎない。この面については、1952年に経営協議会と「経営協定」を締結して、「共同企業者制度」に対応した関係を形成している。

3. 経営パートナーシャフトと成果参加

　シュピンドラー・モデルにおける経営成果の分配方式は、資本提供者に対する利子支払いと経営執行担当社員に対する給与を差し引いた残りの経営成果に、25％の比率で参加するというものであった。

　「経営構成員の共同給付（Mitleistung）をどのように評価しこれを決定するかは、きわめて解決困難な問題である⁽⁵⁴⁾。」「経営成果への参加を25％としてきたが、これは決して満足させるものではなかった。より適切と思われる分配方式をわれわれは見つけることができなかった⁽⁵⁵⁾。」シュピンドラーは後にこのように回顧している。

　その困難さの原因として、シュピンドラーは、資本需要や労働力需要は経済部門の違いによってそのコストが異なってくることを指摘している。一般的な要因としてこのことは十分に理解できるとしても、もともと経営における分配問題はきわめて個別的なものであって、一般妥当的な解は存在しないということがシュピンドラーにおいては十分に認識されていない。

　25％を配分した残りの経営成果はどのように利用されるのであろうか。経営内に留保されるのであろうか。単純に75％が留保されたとして、それは適切

---

(54) (55) Ebenda, S. 206.

であろうか。これは将来に向けての戦略的な問題であるから、直ちに解の出る問題ではない。

　また、25％で分配された部分は、いわゆる利潤が分配されたものであるのか。資本利子と企業者賃金は、従業員の賃金・給与と同じく、給付に対する対価であるから、もしこれらが25％分と同列にあるとしたら、25％分はもともと従業員に支払われるべき労働対価が事後的に支払われたものと解釈される。これは利潤の分配ではない。その中に利潤分配分が含まれていたとしたら、残りの75％について資本提供者と企業者は当然請求権を有するはずである。

　次章においてゼドゥス・シュトル社の経営パートナーシャフトを考察するが、そこでは純利潤を算定して、それを企業者（事業経営に携わる共同出資者）と従業員との間で均等に分けるという分配方式がとられている。この二分化方式の適否は別として、ともかく純利潤を分配の対象としている点で、シュピンドラー・プランに見られるようなあいまいさは排除されている。

　"シュピンドラー・モデル"では成果参加と損失参加が組み合わされている。その理由をシュピンドラーは次のように説明している。「生産手段への参加は、賃金・給与に加えて追加的な所得を得させるための慈恵的な制度ではないことを従業員に認識させるためである。業績不振の年に成果分配がないというだけでは不十分である[56]。」「職場における活動に真剣に取り組むことなく、物的な観点で単なる受益者となることがあってはならない[57]。」すなわち、損失参加によって、企業経営を担う企業構成員のひとりであることを自覚させ、そのことに責任意識をもたせようとする。また、従業員の中に企業者的能力を育成しようとする意図も含まれている。

　"シュピンドラー・モデル"の20年間の実践において、実際に損失参加はたまにしか生じなかったが、損失参加について経営協議会や従業員から大きな反対はなく原則的に肯定されてきたという。

　損失参加については、労働者は経営不振の場合は職場を失うというリスクを

---

(56) (57)　Ebenda, S. 194.

負担しているので、リスクの二重負担になるのではないかという批判が労働組合側からしばしば出されてきた。シュピンドラー社は最終的には解散されてしまうので、結果として従業員全員が職場を失ったことになる。リスクには、外的な要因によって生じるものと経営自体の失敗によって生まれるものの二つがある。前者の場合は、そのリスクは企業構成員全員に及ぶので労働組合の批判は当たらない。後者の場合は、その経営の失敗はだれの責任かということになる。もし従業員がその失敗に関わっていたのであれば、その責任を引き受けるのは当然であろう。しかし、シュピンドラー社の経営パートナーシャフトでは、すでに見たように、共同決定権はなく一種の協議権が保障されているだけである。この場合、損失の責任は経営執行部がとるべきだと思われる。

VI. 結 論

　シュピンドラーが「共同企業者プラン」を発表したとき、多くの人々は彼を「夢想家」「アウトサイダー」「ディレッタント」などと称して、そのプランを真面目には受け取らなかった。シュピンドラーが会社を解散して「共同企業者プラン」に終止符を打ったときも、長年このプランを冷笑的に眺めてきた企業者や労働組合、政治家たちは、それ見よとばかりに小躍りして喜んだ。シュピンドラー社が衰退したのは、経営パートナーシャフトにその原因があると思っていたからである。

　シュピンドラーが廃業したとき、多くの人々から、もしもう一度企業経営のチャンスがあったら同じ道を歩むか、という質問をよく受けたという。それに対してこう答えてきたという。「"Ja！"（もちろん！）。経営者と従業員との間の協働に生じてくるあらゆる困難や問題は、真のパートナーシャフトの形成によってのみ解決できると私は確信しているからだ[58]。」「今日、従業員の物的参加の施策を実践しただけで"パートナーシャフト"ということばで着飾ってい

---

(58) (59) Ebenda, S. 212.

る企業も多い。従業員を積極的で成熟した経済市民へ導くためには"精神的"参加がなければならない[59]」と。

では、シュピンドラー社においてこの"精神的"参加は実現できたであろうか。シュピンドラーはそれについて自ら述べることをせず、"*Süddeutsche Zeitung*"(『南ドイツ新聞』)の記事を引用している。「経営内的パートナーシャフトの思想は完全に実証されてきた。同社の従業員はこれまで他の企業では見られないような態度でもって企業とその発展に尽くしてきた。従業員は何が起こっているかを正確に知っていたし、マイスターに至るまで管理者は指令を説明し話し合いに応じてきた。同社が困難な時期にも、他にもっと有利な条件があるにもかかわらず、従業員は同社を去らないで、企業の存続のために奮闘した[60]。」

シュピンドラーの著『パートナーシャフトの実践』(1970年)にコメンタールを寄せたガウグラー (Gaugler, Eduard) も同様のことを指摘している。「この20年間にパートナーシャフト理念の実現に持続的に努力してきた企業で、ヒルデンのパウル・シュピンドラー・ヴェルク社ほど厳しい経済的試練にさらされた企業を知らない[61]。」「同社の共同企業者制度は、従業員にとってほとんど物質的な利益をもたらさなかったにもかかわらず、その意義を失わなかったのは、比較的早い時期に従業員の成果参加と資産参加の停止が起こったからである[62]」と。すなわち、シュピンドラー社を襲った経済的困難が物的参加を妨げたために、かえって従業員の精神的参加が強化されたという指摘である。

1950年10月、ケルンで「パートナーシャフト協会」(AGP) の創設会議が開催され、そこにはとくに経営パートナーシャフトに関心を寄せていた「独立企業者協会」(Arbeitsgemeinschaft selbstständiger Unternehmer ASU) の企業者たちが参加していた。この中の3人の企業者は「シュピンドラー・プラン」の

---

(60) Ebenda, S. 214-216.
(61) Gaugler, Eduard: Kommentar, in; Spindler, Gert P.: *Praxis der Partnerschaft*, Düsseldorf/ Wien 1970, S. 232.
(62) Ebenda, S. 233-234.

導入をその場で決断した。AGP の事務局は、ヒルデンのシュピンドラー本社の中に置かれた。シュピンドラーの功績は、"シュピンドラー・モデル"の実践のみならず、この AGP の活動と合わせて評価されなければならないだろう。

1990 年 5 月に開催された「パートナーシャフト協会」(AGP) 40 周年記念式典で、シュピンドラーは次のようなことを述べている。「フレーゼ (Freese, Heinrich)、アッベ (Abbe, Ernst)、ハールコート (Harkort, Friedrich)、ボッシュ (Bosch, Robert) といった人々の努力があったが、彼らはパイオニアで、独立独歩の人々であった。彼らが行動した時代は、この新しい道にとってはまだ機が熟していなかった。したがって彼らの実践は他の企業者に伝わることがなかった[63]。」「しかし、"戦争時代"の人々の中に、もし何事かを達成しようと思えば、すべての人々が―とりわけ企業の中で―協働しなければならないのだという考え方が育っていた[64]。」「したがって、最初の会議で、すぐに核心まで進んだのは驚くべきことではなかった。すでに具体的な構想が基礎にあったからである[65]。」

シュピンドラーは、夢想家でもなく、アウトサイダーでもなかった。新しい時代の流れをいち早く察知し、経営パートナーシャフトという新しい方向をめざして自らその実践を試みるとともに、「パートナーシャフト協会」(AGP) のリーダーとしてその思想と実践の普及に努めた開拓者であり、啓蒙家であった。この「パートナーシャフト協会」(AGP) におけるシュピンドラーの活動については本書の第 9 章において考察する。

---

[63][64][65] Spindler, Gert P.: Referat und Statement bei der Podiumsdiskussion aus Anlaß des 40. Jährigen Bestehens der AGP am 10.Mai 1990, in: *Menschen machen Wirtschaft — 40 Jahre AGP. Mitarbeiterbeteiligung auf dem Prüfstand*, Osterholz-Scharmbeck 1990, S. 83.

第2章　ゼドゥス・シュトル社の
　　　　経営パートナーシャフト

I. 序　　論

　ゼドゥス・シュトル社はすでに1952年から従業員の経営成果参加制度を導入しているので、経営パートナーシャフトを実践している企業としてはかなり古い部類の企業に属している。2007年現在でも従業員数700人ほどであり、いわゆる中規模企業（Mittelstand）であるが、半世紀以上にわたって経営パートナーシャフトの伝統を営々と築いてきた企業である。ゼドゥス・シュトル社の経営パートナーシャフトを取り上げている文献としては以下のようなものがある。

　　Fischer, Guido: *Partnerschaft im Betrieb*, Heidelberg 1955, S. 169-173.（『労使共同経営』（清水敏允訳、1961年）、294～303頁。）

　　Stoll, Christof: Die Erfolgsbeteiligung bei der Christof Stoll KG, in; *Die Beteiligung von Mitarbeitern. Unternehmer stellen vor, wie ihre Mitarbeiter zu Mitunternehmern wurden, zwölf Praxisbeispiele*, Herne 1973, S. 175-182.

　　Esser, Klaus/ Faltlhauser, Kurt: *Beteiligungsmodelle*, München 1974, S. 158-165.

　　Lezius, Hans Michael/ Beyer, Heinrich: Ökologische Unternehmensentwicklung. Christof Stoll GmbH&Co.KG, in; Lezius, Hans Michael/

Beyer, Heinrich: *Menschen machen Wirtschaft. Betriebliche Partnerschaft als Erfolgsfaktor*, Frankfurt am Main 1989, S. 147-162.

Erfolgs- und Kapitalbeteiligung im Unternehmen. Modelle-Praxisberichte-Standpunkte, hrsg. von E. Eyer, Düsseldorf 2002, S. 113-116.

Mitarbeiterbeteiligung im Mittelstand. Ein Atlas erfolgreicher Beteiligungsmodelle, hrsg. von Stefan Fritz, Düsseldorf 2008, S.277-284.

今日では古典ともいうべき、フィッシャーの著 „*Partnerschaft im Betrieb*" (1955年)で取り上げられているということは、ゼドゥス・シュトル社の経営パートナーシャフトが非常に古い歴史を有するものであることを物語っている。第2の文献は、ゼドゥス・シュトル社の3代目経営者クリストフ・シュトルによって書かれたもので、その経営パートナーシャフトの思想を知るうえで貴重な文献である。第4の文献は「パートナーシャフト協会」(AGP)のレチウスとベイヤーによって書かれたもので、とくにゼドゥス・シュトル社の企業文化に焦点を当てている。第3、第5および第6の文献では、経営パートナーシャフトのモデルまたはその事例としてゼドゥス・シュトル社が取り上げられている。

ゼドゥス・シュトル社の現取締役会議長、カループ (Kallup, Bernhard) は以下のように述べている。「ゼドゥス・シュトル社では、すべての従業員を共同企業者とすべく、すでに1952年から従業員参加モデルを導入している。真のパイオニア的実行として導入された報酬支払モデルは、今日でも報酬システムの重要な土台となっている。この参加モデルによって、企業目標との一致が持続的に形成され、すべての従業員が各々できる範囲で最高度に企業者的に思考し行動するようになった[1]」と。経営執行責任者のカループをしてこのようにいわしめている根拠はいったい何であろうか。ゼドゥス・シュトル社における経営パートナーシャフトの生成と発展を概観しながらそのことについて考察し

---

(1) Fallstudien: Sedus Stoll AG, in; *Mitarbeiterbeteiligung im Mittelstand. Ein Atlas erfolgreicher Beteiligungsmodelle*, hrsg. von Stefan Fritz, Düsseldorf 2008, S. 283.

てみよう。

II. ゼドゥス・シュトル社の生成と発展

ゼドゥス・シュトル社[2]の歴史は古い。130年という長い歴史をもっている。伝統的に椅子を製造・販売する企業であった。

ゼドゥス・シュトル社は、1871年、スイスとの国境に近いヴァルツフート（Waldshut）の地に生まれた。創設者は、アルベルト・シュトル一世（Albert Stoll I）であった。"ウィーン風椅子"といわれる、曲げた木材を使った椅子を製作する企業で、初めの頃はもっぱら手作業によって生産が行われていた。社名は、「アルベルト・シュトル合資会社」（Albert Stoll GmbH & Co. KG）であった。

スイスのバーゼルの手前、バーゼル・バート（Basel Bad）でジンゲン（Singen）方面行きの支線に乗り換えて1時間ほど走ると、車窓の右手にゼドゥス・シュトル社のドーゲルン工場が見えてくる。工場とも思えぬ美しい真っ白な建物である。次の駅がヴァルツフートで、駅の直ぐ北側に濃いベージュ色の建物群が現れてくる。そこが昔からのゼドゥス・シュトル社の所在地であった。現在、本社と研究所・展示会場などが置かれている。

ヴァルツフートは、ライン川の上流、シュヴァルツヴァルトの南端に位置する街で、フライブルクよりもむしろスイスのバーゼルやチューリッヒに近い。現在では人口16万人ほどで、景観に恵まれ、毎年40万人のツーリストが訪れている。昔からこの地方は産業活動の盛んなところであった。今日では、繊維・化学、金属加工、機械・自動車製造、木材加工など広い分野で産業活動が

---

(2) 「ゼドゥス・シュトル」（Zedus Stoll）という社名は、1995年に株式会社になってからの名称である。それ以前は、「クリストフ・シュトル合資会社」（Christof Stoll KG）であり、さらに1958年以前は「アルベルト・シュトル合資会社」（Albert Stoll KG）であった。本稿では、とくに歴史的な叙述をする場合を除いて、現在の社名「ゼドゥス・シュトル社」を用いるか、省略して「シュトル社」と呼ぶ。

展開されている。中小規模の企業が多いものの、ゼドゥス・シュトル社のように従業員数が1,000人を超える企業もある。

　1905年、アルベルト・シュトル一世は、息子のアルベルト・シュトル二世（Albert Stoll II）に企業経営を託した。彼はアメリカに留学して木材加工と椅子製造について新しい技術を習得し、これを利用して事務用回転椅子の開発に取り組んだ。1925年、ヨーロッパで初めて、座部にスプリングを使った回転椅子の製造に成功した。1930年には回転ローラーによって高さを調節できる回転椅子を開発した。アルベルト・シュトル二世が示した研究開発へのたゆみない意欲は、ゼドゥス・シュトル社の遺伝子となって、後々まで受け継がれていく。

　1937年、アルベルト・シュトル二世の死後、息子のクリストフ・シュトル（Christof Stoll）が会社の経営陣に加わった。クリストフは、ハイデルベルク大学で経済学を専攻して、父の事業の相続に備えていた。第2次世界大戦後、1958年に至って最終的に単独の経営権を手中にした。社名も「クリストフ・シュトル合資会社」（Christof Stoll GmbH & Co. KG）に改められた。1985年に「シュトル・ヴィタ財団」（Stoll VITA Stiftung）が設立されるまでのおよそ40年間、妻のエンマ（Emma Stoll）と共にゼドゥス・シュトル社を大きく発展させていく。

　1960年代から70年代にかけて、クリストフ・シュトル社は、「ダイナミック椅子」（dynamischer Sitz）というコンセプトの下で「ゼドゥス・シュトル」（Sedus-Stoll）を商標とするオフィス用椅子の開発に取り組んだ。それは、人間の身体の動きに柔軟に適応し、座り心地がよく、常に健全な座り姿勢を可能にしてくれる椅子であった。このような椅子の開発のために、ゼドゥス・シュトル社では、すでに早い段階から技術者だけではなく、医学者と労働科学者を研究開発に参加させていた。当時はまだ「エルゴノミー」（Ergonomie 人間工学）という用語は語られていなかったが、同社ではすでにその思想を先取りして、椅子に座って仕事をする人間と椅子・机・脚支えとの間の相互関係について、健康の観点から総合的な研究を行い、それを次々と製品開発に結びつけていっ

た。

　1971年、ヨーロッパで最大かつ最先端の回転椅子研究所を創設した。今日、ここでは30人の従業員が研究・開発に携わっており、すでに多くの特許も取得されている。

　ゼドゥス・シュトル社のオフィス用椅子に対する需要は、ドイツ国内のみならず世界市場へ拡大し、60年代にはわずか5％であった輸出割合も80年代には40～50％へと飛躍的に伸びていく。ヨーロッパ市場はもとより、中近東、東アジア、南アフリカ、北アメリカへと市場を拡大していった。フランス、オーストリア、イタリア、イギリス、スイスには輸出代理店を開設し、販売のみならず製品の最終組立も担当させている。

　ドイツ北部での市場開拓をめざして、1983年にはルール地方のシュプロックヘーヴェル（Sprockhövel）に分工場を建設した。また、1986年には、急速に拡大する需要に応えるために、ヴァルツフートの隣のドーゲルン（Dogern）に新しく分工場を建設した。そこではおよそ400人の従業員が毎年30万台以上のオフィス用椅子を生産している。現在のゼドゥス製品の品目は大きく広がり、オフィス用椅子から会議・研修会用家具、その他多様な目的に応じた家具類にまで及んでいる。

　ゼドゥス・シュトル社の売上高を見ると、1960/61年では529.6万DMであったが、1970/71年には2,503.3万DMとなり、10年間で472％も増大している。そして20年後の1989年には1億700万DMに達し、その増加率は428％であった。さらに2004年には、この間に企業形態に大きな変化があるが、売上高は1億3,000万EURとなり、コンツェルン全体の従業員数はおよそ1,000人になっている。第2次世界大戦後、この半世紀ばかりの間にゼドゥス・シュトル社は飛躍的な成長を遂げてきたといえるだろう。

　2002年、ゼドゥス・シュトル社は、事務用家具品メーカーのゲジカ有限会社（Gesika Büromöbelwerk GmbH）と合併し、傘下にゼドゥス・シュトル株式会社とゲジカ有限会社を抱えたゼドゥス・シュトル・コンツェルン（Sedus Stoll Konzern）を形成するに至っている[3]。

Ⅲ. ゼドゥス・シュトル社の経営パートナーシャフト

1. 成 果 参 加

　クリストフ・シュトルは、第2次世界大戦後いち早く経営パートナーシャフトの実践に取り組み、1952年に従業員の成果参加制度を導入した。その後、1970年と1982年、さらに1999年に部分的な修正や追加が行われるが、定款の基本的部分には当初の構想がそのまま維持されている。ここでは1952年の「成果賃金定款」(Ergebnislohn-Statut)[4]に従ってその概要を見ておこう。

　まず、企業の成果は、以下の三つの要素によって支えられている。

　① 企業者の活動と危険負担。

　② 経営構成員の身体的・精神的労働。

　③ 経営・設備資産（建物、工場施設など）。

したがって、1年間に生み出された経営成果の確定に際してはまず以下のことが考慮されなければならない。

　① 企業者賃金としてそれぞれの経営者へ売上の1.5%。

　② 年間賃金・給与総額。

　③ 経営に必要な資本に対する利子支払い。利子率は、その事業年度に適用される貯蓄金庫の長期預金利子率を1%上回り、しかも5%以上であること。

この三者に経営成果の分配が行われて、なお残余が生じた場合、これを「純利潤」(Reingewinn)とする。これは、「企業者と従業員との有効かつ成果ある

（3）　Sedus und Gesika Meilenstein (http://sedus.com/ger/company/meilenstein/asp)
（4）　Albert Stoll KG: Ergebnislohn-Statut, in; Fischer, Guido: *Partnerschaft im Betrieb*, Heidelberg 1955, S. 169-174.
　　　なお、2007年現在の成果参加および資本参加の概要については以下の文献に見ることができる。
　　　Mitarbeiterbeteiligung im Mittelstand. Ein Atlas erfolgreicher Beteiligungsmodelle, hrsg. von Stefan Fritz, Düsseldorf 2008, S. 279-282.

協働の結果」として理解される。そして、この純利潤は、両者の間で均等に分配される。

　純利潤の半分は従業員側に分配されるが、これはどのように利用されるのだろうか。まず、ゼドゥス・シュトル社には福利厚生施策のひとつとして「福祉財団」（Fürsorgestiftung）があり、毎年、この純利潤の中から一定額がこの「福祉財団」に振り込まれる。「福祉財団」は経済的に困窮した従業員を扶助するとともに、追加的な老齢年金として利用される。「福祉財団」への拠出額は、経営執行部と経済委員会との協議によって決定される。

　さらに残った純利潤が個々の従業員に分配される。この部分は、すでに支払われた賃金・給与に対して付加的性格をもつものであるが、次に見るように、この部分は直ちに個人所得になるのではなく、大部分は「従業員持分」（Belegschaftsanteil）として社内に留保される。こうして従業員は、成果参加分をもって企業の資本形成に参加することになる。

2. 資 本 参 加
2－1. 経営成果の個別分配

　参加資格は、ゼドゥス・シュトル社に1年以上勤務していることだけである。勤続年数が1年未満の場合、見習・実習等にコストがかかり、経営成果にプラスの貢献がなされていないと理解されている。

　個々の従業員に対する分配方式は、点数制度によって行われる。①当該事業年度に支払われた賃金・給与総額、②勤続年数、③欠勤日数、④家族構成、⑤著しく卓越した貢献またはその逆、が評価され、各自の点数が決められる。

　1点の金額は、経営構成員全員の点数の総数で分配の対象となる経営成果を割ることで得られる。その金額を各自の点数に掛けると各自の成果参加持分が確定される。

　点数制度の運用や成果参加の実施等については、企業内に設置されている「経済委員会」（Wirtschaftsausschuß）が検討する。経済委員会は、経営執行部の代表2名と従業員代表2名（労働者代表1名と職員代表1名）によって構成さ

れる。この従業員代表2名は、参加従業員全員によって、あるいは経営協議会によって選出される。候補者は勤続3年以上で、経営執行部と経営協議会による共通の推薦が必要とされる。

2－2. 従業員持分口座―貸付参加

各従業員の成果参加持分の一部はクリスマス前に現金の形で支払われる。残額は、自動的に「従業員持分口座」（Belegschaftsanteil-Konto）に振り込まれる。

この従業員持分口座に留保された資金の利率は、経営に必要な資本に対する利率よりも高く設定され、最低年率5%以上の利子がつけられる。1952年当時はまだ「従業員貸付」（Arbeitnehmerdarlehen）という用語は使用されていなかったが、これは明らかに従業員による企業への長期貸付である。

この口座の解約は、原則として従業員が退職するまではできない仕組みになっており、しかも退職時にも全額を引き出すことはできない。10年間の年賦の形で個人に払い戻される。もっとも従業員が経済的困窮にあるときは例外である。また即時解雇された場合は、4年間年賦で返済される。いずれにしても返済期間中の利子は年4%となっている。

ややデータが古いが、1977年から1987年までの10年間を見ると、従業員持分口座の総額は、200万DMから1,000万DMへ増大している。1987年のゼドゥス・シュトル社の資産総額は6,000万DMで、自己資本は2,200万DMであったから、従業員持分口座に留保された資金がいかに大きいものであったかがわかる。

成果参加部分の一部は従業員持分口座に留保されるのが原則であるが、それが財産形成に利用される場合には、この口座から必要な金額を引き出すことが例外的に認められている。住宅用土地の取得や住宅建設、改築などの場合、資本参加分を引き出して利用することができる。1974年4月までに216人の従業員が資本参加持分から資金を引き出して土地取得や住宅建設などの財産形成に利用している。

2—3. 匿名組合参加

　1966年から、ゼドゥス・シュトル社の従業員は、匿名組合員（stille Gesellschafter）として企業の自己資本に参加することができるようになった。

　1974年の時点では勤続5年以上の従業員が組合契約を結ぶことができた。その後この条件は3年に改められる。匿名出資は、1,000DM単位で、一人5,000DMまで出資できる。これも後に限度額が10,000DMまで引き上げられる。匿名組合としての出資総額は、企業の総資本の20％を超えてはならないことになっている。いったん匿名組合員になると、個人の成果参加持分をもってさらに追加的に出資することができる。

　この匿名組合契約は、先ほどの従業員持分口座と同じく、ゼドゥス・シュトル社と雇用関係にある間は解約することはできない。退職した後の払い戻しは、従業員持分口座の場合と同じである。

　同社の匿名組合（stille Gesellschaft）の組合契約の前文には以下のようなことがうたわれている[5]。

　「組合契約は、会社が財務的側面からその市場地位を確保しようとすることに奉仕するものである。支配可能な総資本は、会社の独立性の維持と会社の健全な発展を可能とするように装備されなければならない。独立性を維持するためには、資産総額の半分は自己資本によって構成されなければならない。また、健全な発展のためには、利潤の配分に制限を加えることによって常に自己金融度（Selbstfinanzierungsgrad）を高めておかなければならない。」

　ここでは、従業員は、単なる成果分配の受取者としてではなく、資本形成の積極的な担い手として捉えられている。成果分配においては、企業への貢献度が点数化される形になっているが、分配された経営成果の利用においては、企業の資本形成を積極的に担う者となっている。それによって従業員は、少なくとも資本提供者機能を遂行していることになる。

（5）　Lezius, Hans Michael/Beyer, Heinrich: *Menschen machen Wirtschaft. Betriebliche Partnerschaft als Erfolgsfaktor*, Frankfurt am Main 1989, S. 156.

図2-1　クリストフ・シュトル合資会社の匿名組合契約書[注]

Gesellschaftsvertrag

Herr/Frau/Fräulein .... Stamm-Nr. ....

tritt am 1. Oktober 19......... mit zunächst

DM ....000,- Anteil

als Stiller Gesellschafter in die Christof Stoll KG in Waldshut ein.

Eventuelle Erhöhungen der Anteile werden am Schluß dieses Vertrages als Nachtrag ergänzt.

Dieser Vertrag wird in 2 Ausfertigungen erstellt. Je eine Ausfertigung erhält der Stille Gesellschafter und die Christof Stoll KG.

Änderungen und Nachträge müssen schriftlich erfolgen. Mündliche Abmachungen haben keine Gültigkeit.

Waldshut, den ....

CHRISTOF STOLL KG　　　　　　　　　　　　Der Stille Gesellschafter

（注）*Betriebliche Vermögnsbildung in der Bundesrepublik Deutschland*, hrsg. von Hans-Günter Guski/ Hans J. Schneider, Köln 1977, S. 112.

1986/87年で見ると、735人の従業員中、415人が組合契約を結んで、匿名組合員としてゼドゥス・シュトル社に出資している。この期間の利回りは28％であった。また、匿名組合による従業員の出資分は、1966年から1987年の間に、14.2万DMから440万DMへ増大している。上述のように、1987年のゼドゥス・シュトル社の自己資本は2,220万DMであったから、匿名組合員による出資額の大きさに驚かされる。

株式会社になる前の合資会社時代には、優秀な管理職員に対して、合資会社

の有限責任社員として資本参加できる道が開かれていた。1974年当時で、6人の管理職員がこれに参加している。1999年からは管理者層に対する利益配当制が発足した。利益配当分の25%は匿名組合に投下される。

なお、以上に見てきた「匿名組合員モデル」は、1995年に有限会社から株式会社に変更された際に「従業員資本参加制度」(Mitarbeiterkapitalbeteiligung)と入れ替えられることになった。勤続5年以上の従業員は最高限度額10万EURまで出資できる。これには損失参加は伴っていない。出資金は退職時まで社内に留保される[6]。

2000年度決算における従業員参加の状況を見ると、成果賃金総額、1,169万DM、利潤参加総額、189万DM、従業員貸付総額、305万DMとなっている。

Ⅳ. シュトル・ヴィタ財団の設立

ゼドゥス・シュトル社は、創設以来、合資会社として活動してきたが、1985年に大きな変化が現われた。「シュトル・ヴィタ財団」(Stoll VITA Stiftung)が設立されたのである。

1980年代に入って、クリストフ・シュトル／エンマ夫妻は、これまで追求してきた企業哲学の継続性が経営執行部の交代や所有関係の変化によって大きく損なわれるのではないかという危惧をもつようになった。

シュトル社の企業哲学は以下の三点に総括される。

1) 人間の健康の損傷と自然に対する乱用を少なくする。
2) 従業員およびゼドゥス製品利用者の精神的・肉体的健康を増進する。
3) 職場の創出と維持のために資本形成を促進する。

このような企業哲学の追求がきわめて有効に行われてきたことは、ゼドゥス・シュトル社の発展そのものが明瞭に語っているが、シュトル夫妻は、その

---

(6) Rochlitz, Martin: Erfolgreich kombiniert — Die Sedus Stoll AG setzt auf Vielfalt bei der Beteiligung, in; *Erfolgs- und Kapitalbeteiligung im Unternehmen. Modelle-Praxisberichte-Standpunkte*, hrsg. von E. Eyer, Düsseldorf 2002, S. 115-116.

継続性をさらに高めるために財団を設立することを決意した。

ここにいう財団（Stiftung）は、一般の公法的な財団ではなく、私法上の財団であるが、基本的には公益的な目的を追求するものであって、それ自体として直接に企業活動を行うことはできない。しかし、一定の範囲で特定の企業に出資することは法的に認められている。ドイツでは私企業を母体に「カール・ツァイス財団」や「アルフレート・クルップ財団」といった「産業財団」(Industriestiftung) が設立されてきた[7]。シュトル夫妻もこれに倣って財団を設立しようとした。

1985年に「シュトル・ヴィタ財団」を設立して、この財団が100％出資の「ゼディア・シュトル有限会社」(Zedia Stoll GmbH) を創設し、このゼディア・シュトル有限会社が既存のクリストフ・シュトル合資会社に50％出資しているという形にしたのである。ゼディア・シュトル有限会社の単独社員は財団であるから、結局、この財団がクリストフ・シュトル合資会社の無限責任社員ということになる。

1987年3月、シュトル夫妻は、ゼディア・シュトル有限会社の持分（クリストフ・シュトル合資会社の資本金の50％）をすべてシュトル・ヴィタ財団に委託した。こうして企業哲学の継続性を財団によって継続するとともに、他方で、経営執行部の交代に関わりなく所有者として企業哲学の実現に関わっていく道を確保しようとしたのである。1995年、クリストフ・シュトル合資会社は「ゼドゥス・シュトル株式会社」(Zedus Stoll AG) に変更されるが、財団の位置づけは変わっていない。

レチウス／ベイヤーは、「シュトル夫妻は、シュトル・ヴィタ財団の設立をもって、彼らの企業者的活動と社会政策的活動を統合し、これを明瞭に確定した[8]」と評価している。

クリストフ・シュトルは、経営パートナーシャフトの実践においてパイオニ

---

(7) 産業財団については、吉田修『ドイツ企業体制論』(1994年)、127頁以下。

(8) Lezius, Hans Michael/Beyer, Heinrich: a.a.O., S. 157-158.

アであっただけではなく、健康とエコロジーの問題においてもパイオニアであった。早くも1950年代からこの問題に取り組み、エンマ夫人も熱心な開拓者となった。

エンマ夫人がとくに取り組んだことに、社内食堂に供給される食料品の健全化の問題があった。加工食品を排除してできるだけ自然食品を用いることを方針にしてきたが、従業員数の増大に伴って外部から調達することが次第に難しくなって、1970年代の末には必要な食材を工場敷地内で栽培するようになった。社内食堂で用いられる食品についてのエンマ夫人の努力は、1976年、「国民の健康分野における特別の創意」として評価され、「ゲオルグ・ミハエル・プファッフ・メダル」(Georg-Michael-Pfaff-Medaille) を授与された。またエンマ夫人およびシュトル社の試みは、『ゼドゥス社の台所の栄養満点食料』(*Gesunde Vollwertkost aus Sedus-Küche*) という本になってシュトル財団から出版されている。

シュトル・ヴィタ財団の目的は以下に置かれている[9]。

1) 科学的研究の促進。
2) 公的な健康促進。
3) とくに①環境・自然保護、②景観保全、③動物飼育および植物栽培の領域における教育の促進。

そして、財団活動の重点項目としては以下のことが挙げられている。

1) 健康な栄養・生活様式の促進。
2) エコロジー的農業・園芸の促進。
3) 健康な環境・生活条件の維持。
4) 全体論的医学 (Ganzheitsmedizin) の促進。

シュトル・ヴィタ財団の財産は、以前はクリストフ・シュトル合資会社の持分であったが、現在ではゼドゥス・シュトル株式会社の株式であり、その株式配当が財団の活動を財政的に支えている。

---

(9) *Umwelterklärung der Sedus Stoll AG 2003*, S. 23.

シュトル夫妻は、同財団の理事会メンバーとして、財団の公益的目的を追求するとともに、ゼディア・シュトル有限会社の所有者として執行部の任命・解任に当たっている。クリストフ・シュトル合資会社の時代には無限責任社員として業務執行の責任を担っていたが、株式会社化以後は最大株主として大きな発言力を維持している。このように企業者的活動と公益的活動が制度的に、しかも同一人格において結合されている例は、ドイツではほとんど見られない。

シュトル・ヴィタ財団設立の基礎には、伝統的に築かれてきた企業哲学、企業文化がある。それが企業の発展とどう結びついてきたかについては、次節において考察することにしよう。

V. 経営パートナーシャフトと企業文化

ゼドゥス・シュトル社の経営パートナーシャフトの形態を見ると、典型的な物的参加の類型を示しており、共同決定や労使協議制といった、いわゆる精神的参加については特別に言及されていない。『ゼドゥス通信』(*Sedus Mitteilungen*) は、1995年の株式会社改組の際に「経営組織法」に従って監査役会がシュトル夫妻を含めて4名の株主代表と2名の従業員代表によって構成されたことを伝えているだけである。ゼドゥス・シュトル社の場合、経営パートナーシャフトの精神的基礎はどう形成されてきたのだろうか。クリストフ・シュトルはかつてこう述べている。「物的利益は、パートナーシャフト的協働の原因ではなく、むしろその結果に他ならない[10]」と。ゼドゥス・シュトル社の経営パートナーシャフトを理解する上で、クリストフのこの言葉はきわめて重要であり、示唆に富んでいる。

1952年にクリストフが成果参加制度を導入したとき、すでにその精神的基礎は形成されていたと理解される。この時点ですでに81年の歴史をもつ、このシュトル家の企業では、従業員との協働的関係が長い時間をかけて十分に築

---

(10) Stoll, Christof: a.a.O., S. 175.

かれてきたと考えられる。その上に立って、クリストフは経営パートナーシャフトを構想したと思われる。そのことが上掲のような言葉となって表明されたのであろう。

　クリストフが物的な従業員参加を中心に置いたことには、さらに別に大きな理由があったと思われる。「われわれは、資本形成に関心をもつ人々の範囲をもっと大きくしたい。それと同時に、従業員の一人ひとりが企業で起こる現象にもっと関心をもち、もっと自分の仕事と一体化し、こうして自分の仕事からもっと大きな満足を引き出してほしい[11]。」クリストフは、経営パートナーシャフトを導入した最も基本的な動機をこのように語っている。

　これは単なる協働以上のもっと高度な精神的基礎を求めるものである。このような観点から見れば、成果参加や資本参加は、それ自体が目的ではなく、より高度な精神的基礎を形成するための手段であったと考えられる。

　純利潤を企業者と従業員との間で折半するという考え方は、あまりにも単純すぎてその合理的根拠をめぐって批判を受けたようであるが、クリストフ自身は以下のような理由から分配基準は単純でよいと考えている。

　まず、純利潤は、経営構成員の貢献にのみ帰属するものではない。景気の動向、政府の租税政策や流通政策、革新的な発明・発見など、経営外のいろいろな影響要因によって左右される。次に、純利潤の帰属先を決定することは技術的にきわめて困難だという問題がある。純利潤のどの部分が企業者の貢献であり、どの部分が従業員の貢献であるかを見極めることはほとんど不可能である。このような理由から、クリストフは、二分化という最も単純な方法を選択した。この方法については、他の企業でもよく利用されるところであり、ゼドゥス・シュトル社の従業員からもとくに反対はなかった。

　単純な方法の上に構築されたゼドゥス・シュトル社の参加制度は、少なくともその物的成果を見るかぎり、企業を成長に導くとともに、従業員には大きな物的利益をもたらしてきた。では、クリストフがめざそうとした、より高度の

---

[11] Ebenda, S. 176.

精神的基礎の形成に成功したであろうか。われわれの見るところ、それは十分に成功したのではないかと思われる。

レチウス／ベイヤーの著『人間が経済を創出する』(Menschen machen Wirtschaft) には、「成功要因（Erfolgsfaktor）としての経営パートナーシャフト」というサブタイトルがつけられている。13の事例が取り上げられ、その中の1章がゼドゥス・シュトル社に費やされている。レチウス／ベイヤーは、ゼドゥス・シュトル社の成功要因を「健康とエコロジー的意識」をめざしてきたところに求めている。

ゼディア・シュトル有限会社の「企業原則」を見てみよう。

「われわれの製品が望ましい生活環境の一部となるように製品を形成することが、ゼドゥスの伝統的な企業原則である。このような意味において、ゼドゥスは、研究・開発・製造に常に新しいアクセントを置くように努めてきた。……われわれの椅子製品の質は、仕事をする人間の座り具合にとっての機能的有効性を追求するだけではなく、座ることに関連するあらゆる影響要因を健全化することをめざしている。……ゼドゥスが発展し得たのは、オフィスにおける健全な生活と労働を実現するという、この基本的思考をあらゆる領域で一貫して追求してきたからに他ならない[12]。」

このような理念は、今日ではさらに進化している。ゼドゥス・シュトル株式会社の2003年度の『環境報告書』では、その企業原則を次のようにうたっている。

「企業の目的は、人間共同体にとって望ましい生活環境を形成し維持するところにある。われわれは、植物・動物・人間の自然的生活空間に対してネガティフな影響が予測されるものすべてを回避する。経済的に方向づけられた活動内部において行われる生産は、エコロジー的側面が常に配慮されるように、意識的に形成されなければならない。エコロジーと経済は、決して対立するものではなく、むしろ全体の不可欠の部分をなしているのである[13]。」

---

(12) Lezius, Hans Michael/Beyer, Heinrich: a.a.O., S. 159.

ゼドゥス・シュトル社の企業文化の神髄をエコロジーに求めるとしても、この用語はあまりにも日常生活に氾濫して誤解や混乱を引き起こす言葉になっている。ゼドゥス・シュトル社ではこれをどう定義するのだろうか。技術担当取締役で取締役会議長を務めているカループはこれについてこう答えている。

　「"エコロジー的に最高の"の製品とはどう定義されるだろうか。環境保全が一般社会の論議において主要なテーマとなるずっと以前から、ゼドゥス・シュトル社はこの問いに対して基本的で単純で納得のゆく生産哲学によって答えてきた。すなわち、品質がよく長持ちがする（Langlebigkeit）ということである。すでに50年以上にわたってゼドゥス・シュトル社では、"経済とエコロジーは決して対立するものではなく、むしろ全体の、不可欠の部分をなしている"（Ökologie und Ökonomie sind keine Gegensätze, sondern unverzichtbare Teile eines Ganzen）という、きわめて印象的な座右銘に従って学びかつ仕事に取り組んできたのである[14]」と。

　人間が座って仕事をする椅子を製造・販売するという、ゼドゥス・シュトル社の伝統的仕事に、こうしてエコロジーという高い使命が与えられる。それがどの程度実現されたかは、同社の実績が示している。企業哲学は、企業目的となり、製品開発、生産政策、マーケティング戦略の基礎となり、従業員に対しては追求すべき目標を与える。単なる協働を超えてより高い精神的基礎を形成し得たところに、ゼドゥス・シュトル社の経営パートナーナーシャフトの成功要因を見ることができるのではないだろうか。

VI. 結　　論

　ゼドゥス・シュトル社は、今日コンツェルン全体としては従業員1,000人を超える大きな企業に成長したとえはいえ、シュトル・ヴィタ財団に所有された

---

(13) *Umwelterklärung der Sedus Stoll AG 2003*, S. 5.
(14) Kallup, Bernhard E.: Umweltschutz bei Sedus, in; *3. Caldener Unternehmergespräch*（*22. June 1995*）*: Mitarbeiter. Erfolgsfaktor im Unternehmen?*, Kassel 1995, S. 226.

企業である。創業者から連綿と流れ形成されてきた企業哲学が独自の企業文化を育み、それを基礎に事業展開が行われてきた。とりわけクリストフ・シュトルのパイオニア的気質とその経営哲学を抜きにしては、ゼドゥス・シュトル社の発展についても、また、そこにおいて実践されてきた経営パートナーシャフトの成功についても語ることはできないだろう。レチウス／ベイヤーは、クリスフ・シュトルについて以下のような評価を与えている。

「先進的な企業管理・生産形成、従業員参加、より健全な生活形成、自然環境の保全に対して、クリストフ・シュトルは、経営を超えてイニシアティフを発揮してきた。それはまさに彼のライフワークだといえる。彼は、現代の"時代精神"がそれらの問題との対決を流行させる以前にすでに時のしるしを認識した最初の一人であった。クリストフ・シュトルにとって、個人的な思想と行動を企業者としての思想・行動から分離することは到底考えられない。物事は多様な仕方で関連し合い相互に作用しあっている存在であり、これを全体論的に考察することによってのみ、企業者行動の経済的・エコロジー的次元を的確に考察できるのである[15]。」

クリストフ・シュトルは、「物的利益は、パートナーシャフト的協働の原因ではなく、むしろその結果に他ならない」と述べている。このようにいえるのも、パートナーシャフト的協働の精神的基礎をより高い次元に飛躍させるという、企業者にとって最も重要な課題に応えてきたからであろう。従業員が資本形成に参加することによって自らの企業に強い関心をもち、それを通して仕事と自己との同一化および深い仕事満足をもつことができたとしたら、その根底にこのような高い価値を追求して止まない企業文化が形成されてきたからであるといえよう。

---

(15) Lezius, Hans Michael/ Beyer, Heinrich: a.a.O., S. 162.

第3章　ピエロト社の経営パートナーシャフト

I. 序　論

　ピエロト社[1]は、300年以上の歴史を有する古い企業である。代々ピエロト家の人々によって経営が受け継がれてきた。1967年7月、「フェルディナント・ピエロトぶどう栽培・ワイン醸造有限会社」（Ferdinand Pieroth・Weingut-Weinkellerei GmbH）が"ピエロト・モデル"と称されるようになる経営パートナーシャフトを導入した当時、従業員はわずか800人足らずの中規模企業であった。それが今日では、売上高4億7,000万 EUR、従業員5,700人、世界20カ国に支店をもち、およそ80社を直接・間接に支配するコンツェルン「WIVインターナショナル株式会社」（WIV International AG）に成長している。

　1980年代の半ば、ピエロト社は、後述のように、不幸にも「グリコールワイン・スキャンダル」に巻き込まれてしまう。その後、会社形態を変更するとともにグローバル化を急速に進めていく。このような状況の中で"ピエロト・モデル"は廃止される形になるが、2002年以降再び形を変えて復活する。し

（1）Ferdinand Pieroth・Weingut-Weinkellerei GmbH の "Pieroth" は、日本では「ピーロート」あるいは「ピエロート」と発音されている。同社の日本支店は「ピーロート・ジャパン」と称されている。Pieroth 社に問い合わせると、アクセントを前に置いて短く「ピエロト」と発音するのが正しいとされた。本書ではこれに従って「ピエロト社」とする。なお、現在の社名はWIV International AG であるが、本書では"ピエロト・モデル"を中心に取り上げるので社名は「ピエロト社」と呼ぶことにする。

かし、"ピエロト・モデル"の伝統と成功を精神的に継承しつつもそれは全く別物である。いわゆる従業員株式（Mitarbeiteraktie）であり、従業員は株主として企業の所有と経営に参加することができる。したがって、"ピエロト・モデル"は今ではピエロト社の歴史的遺産のひとつとなっている。

以下では、"ピエロト・モデル"を中心にしてピエロト社の経営パートナーシャフトを考察する。まず、ピエロト社の生成と発展のあとを歴史的に概観する。次に、1967年の"ピエロト・モデル"の概要を見る。これは1973年に改訂されるので、そのことも併せて概観する。そして"ピエロト・モデル"を根源から支えている経営パートナーシャフトの思想について考察を加える。最後に、"ピエロト・モデル"が実際にどうであったかについて少しばかり触れておこう。

II. ピエロト社の生成と発展

1. 17世紀から第2次世界大戦終了までの歩み

マインツからライン川を30キロほど下ると、右岸にビンゲン（Bingen am Rhein）の街が現われてくる。両岸の傾斜地にはぶどう畑が広がっている。このビンゲンから10キロほど急な坂を登っていくとブルク・ライエン村（Burg Layen）に入る。このブルク・ライエン村がピエロト社発祥の地であり、この地で代々ぶどう栽培とワイン醸造を生業として営んできた。そして、今日でもここに本社を置き、世界のワイン市場を相手にワインの生産と販売を手がけている。

『ピエロト家年代記[(2)]』によれば、1675年、ビンゲンに近いシュトロームベルク（Stromberg）の村役場の文書にハインリッヒ・ピエロト（Heinrich Pieroth）の名が記録されている。2000年、ピエロト社はこの時まで遡って創業325周年を祝っている。

---

(2) Ferdinand Pieroth・Weingut-Weinkellerei GmbH.: *Ferdinand Pieroth — Familienchronik*, S. 1.

ぶどう畑の所有者として最初に記録に残っているのはハインリッヒ・ヤコブ・ピエロト（Heinrich Jacob Pieroth）である。1705年、シュトロームベルクの隣、シェーネベルク（Schöneberg）の新聞に名が出ていたという。ブルク・ライエン一帯はヴェイエルン（Weyern）男爵の御料地で、ヤコブ・ピエロトの末っ子、アンドレアス・ピエロト（Andreas Pieroth 1733-1780）がその御料地の一部を借り受けてぶどうを栽培していたという記録がある。アンドレアスの息子、ヨハン・ハインリッヒ・ピエロト（Johann Heinrich Pieroth 1757-1848）は、引き続きヴェイエルン男爵の御料地を小作するとともに、自分のぶどう畑を切り拓いた。この御料地は、1780年頃、ブレツェンハイム（Bretzenheim）の領主の所有するところとなった。さらに、ヨハンの息子、ハインリッヒ・ピエロト（1785-1854）は、御料地の一部を買い取って自分の所有地とした。

　ハインリッヒの息子、ニコラウス・ピエロト（Nicolaus Pieroth 1823-1914）は、父から継承した土地に加えて、ブルク・ライエンとその周辺で農地とぶどう畑を買い入れるとともに、競売にかかった土地を競り落とした。こうして自分の土地を拡張しつつ、これまでよりもいっそうぶどう栽培に力を集中するようになった。ニコラウスの息子、フェルディナント・ピエロト（Ferdinand Pieroth 1869-1947）の代になると、もっぱらぶどう栽培とワイン醸造を主な家業とするようになった。1925年には伝来のピエロト家本屋敷に拡張と改築が加えられた。

　フェディナントの息子、フィリップ・フェルディナント・ピエロト（Philipp Ferdinand Pieroth 1906-1977）が今日につながるピエロト社の基礎を築いたといえる。1926年、フィリップは、ピエロト家の歴史において初めてワインの瓶詰めに着手した。それまではずっと昔からワインは樽詰めにして販売されていたのである。瓶詰めにすることによって生産者から直接消費者へ発送することが可能となった。

　1928年に至って、それまで代々行なってきた農耕・牧畜を完全に廃止して、ぶどう栽培・ワイン醸造・ワイン販売をピエロト家の専用事業とするようにな

った。

　1930年、ブルク・ライエン地帯のワイン以外にドイツ国内の他の産地からのワインもピエロト社のワインに加えることを開始した。

　1936年、これまでの個人会社を離脱して、合名会社 Firma Pieroth OHG を設立した。ようやく会社組織を整えるに至った。

2. 第2次世界大戦後から1980年代までの展開

　今日に続く、ピエロト社の飛躍的成長の前段階をつくり上げたのは、フィリップの長男のエルマール・ピエロト（Elmar Pieroth 1934- ）とその弟のクノ・ピエロト（Kuno Pieroth 1937- ）であった。

　1949年から1950年にかけて、ドイツ国内の主要都市に最初の配送センターを設置した。また自社独自の顧客供給サービスシステムも導入した。

　1953年、エルマールは、「顧客の住居での個人的ワイン試飲」(die persönliche Weinprobe in der Wohnung des Kunden) という新しい販売方式を導入した。これは、ピエロト社の従業員が試飲用のワインをもって顧客の家庭を訪問し、顧客のニーズや好みに合ったワインを推奨・販売していくというシステムであった。顧客の方から試飲のためにぶどう園やワイン醸造所を訪れるという手間を省くとともに、訪問する従業員はワイン・コンサルタント (Weinberater) として、ピエロト社のワインを顧客に直に広く浸透させていくという役割を果たすものであった。顧客には個人以外に、ワイン小売店、企業などの組織体、飲食店やレストランも含まれていた。エルマールは弟のクノと共に、従業員の智恵を集めながらこの新しい販売方式を成熟させていった。これはワイン販売方式におけるイノベーションであり、それによって「ピエロト社の今日の規模に至る成長が始まった[3]」のである。

　1962年、古くからの本社社屋と並んで、管理部門、ワイン貯蔵庫、瓶詰め工場を収容した新しい建物が完成した。1965年、会社を合名会社から有限会

---

　(3)　Ebenda, S. 2.

社に改組して、Ferdinand Pieroth・Weingut-Weinkellerei GmbH とした。

　この頃から国外への販売ネットワークの拡張が始まった。1963年にはフランス、オーストリア、スイスにおいてドイツ・ワインの販売を開始した。1969年、国外最初のピエロト社支店 Pieroth Japan が東京に開設された。シドニー支店（1971年）、シカゴ子会社（1973年）、香港営業所（1975年）、リオ・デ・ジャネイロ営業所（1977年）、北京（1985年）と続いていく。

　ここで特記すべきことは、本書の主題でもある経営パートナーシャフトが1968年に導入されたことである。ピエロト社の売上高は、1959年には430万DMにすぎなかったが、1969年、6,660万DM、1970年、8,400万DM、1975年、1億7,000万DM、1978年には2億3,400万DMと飛躍的な増大を遂げていく。このようなピエロト社の成長は従業員の貢献あってのことであるから、従業員も利潤に参加する権利があると考えて、エルマールとクノは、従業員の利潤参加制度を取り入れ、これを労働者財産形成政策に結びつけるとともに、従業員の利潤持分をもって資本参加を実現しようとした。1967年のプランは1973年に改訂が加えられる。

　1971年、ピエロト社独自の共同決定制度を導入した。経営組織法（1952年）によれば、資本側代表と労働側代表の比率は2対1で監査役会（Aufsichtsrat）を構成すればよいが、ピエロト社では株主代表7名、被用者代表5名という変則的な形の監査役会を設置した。経営組織法よりは労働側代表の比重を高くしている。

　1974年、ブルク・ライエンから10キロほど離れたランゲンロンズハイム（Langenlonsheim）に、中央貯蔵庫をもった、超近代的なワイン醸造工場を完成させた。ここでピエロト社の上級ワインが瓶詰めにされ世界各地に発送された。1975年にはピエロト家伝来の館が顧客サービスセンターとワイン陳列館に改造された。

　1976年、ピエロト社創設300周年を機に、いわゆる「ピエロト・ブルー」が生まれた。ロイヤル・ブルーの瓶に詰められたワイン製品がピエロト・ブランドをいっそう高め、ワイン市場に強力な力を発揮し始めた。これは、この地

方で100年ほど前に生産されていたガラス製品の色彩にヒントを得たものであった。当時、ガラス用に採掘されていた鉱石によって青色・青緑色のガラス製品が生まれていたのである。

1980年、リューデスハイム（Rüdesheim）のバート・クロイツナッハ（Bad Kreuznach）に近代的なシャンペン瓶詰め設備をもった、新しいシャンペン醸造工場を完成させた。

3. 1980年代以降の発展

このように順調に成長を遂げつつあった中で、1985年、「グリコールワイン・スキャンダル」（Glykolwein-Skandal）が起こり、これにピエロト社も巻き込まれることになった。

グリコールは化学的に合成された無色の液体であり、自動車エンジンの不凍液、溶剤、界面活性剤、食品添加物、医薬品、保湿剤などとして幅広く利用されている。ところがこれをワインに加えると甘味と芳香が増すことに目をつけたオーストリアのワイン醸造業者たちが、グリコールを混入した上級ワインを市場に出し始めたのである。もともと上級ワイン（Qualitätswein）では酢酸・砂糖・アルコールなど添加物を加えることは一切禁止されている。ラインラント・プファルツ（Rheinland-Pfalz）のワイン生産者もオーストリア産ワインを仕入れてこれを自社ワインと混ぜて瓶詰めにしていたので、この事件が発覚すると、ピエロト社のブランドも決定的な打撃を受けることになった。被害者であるにもかかわらず、ピエロト社のブランドは大きな打撃を蒙った。

この「グリコールワイン・スキャンダル」で傷ついたブランド・イメージを回復するというねらいもあって、ピエロト社は大きな組織改革を行なった。社名をWIV（Wein International Vertrieb）Wein International AGとし、この持株会社の下に直接・間接に支配する子会社群を傘下に治めた、グローバルなコンツェルンを形成したのである。

その後も国際化が推し進められた。ベルリンの壁が崩壊し、鉄のカーテンが下ろされると、旧東ドイツ、ポーランドなど東ヨーロッパ諸国への進出が行な

われた。ポーランド (1993年)、プラーグ (1996年)、さらに台湾、北京、ニュージランド (1995年) などであった。

2000年、ピエロト社は創業325周年を祝った。1976年の創業300周年を機会に「ピエロト・ブルー」の発売を開始したが、この25年間におよそ2,500万本の「ピエロト・ブルー」に瓶詰めされたピエロト・ワインが売れている。いまや「ピエロト・ブルー」はピエロト社のブランド色であるばかりではなく、上級ドイツ・ワインを代表するブランドともなっている。

「顧客の住居での個人的ワイン試飲」(die persönliche Weinprobe in der Wohnung des Kunden) というピエロト社独自のワイン販売方式は、今日では国際的にすっかり定着している。2006年現在、従業員5,734人のうち2,931人がドイツ以外の国々で働いており、また2,832人は外勤従業員 (Mitarbeiter Außendienst) である。従業員のおよそ半数がこの外勤従業員であり、ピエロト社が同社独自の直接販売方式にいかに力を入れてきたかを物語っている。ピエロト社の『2006年度営業報告書[4]』によれば、売上高4億7,000万EURのうち、直接販売67.3％、貿易20.1％、サービス関係11.1％、小売1.0％、となっている。外務員を中心とする直接販売方式による売上高がいかに大きいかを示している。

売上高の80％はヨーロッパで達成されており、そのうち43％はドイツ国内の売上げである。残りの20％が米国、日本および日本以外のアジア諸国、太平洋諸国ということになる。ピエロト社にとってやはりヨーロッパのワイン市場が主戦場となっている。

コンツェルン、WIV AGは、2006年現在、持株会社として44の子会社を直接的に支配し、33の子会社を間接的に支配している。合計77社のうち17社はその本部を外国に置いている。所有構造を見ると、株式全体の97.89％はピエロト家の構成員によって所有されている[5]。グローバル化した大企業とはい

---

(4) *WIV Wein International AG: Geschäftsbericht 2006*, S. 8-17.
(5) Ebenda, S.15.

え、ピエロト社は依然としてファミリー企業である。

Ⅲ. "ピエロト・モデル"の展開

"ピエロト・モデル"(Pieroth-Modell)と称される、ピエロト社の経営パートナーシャフトは、1968年7月に定款が公表され、その前年の1967年に遡って最初の参加証書(Beteiligungs-Schein)が従業員に交付された。この定款の作成については、経営執行部のエルマール・ピエロトおよびクノ・ピエロトに8人の従業員代表を加えた委員会が構成され、およそ半年に及ぶ検討が重ねられた。参加証書は、経営組織法に定められた経営総会(Betriebsversammlung)において従業員に手渡された。このことは、このパートナーシャフト契約が経営側と経営協議会との間で取り交わされる経営協定(Betriebsvereinbarung)として締結されたものであることを意味している。

1968年の定款は、1973年に改訂が行われている。まず「前文」に当たる部分が全面的に書き改められている。ピエロト社の経営パートナーシャフト思想を理解するうえで重要な変更である。これについては節を改めて取り上げることにする。条項の並べ方や文言にも改編が見られるが、全体の骨組みは大きく変わっていない。以下では、まず1968年の定款[6]の概要を示しながら、重要な点については1973年の定款[7]に見られる変更点・拡張点を付け加えていこう。なお、以下において、1968年「定款」の条項はⅠ、Ⅱ、で示し、1973年「定款」のそれは§1、§2、で示す。

1. 従業員参加の基礎

まず「経営成果」の概念を明らかにすることによって、従業員参加(Mit-

---

(6) Das „Pieroth-Modell" in der Fassung mit Erläuterung, in; Faltlhauser, Kurt: *Miteigentum. Das „Pieroth-Modell" in der Praxis*, Düsseldorf/Wien 1971, S. 59–77.

(7) Das Pieroth-Modell, in; Rheinland-Pfalz Ministrium für Soziales, Gesundheit und Sport: *Betriebliche Vermögensbeteiligung in Rheinland-Pfalz*, Mainz 1978, S. 33–37.

arbeiter-Beteiligung）に法的根拠を与えようとする。「経営成果（Betriebserfolg）は資本提供者（Kapitalgeber）と被用者（Arbeitnehmer）の協働の結果である。被用者はこの経営成果に参加する権利を有する。参加契約（Beteiligungsvertrag）はこの成果参加への法的請求権についてその根拠を保障するものである」（Ⅰ）。こうして従業員は「共同参加者」（Mitbeteiliger）となる。

次に、成果持分を企業資本に投下することによって、従業員は「共同所有者」となる。「企業の成果に5年間参加することによって、参加従業員は自動的に共同社員（Mitgesellschafter）となる。参加従業員の財産持分を匿名参加として企業に提供するのである。こうして参加従業員は、他の社員と同じく共同所有者（Miteigentümer）としてその投下額に応じて利潤持分を得る。この時点から成果参加は真の財産参加（Vermögensbeteiligung）へと移行する」（Ⅱ）。

経営成果に対して請求権を有する従業員は、「成果参加の範囲と方法について共同決定する権利をもっている。この恒久的な共同決定権は民主的に選出されたパートナーシャフト委員会によって代表される」（Ⅲ）。こうして従業員は共同決定者（Mitbestimmender）となる。

すなわち、経営パートナーシャフトの基礎として、経営成果への参加権、会社に対する共同所有権、共同決定権が宣言され、保障される。

2. パートナーシャフト委員会

「パートナーシャフト委員会」（Partnerschaftsausschuß）は、外勤従業員代表、内勤従業員代表、経営執行部代表、それぞれ3名、計9名のメンバーによって構成される。従業員代表については、従業員の自由・秘密選挙によって選出される。

パートナーシャフト委員会の任務としては以下のことが挙げられている（Ⅲ, 3）。①貸借対照表の監査。②分配される利潤総額の決定。③正規従業員の参加条件の検討。④経営組織法によって経済委員会が遂行すべきすべての機能の受容。⑤とりわけ成果参加に関するあらゆる情報の取り扱い。⑥企業にとって重要な一般社会政策的問題についての共同決定。⑦ピエロト社の教育活

動・社会活動の制度化についての協力。

　経営組織法で定められた経済委員会の機能がパートナーシャフト委員会にも移されていることが注目される。また、その任務領域から見て、経済委員会よりもその範囲が広い。

　1973年「定款」では、パートナーシャフト委員会の構成に大きな変更が加えられた。労資同数原則を入れて、従業員代表5名、会社執行部代表5名、計10名としている。従業員代表5名は、いずれも経営パートナーシャフトに参加している従業員であり、そのうち「3名は、利潤参加者の権利を代表させるために経営協議会によって任命される。……2名は、資本参加者の権利を代表させるために匿名社員から選出される」(§20)。

　ピエロト社は、従業員の共同決定権の法的根拠を、ひとつには労資協働に、いまひとつには資本参加に求めている。これは、1951年の「モンタン共同決定法」の考え方とは異なるものである。「モンタン共同決定法」が労働の提供をもって労働者の共同決定権を根拠づけているのに対して、"ピエロト・モデル"では、協働に加えて、資本参加、すなわち所有参加が共同決定権の基礎を形成している。

3. 成 果 参 加
3—1. 参加資格

　未成年者、パート労働者、臨時・補助労働者等を除いて、1966年1月1日以降、ピエロト社またはその子会社に雇用されている、すべての成人従業員を正規従業員とし、1967年度から経営成果に対する参加権が付与される (Ⅳ)。すなわち勤続1年以上の正規従業員すべてに参加資格が認められている。

3—2. 成果参加総額の算出

　税引き前利潤から、事業所得税、従業員の財産持分の利子、会社の自己資本の利子、市場積立金を控除したものが「配分可能な利潤」となる。この「配分可能な利潤」が1対1の割合で資本側と従業員の間で分配される (Ⅴ, 1)。こ

こにピエロト社の成果参加の特色ある原則が見出される。

「配分可能な利潤」の決定に際して、パートナーシャフト委員会と経営執行部は、企業の存続と給付能力について十分考慮しなければならない（V,2）。したがって、上記の控除額もその都度戦略的に決定されることになる。

なお、万一損失が発生した年度には、損失分は利潤の場合と同じく従業員ごとに算出され、次年度以降に繰り越される（V,5）。これについてファルトゥルハウザーは、「これは何にも稼げなければ何も分配されないという単純な事実に対応している。今のところピエロト社では損失が生じたことはない[8]」と述べている。利潤参加があれば損失参加もあるのである。

3—3. 経営成果の個別配分

経営成果、すなわち「配分可能な利潤」総額の50％が従業員に分配されるが、この分配分の50％は、参加資格ある従業員全員に均等に分配される。残りの50％は、従業員各自の年間賃金総額に応じて分配される（Ⅵ,1）。この各自の年間賃金総額には、クリスマス手当、高齢者年金扶助、転居手当など、いわゆる法定外の経営社会給付も含まれている（V,4）。

3—4. 貸付参加

こうして算出された経営成果の個人持分については、毎年7月中頃、新しい契約書が交付される。この持分証書（Anteilschein）の交付は、すでに述べたように、経営総会で行なわれる（Ⅵ,2）。

均等に分配された個人持分と各自の賃金総額に応じて算出された個人持分の合計額は、そのまま通常の賃金・給与のように現金で支払われて個人所得となるのではない。「この財産参加の中心にあるのは資産（Vermögenssubstanz）の形成である。したがって個人持分は現金で支払われるのではなく、貸付

---

(8) Faltlhauser, Kurt: *Miteigentum. Das „Pieroth- Modell" in der Praxis*, Düsseldorf/Wien 1971, S. 82–83.

(Darlehen) として経営に留保されるのである」(Ⅵ,3)。

留保された個人貸付分には利子が支払われる。通常8%の利子がつけられるが、最初の3年間だけ、1年目18%、2年目12%、3年目6%の配当金が支払われる。

3—5. 資本参加

1968年「定款」では、「5年間継続して企業の成果に参加することによって、参加従業員は自動的に共同社員となる」(Ⅱ)とされ、資本参加は半強制的なものとなっていたが、1973年「定款」では、「5年間引き続き利潤に参加すれば、過去5年間の利潤持分を資本持分（Kapitalanteil）へ転換することができる」(§15)として、資本参加を選択的なものとしている。貸付参加をそのまま継続することもできる。

ピエロト社の匿名社員となる道を選択すれば、会社執行部との間で匿名組合契約（stille Gesellschaftsvertrag）を締結することになる。いったん匿名社員になった従業員は、「少なくとも3年間継続して利潤持分を資本持分へ転換しなければならない」(§16)。この3年が経過すると、過去5年間の利潤持分をさらに資本持分へ転換することもできるし、現金で払い戻しを要求することもできる。

最初の経営成果への参加に際しては損失参加が規定されていたが、1973年「定款」では、資本参加者は「その資本参加の額に応じて利潤に参加するが、会社の損失には参加しない」(§17)とされている。匿名社員をできるだけ資本リスクから回避させるためのものと思われる。

4. パートナーシャフト契約の解消および定款の変更
4—1. パートナーシャフト契約の解消

パートナーシャフト契約は、原則として男性従業員は55歳から、女性従業員は50歳から解約することができる。したがって、通常、定年までは解約できない仕組みになっている。特別な事情がある場合はパートナーシャフト委員

会の議決を必要とする。

4－2. 定款の変更

定款は、経営執行部と経営協議会との間で締結された「経営協定」であるから、「パートナーシャフト委員会は、この経営協定の変更についての提案を多数決で決定できる」（§24）だけで、労使双方を拘束する力はない。定款の変更は労使協議制のテーマとなる。1973年の定款変更は、したがって経営執行部と経営協議会との間の協議を経て行なわれたものである。

Ⅳ．"ピエロト・モデル"と経営パートナーシャフト思想

1. "ピエロト・モデル"と財産形成思考

1968年の"ピエロト・モデル"定款の「前文」には以下のようなことが書かれている。

「財産状態の不均衡を眼前に、将来の社会的平和を危惧するとともに、所有（Besitz）の責任を認識し、率先して模範を示そうと、"フェルディナント・ピエロト有限会社"の社員は、従業員と共に検討を進めて、ここに"ピエロト財産参加"モデルを起草するものである。ピエロト財産参加は、現代社会の重大な問題を解決するために具体的な貢献を果たそうとする試みである。それは、個人の経済的生存を持続的に維持し、機会均等を達成し、従属を廃止することに協力するものである。所有者と従業員はこの目的に向かって共同で努力する[9]。」

ここでは、"ピエロト・モデル"が"ピエロト財産参加（Vermögensbeteiligung）モデル"であることが強調され、それが財産分配の不均衡を解消し、従業員の財産形成を促進することを主要目標とすることが明言されている。個別企業の経営政策よりも一般社会政策的な目標が前面に出ている。ここには、

---

(9) Das „Pieroth-Modell" in der Fassung mit Erläuterung, in; Faltlhauser, Kurt: a.a.O., S. 59.

1950年代以降、ピエロト社の急速な成長を指導してきたエルマール・ピエロトの経営思想が反映している。経営パートナーシャフトの着想から"ピエロト・モデル"が形成されるまでおよそ5年間の歳月が流れているが、1962年頃のことをエルマールは次のように回顧している。

「労資協働で生み出してきた生産的財産（Produktivvermögen）が豊かな利潤を生み出しているのに、その利潤がわれわれだけに帰属するのはなぜだろうか、という疑問が私の中に渦まいていた。国民経済学と政治学の勉学がこのような現象とその原因についての理論的洞察を私に仲介してくれた。生産費が控除された後、利潤はひとり資本にのみ流入し、それが既存の所有者の手中への生産的財産の集中を招いている。これが労働と資本の間の不均衡な地位を、したがって経済秩序の根本的な不公正を生み出しているのである[10]。」

このような問題意識をもちつつ、エルマールは、経営者として働くかたわらで、ミュンヘン大学とマインツ大学で国民経済学・経営経済学・政治学を学び、1968年に国民経済学のディプロマを取得している。

労働者の所有参加（Miteigentum）の問題、すなわち財産のより広汎な分散の問題、労働者の財産形成の問題は、共同決定の問題と並んで、戦後西ドイツにおける最も重要な一般社会政策的テーマであった。エルマールは、この問題に一企業家として取り組もうとしたのである。

エルマールはいう、「企業と企業者の責任は、経営の玄関で境界線が引かれるものではなく、また財とサービスの生産に尽きるものでもない。その責任は全体的な社会の問題にまで及ぶものである。経営はまさにそこで一般社会政策（Gesellschaftspolitik）が実現される場に他ならない[11]」と。労働者の財産形成の問題は、それ自体経済秩序政策あるいは社会構造政策の問題であり、究極的には国家の政策によって解決されなければならない問題領域である。それにもかかわらず、個別企業の立場から問題解決の方向と具体的解決方法を探求する

---

(10) *AGP-Mitteilungen*, Nr.156, 15.2.1970 (zitiert nach Faltlhauser, Kurt: *Miteigentum*, Düsseldorf/Wien 1971, S. 57–58.)

(11) Pieroth, Elmar: Vorwort Ⅰ, in; Faltlhauser, Kurt: *Miteigentum*, S. 9.

ことができるし、また実践によって範例を示すことができると、エルマールは考える。しかもそれは企業と企業者の責任であるという。

では、それをどう実現していったらよいのか。先に引用したエルマールの回想によれば1962年頃に問題意識を大きく深化させたという。それから5年ほどの歳月をかけて1968年に"ピエロト・モデル"を導入するに至っている。エルマールによると、ミュンヘン大学時代の知人が"ピエロト・モデル"の推進に大きな鼓舞を与えてくれたという。この知人の名前は不詳であるが、彼は当時ミュンヘン大学の私講師であったガウグラー（Gaugler, Eduard）の門下生の一人であったという(12)。ガウグラーは、ミュンヘン大学でギード・フィッシャー（Fischer, Guido）の門下生であり、やがてフィッシャーの後を継いで経営パートナーシャフトの唱導者の一人となっていく。エルマールは、その知人を通して経営パートナーシャフト学説に目を開かれたに違いない。また、パウル・シュピンドラー・ヴェルク社など、すでに経営パートナーシャフトを実践している企業についても啓蒙されていたであろう。

しかし、1968年の"ピエロト・モデル"定款の「前文」を見るかぎり、全体を支配しているのは社会政治的観点であり、経営経済的観点の影は薄い。この「前文」はおそらくエルマール自身によって書かれたものであろうから、そこには、ピエロト社における従業員参加をあくまでも一般社会政策的構想につなげようとする、エルマールの強力な意志が表明されているといってよいであろう。

こうした姿勢がやがてエルマールを政治家としての道へ導いていくことになる。早くも1965年にはCDU（キリスト教民主同盟）に入党し、1969年にはドイツ連邦議会議員に選出され、1972年から1981年までCDU/CSU（キリスト教社会同盟）の連邦議会議員団の議長を務めている。この間、1976年には連邦

---

(12) 2009年1月、このことについてガウグラー教授にお尋ねしたところ、さらにフルトゥルハウザー氏に問い合わせて下さり、この門下生とはKurt FaltlhauserとWerner Klopferの両氏であることが判明した。両者ともやがてピエロト社に入社することになるが、"グリコールワイン・スキャンダル"の当時、Werner Klopfer氏はすでに経営執行部の一人であったという。

経済政策専門委員会の議長にも任命されている。また、1981年から1996年までベルリン議会の議員も務めている。一般社会政策的課題として経営における従業員参加を推し進めていくためには、その法的環境を整備していかなければならない。とりわけ「労働者財産形成促進法」の推進が重要な課題となってくる。エルマールはこの課題を自ら政治家として担おうとしたのである。

ファルトゥルハウザーは、「生産的資本の分配に対する"異議申し立て"行動としての経営的従業員参加は、"ピエロト・モデル"をもってその最も卓越した代表とする[13]」と述べている。エルマールは、連邦議会内の"財産"作業グループの議長を務めたこともあり、「キリスト教民主同盟（CDU）の財産政策的代弁者[14]」として、従業員参加と労働者財産形成の問題について連邦議会において積極的な活動を展開した。"ピエロト・モデル"がドイツ国内はもとよりオランダ、スイス、オーストリアなど他のヨーロッパ諸国で大きな注目を集めるようになったのも、政治家としてのエルマールの活動に帰するところが大きい。

2. "ピエロト・モデル" と労資共同体思考

"ピエロト・モデル"が実施されて5年後の1973年に改訂が行なわれた。1973年の定款では「前文」に「第1条　ピエロト従業員参加の目標」という表題がつけられ、以下のように書き改められている。

「ピエロト従業員参加は、ピエロト社会制度（Pieroth-Sozial-System）の部分を構成するものであり、ピエロト社会制度はその全体において、被用者（従業員）を経済的に持続的に維持し、すべての経営事象について十分な情報を提供し、また経営的意思決定によりいっそう参加させるとともに、従業員の育成・再教育をさらに促進することをめざすものである。

---

(13) Faltlhauser, Kurt: Der Pieroth Modell der Mitarbeiterbeteiligung der Firma Weingut Ferdinand Pieroth Weinkellerei GmbH, in; *Die Beteiligung von Mitarbeitern. Unternehmer stellen vor, wie ihre Mitarbeiter zu Mitunternehmern wurden. Zwölf Praxisbeispiele mit einer Einleitung von Prof. Dr. Guido Fischer*, Herne 1973, S. 79.

(14) Faltlhauser, Kurt: *Miteigentum*, S. 129.

ピエロト従業員参加は、さらに企業の安定強化と、したがってまた職場の長期的維持のために役立とうとするものである (§1)。」

1968年「定款」の「前文」と比べると、ここでは一般社会政策的思考が完全に姿を消している。中心にあるのは経営経済的な観点である。企業の維持があってはじめて職場の維持も可能となるという、企業自体の観点が中心に置かれている。ところが従業員参加制度の基本的枠組みはほとんど変わっていないので、なぜこのように「前文」だけを全面的に改訂したのか、われわれはそのことに大きな戸惑いを覚えざるを得ない。エルマールの構想を規定していた一般社会政策的観点は完全に後退してしまったのか、それともそれは底流にあるものの経営経済的観点を前面に押し出してきたのか。

"ピエロト・モデル"の内容を見るかぎり、従業員の利潤参加、貸付参加、資本参加という基本的プランは変わっていないので、エルマールの基本的構想は1973年「定款」においても維持されていると考えられる。定款の変更は、最終的に労使間の合意を条件としているので、「前文」の変更にも労使共通の意識が反映していると考えられる。それは、企業目的に照らして改めて従業員参加制度を位置づけてみるということではなかったかと思われる。

"ピエロト・モデル"は、その経営成果の概念から明らかなように、企業の維持とは、労資共同体として企業を維持することであり、それは資本のみならず労働をも維持するという企業観に支えられている。しかも一般社会政策的観点が後退したとはいえ、企業と企業者の社会的責任が否定されたわけではない。「ピエロト社会制度」もそのような意味において理解されるべきだろう。

ピエロト社は、社会的な領域でいろいろな先駆的活動を展開している。従業員が自由に選択できるスライド制退職制度の導入、子供を職場へ連れてくることの認可、従業員の要望に応じた再教育制度の実施、人事・社会活動に関する情報を提供する『ピエロト社会ハンドブック』(Pieroth-Sozialhandbuch)の作成・交付、後の「社会財務報告書」(Sozialbilanz) に発展する、社会関連的計算制度の導入など、である。企業を労資共同体として捉えるだけではなく、同時に社会的存在として把握する観点が示されている。

ファルトゥルハウザーは、"ピエロト・モデル"を特徴づけて、これを「労働主義的資本参加（laboristische Kapitalbeteiligung）モデル」と称している[15]。これは、一般に「労働主義的従業員参加モデル」とも称されるものであって、そこでは労働の要素と従業員資本の要素が考慮されている。すなわち、従業員は、労働の投入によって経営成果に参加するとともに、資本の投下によって利子および利潤配当を受け取るのである。レチウスはこれを「所有者企業者の自己理解に近いものである[16]」としている。

　このようなファルトゥルハウザーの理解が適切であるかどうか議論の分かれるところであろうが、われわれは"ピエロト・モデル"の根底には企業を労資共同体として捉える企業観が横たわっていると考える。さらにいうならば、企業の社会的責任を意識した労資共同体思考が根底にあると考える。

　エルマールと共にピエロト社における経営パートナーシャフトの展開を担ってきたクノ・ピエロトは、1984年に次のようなことを述べている。

　「最近の研究によれば、従業員が物質的・精神的に参加している企業は極度なリスクにさらされることはない。われわれは、資本と労働という要素の相互的理解という要因が存在すれば、経済的危機の問題はもっとよく克服できるという認識をまさに実証してきた。パートナーシャフト的経営形成の政策、とりわけ従業員の利潤・資本参加によってこの道を示してきた[17]」と。1973年の「改訂」から10年後の発言である。経営者として自ら歩んできた道について確信をもって述べていると理解される。

---

(15)　Faltlhauser, Kurt: Der Pieroth Modell der Mitarbeiterbeteiligung der Firma Weingut Ferdinand Pieroth Weinkellerei GmbH, in; a.a.O.,S. 76.

(16)　Lezius, Michael: Das Konzept der betriebliche Partnerschaft, in; *Handbuch der Mitarbeiter-Kapitalbeteiligung*, hrsg.von Hans J. Schneider, Köln 1977, S. 34.

(17)　Pieroth, Kuno: Dankadresse, in; *Partnerschaft: Fortschritte 1983/84*, Guldental 1984, S. 30.

V. "ピエロト・モデル"の実践

　ピエロト社の従業員参加について研究・調査を行なったものに、ファルトゥルハウザー（Faltlhauser, Kurt）の『所有参加—"ピエロト・モデル"の実践』(*Miteigentum. Das "Pieroth-Modell" in der Praxis*, Düsseldorf/Wien 1971) がある。これはピエロト社の従業員を対象にしてアンケート調査とインタビュー調査を行なったもので、"ピエロト・モデル"についての従業員の意識や態度を探ろうと試みたものである[18]。

　調査時点の1971年において、ピエロト社の従業員数は781人で、そのうち利潤参加している従業員は440人であった。この440人をアンケート調査の対象としているが、寄せられた回答者数は206人で、そのうち外勤従業員が82人、内勤従業員が124人となっている。アンケートとインタビューは非公開となっており、その詳細は知ることができないが、主要な質問項目に従って回答結果をパーセントで示しながら分析結果を述べる形になっている。その中からわれわれにとって興味ある調査結果をいくつか見ておこう[19]。

　まず、"ピエロト・モデル"がめざす一般社会政策的目標、すなわち財産形成、とりわけ生産的資本への参加について従業員はどう思っているか。マイホームのための貯蓄、単なる貯蓄については非常に高い意欲が示されているが、株式所有についての意欲は低く、生産的財産への参加、すなわち資本参加に対する従業員の意識はまだ低い。この結果から見ると、少なくとも生産的財産の

---

(18) ファルトゥルハウザー（Faltlhauser, Kurt）は、この研究によってマインツ大学から政治学博士の学位を取得している。このアンケート調査は「経営内的協働促進協会」(Gesellschaft für innerbetriebliche Zusammenarbeit GmbH. GIZ) によって実施されたが、ファルトゥルハウザー自身がこの協会の理事長を務めている。これが機縁となって後にピエロト社の人事部長を務めたこともあるが、1974年以後はCSU（Christlich-Soziale Union キリスト教社会同盟）の政治家として活動する。1974年～1980年および1998年以来、バイエルン州議会議員、1980年～1998年、連邦議会議員。1994年、コール首相の下で連邦財務省政務次官。とりわけ財産形成促進法の立法・改正のために活躍した。

(19) Faltlhauser, Kurt: *Miteigentum*, S. 15-51.

より広汎な分散と労働者のそれへの参加という、1968年の"ピエロト・モデル"の目標は従業員にとってまだ学習過程にある。

次に"ピエロト・モデル"のもうひとつのねらい、ピエロト社の資本への参加についてはどうであろうか。従業員参加が実施されてすでに5年が経過しており、貸付参加から匿名社員として資本参加する道が選択可能になっているが、62.7％は匿名社員としての参加を希望しておりながら、資本参加がどのようなものであるかについてはきわめて漠然とした観念しかもっていない。ファルトゥルハウザーは、経営執行部とパートナーシャフト委員会自体が資本参加の将来像をまだ明確に描けていないのではないかと指摘している[20]。

"ピエロト・モデル"では、従業員持分総額の50％は均等に分配して、残りの50％は各自の年間賃金・給与総額に応じて配分することになっているが、これについては外勤従業員と内勤従業員で意見が分かれている。内勤従業員は均等分配を求める意見が多く、外勤従業員はむしろ賃金・給与総額に応じた分配を好んでいる。これには労働様式と報酬形態の違いが反映していると考えられる。内勤従業員の仕事はどちらかというと匿名性が高く賃金もより均等的であるが、外勤従業員では業績給が中心で個人の能力が業績に反映する度合いが高いのである。

こうした両者の違いは、リスク負担が見込まれる資本参加についても見られる。内勤従業員に比べて外勤従業員の方が匿名社員としての資本参加に対して積極的であるし、将来自社株を所有することについても前向きである。外勤従業員の所得の方が内勤従業員よりも平均的に高くなっていることがこのような違いを生み出している要因のひとつであろう、とファルトゥルハウザーは推測している。

そして、以下のようなことを述べている。「このことは、賃金支払いの代替物として成果参加を導入すればよいと考えている企業者に警告を与えるものである。投資的出資を伴った成果参加について被用者がどの程度の賛同を示すか

---

(20) Ebenda, S. 29.

どうかは、従業員が十分な賃金支払いを受けているという感情をもっているときにのみ大いに期待できるのである[21]」と。このことは、企業業績が悪化して賃金支払いに不満が生じてくると従業員参加に対する従業員の態度は急速にネガティブなものへ変化するであろうことを予測させる。

ところで、"ピエロト・モデル"によってパートナーシャフト的経営の形成はどの程度成功したのであろうか。ファルトゥルハウザーは、従業員の経営への統合化度合い、同一化意欲を調査することによってこの問題を明らかにしようとする。

回答者の半数以上は、利潤参加によって「真に"自分の"経営に参加している」と思っており、また8割の回答者は"ピエロト・モデル"を「誇りに感じて」おり、ピエロト社の賞賛すべき点として、財産形成（21.1％）、経営雰囲気（15.8％）、同僚関係（21.1％）を挙げている。また、回答者の93.5％は「"ピエロト・モデル"を正確かつ重要な点について十分に説明できると考えている。」ピエロト社においては従業員に対する情報伝達が十分に行なわれており、それが経営に対する信頼感となって現われていると理解される。

回答者の80％は利潤参加を「必要であり、好ましい」と見なしており、外勤従業員の69％、内勤従業員の43％は「利潤持分は経営の中に留保されており、したがってピエロト社従業員は真に経営に参加している」という回答を選択している。経営成果への参加を「企業者による従業員への贈り物として見るのではなく、むしろ当然の権利として理解している[22]」とファルトゥルハウザーはいう。経営のパートナーシャフト的形成は一定の成功を収めていたといってよいであろう。

ファルトゥルハウザーは、"ピエロト・モデル"に関する研究・調査について最後に以下のようにまとめている。

「総括的にいえることは、従業員は経営成果への参加について成熟している

---

(21) Ebenda, S. 40-41.
(22) Ebenda, S. 36.

ということである。彼らはこの追加的給付を意識的かつ自己意識的に受け取っている。大部分の従業員は、現時点の状況を超えてさらに、匿名社員持分の取得によって、またより多くの情報と協議に対する強い意志によって、よりいっそう経営へ統合されることに意欲を示している。ピエロト社の利潤参加は、従業員にとっての学習過程を始動させており、この学習過程は継続して進められなければならない[23]」と。

"ピエロト・モデル"の実践に関する諸データは以下のようである。

［1970 年］売上高：8,400 万 DM　　従業員数：781 人
　　参加資格ある従業員数：440 人　　参加従業員数：440 人
　　1967 年から 1970 年まで 4 年間の従業員持分合計：266 万 DM
　　1967 年から 1970 年までの参加者 1 人当たり平均持分額：8,323DM
［1975 年］売上高：1 億 7,800 万 DM　　従業員数：2,237 人
　　参加従業員数：948 人　　従業員持分総額：505 万 DM
　　参加従業員 1 人当たり平均持分額：5,327DM
［1978 年］売上高：2 億 3,400 万 DM　　従業員数：1,775 人
　　参加従業員数：1,155 人　　従業員持分総額：750 万 DM
　　従業員 1 人当たり平均持分額：6,493DM

VI. 結　論

1983 年、"ピエロト・モデル"の実現に努めてきたピエロト社に対して、「パートナーシャフト賞」が授与された。この賞は、財団「企業者的経済における社会変革」(Sozialer Wandel in der unternehmerischen Wirtschaft)[24]によって創設されたものである。この財団は「パートナーシャフト協会」(AGP) の会員たちによって設立されたので、この表彰も同協会の活動の一環として理解

---

(23)　Ebenda, S. 51.
(24)　「パートナーシャフト賞」および財団「企業者的経済における社会的変革」については本書の第 9 章第Ⅳ節。

される。経営パートナーシャフトの促進に対する、ピエロト社の貢献が高く評価されたのである。

1970年代に入ると、いろいろな形態の従業員参加制度が盛んに導入されるようになり、グスキ／シュナイダーは800社あまりの事例を研究・調査の対象として取り上げているが[25]、この70年代以降の拡張期をリードしたのが"ピエロト・モデル"であった。

「パートナーシャフト賞」の審査委員会を代表して、マンハイム大学教授のガウグラーは、その「賛辞」の中で次のようなことに触れている。

"ピエロト・モデル"定款は、すでに見てきたように、1973年6月に改訂がなされるが、ガウグラーはその時の経営総会に招かれ、そこで"ピエロト・モデル"について講演を行なっている。この講演で指摘した四つの点についてガウグラーはもう一度この「賛辞」の中で再評価している。

① 従業員の利潤持分の分配方法は適切である。その50％を均等配分にしていることは「業績思考（Leistungsdenken）の社会的修正を含んでいる[26]。」

② 参加従業員はもともとの資本提供者である旧社員を「共に共通の企業に資本的に参加している仕事仲間[27]」として理解し、匿名的な関係とは見ていない。

③ 利潤参加と資本参加によって従業員の経済的独立性が促進される。さらにパートナーシャフト委員会と経営協議会による共同決定は従業員の精神的独立性を高めている。

④ 参加従業員の中に経済的な事柄における長期的思考が育っている。プロレタリア・メンタリティからの解放が見られる。

この4点以外にピエロト社のパイオニア的活動を評価しつつ、「ピエロト社がこの15年間、企業における包括的なパートナーシャフト構想の実現のため

---

(25) Guski, Hans-Günter/Schneider, Hans J.: *Betriebliche Vermögensbildung in der Bundesrepublik Deutschland*, Köln 1977.

(26) (27) Gaugler, Eduard: Laudatio; in; *Partnerschaft: Fortschritte 1983/84*, Guldental 1984, S. 23.

に最大限の努力を惜しまなかった[28]」ことに賛辞を送っている。

こうしてピエロト社の発展とともに"ピエロト・モデル"の展開を描いてきたが、本章の序論で述べたように、現在このモデルはすでに廃止されている。「グリコールワイン・スキャンダル」に巻き込まれたことがその最大の原因であった。"ピエロト・モデル"もまたオーストリアの悪徳ワイン醸造業者の犠牲になってしまったのである。

現在実施されている「従業員参加プログラム」(Mitarbeiter-Beteiligungs-Programm) は、2002年にスタートしている。内容はいわゆる従業員持株制度である。自社株を購入することによって、税制上の優遇措置と企業からの特別手当を受けながら企業資本に参加する制度である[29]。スタート時点の2002年において272人が自社株式を所有し、その持株総数は61,259株であった。2006年度では307人（うち外国人92人）が自社株式を所有しており、持株総数は172,397株で、ピエロト社の株式資本の1.44％に相当する。

---

(28) Ebenda, S. 26.
(29) Unser Mitarbeiter-Beteiligungs-Programm, in: *WIV Wein International AG: Geschäftsbericht 2006*, S. 6-7.

第4章　グリューンベック社の
　　　　　経営パートナーシャフト

I. 序　　論

　1984年度の「パートナーシャフト賞」は「グリューンベック水質浄化有限会社」(Grünbeck Wasseraufbereitung GmbH)（以下では、「グリューンベック社」とする）に授与された[1]。1980年に創設された「パートナーシャフト賞」は、「パートナーシャフト思想財の実現にとって模範となる企業」を対象とするもので、グリューンベック社は経営パートナーシャフトの模範企業と評価されたのである。

　グリューンベック社の従業員数は、1984年の受賞当時で約300人、2005年現在でも403人で、グループ企業を合わせても約700人ある。いわゆる中規模企業である。しかし、水質浄化装置メーカーとしてはドイツ三大メーカーのひとつとしてその技術力を誇っている。「パートナーシャフト賞」の審査委員を務めたマンハイム大学教授ガウグラー（Gaugler, Eduard）は、審査委員会を代表して以下のような賛辞を述べている。

　「1984年度の受賞者は、経営パートナーシャフトが企業の経済的成果を妨げるものではないことを示している。むしろ逆に、経営におけるパートナーシャフトは企業収益の双子の姉妹である。経営パートナーシャフトにおいては企業

---

(1)　「パートナーシャフト賞」については、本書の第9章第IV節。

の経済的成果の向上よりもさらに高いものが追求されるが、グリューンベック社の歩みが示しているように、企業のパートナーシャフト的努力は経営の経済性を高めることができるのである[2]。」

 グリューンベック社は、"グリューンベック・モデル"といわれる経営パートナーシャフトのモデルを開発し、その普及に努めてきた。このモデルの根底には、創業者のヨーゼフ・グリューンベックの経営思想が脈々と流れている。これまですでに、パウル・シュピンドラー・ヴェルク社、ゼドゥス・シュトル社、ピエロト社の経営パートナーシャフトについて考察を加えてきたが、グリューンベック社の経営パートナーシャフトはどのような特徴をもっているのだろうか。以下では、"グリューンベック・モデル"の展開を段階的に追いながら、それを支えている経営パートナーシャフトの思想を明らかにしていく。

II. グリューンベック社の生成と発展

 グリューンベック社は、1949年、グリューンベック夫妻（Josef und Loni Grünbeck）によって創設された。個人会社で、社名は「グリューンベック水化学・水処理装置製造」（Grünbeck Wasserchemie und Appratebau）であった。

 ヨーゼフ・グリューンベックは、ズデーテン地方（Sudetenland）の出身者である。ヒトラー時代にドイツに併合され、第2次世界大戦後にチェコに返還されたズデーテン地方からドイツ本国に追放されてきた難民の一人であった。土地や財産もなくまたこれといったコネクションもない土地で、独力で事業を立ち上げたのである。

 グリューンベック社の本社および工場は、ドナウ川の上流にあるヘッヒシュテート（Höchstädt an der Donau）に置かれている。ドイツ・ドナウの南の源流はスイスとの国境に近いシュヴァルツヴァルトに発するが、ヘッヒシュテー

---

(2) Gaugler, Eduard: Laudatio, in; *Partnerschaft: Widrige Wind 1984/85. Eine Dokumentation der AGP*, hrsg. von Werner Mühlbradt, Höchstädt 1985, S. 27.

トはその中流のウルム（Ulm）からさらに 50 キロほど下ったところにある。まだ川幅も狭く、清流がゆったりと流れている。水質浄化装置の開発・製造には格好の地であった。現在も人口 7,000 人ほどの小さな街であるが、ミュンヘン、シュトゥトガルト、アウグスブルクなどの都市からも遠くなく、中規模企業にとってそれほど不便なところではない。

「常に適切な水を」(Immer das richtige Wasser)、これがグリューンベック社のモットーであり、創業者ヨーゼフ・グリューンベックが求め続けてきたものであった。

化学的に見れば水は H_2O であるが、上水として水を利用する過程で、塩分、マグネシウム、石灰、鉄分、その他いろいろな不純物が混じってくる。また、水源として利用される水はすでにいろいろな汚物で汚染されている。しかもヨーロッパの水は日本と違ってほとんど硬水である。これを軟水に変えなければならない。

グリューンベックのいう「適切な水」とは純粋な水ではない。浄水の過程と給水の過程で、上に見たような諸問題を解決していかなければならない。それを解決できるような水が「適切な水」である。

水の浄化装置に対する需要は大きく、創業とともにグリューンベック社は着実に成長を遂げていった。販売・顧客サービス代理店を南ドイツから次第に北ドイツに拡げ、1966 年までにはほぼ全国に販売・サービス・ネットワークを形成することができた。拡大する需要に対応して、1968 年には本社と工場を現在の場所に建設した。

1976 年では、従業員数 245 人、売上高 2,700 万 DM であった。「パートナーシャフト賞」を受賞した 1984 年当時で、従業員はおよそ 300 人で、売上高は約 4,000 万 DM であったが、1996 年には従業員数 432 人で売上高は 8,500 万 DM となっている。さらに 2005 年には、従業員数 700 人で、売上高は約 9,200 万 EUR である。従業員数の増加率を売上高の増加率が上回っていることを示している。創業以来、着実に成長を遂げてきた企業であるということができるだろう。

グリューンベック社の専門分野は、一般的にいえば、水質浄化に関わる方法とシステムの開発およびその装置の製造ということになろう。主要な製品は、飲料水浄化フィルター、イオン交換を基礎とする軟水化装置、化学物質を使用しない消毒装置、環境調和的石灰防止装置などであるが、さらにプール・浴場建設、汚水処理、病院における水処理問題、プロセス技術など、さまざまな応用分野についても技術的解決を提供している。

　今日、グリューンベック社は「イノベーション・マシーン」という評判をとっている。企業規模（従業員数、資本規模）からして大企業とは比べるべくもないのに、大企業に匹敵するような特許取得数を誇っている。ほとんど毎年、研究開発に基づいた新製品を平均2件は市場に投入している。

　例えば、1969年には飲料水用高密度フィルター、1984年、家庭用軟水化装置、1990年、ごみ捨て場の高度汚染滴下水の浄化装置、1994年、レジオネレ菌防止システム、2001年、環境保全的石灰防止装置などがある。2000年にパテントをとった"Soda Jet"は、水道水をミネラルウォーターに変換する装置である。家庭用と業務用がある。2004年には給水施設・公共プール用超ろ過装置を開発している。

　グリューンベック社は個人企業として創設されたが、そのままいわゆる単独所有企業として維持していくことは創業者グリューンベックの全く意図するところではなかった。グリューンベック社はいつかはパートナーである従業員のものにならなければならないのである。これがグリューンベックの信念であった。経営パートナーシャフトの追求はこの信念を実現するためのものであった。

　1968年から従業員の利潤参加が開始された。利潤参加の中から従業員貸付（Mitarbeiterdarlehen）の形で資本に参加していくのである。

　1980年、グリューンベック社は、個人企業（Einzelfirma）から有限会社に改組され、社名も「グリューンベック水質浄化有限会社」（Grünbeck Wasseraufbereitung GmbH）と改められた。企業形態を変更することによって、従業員の資本参加を可能にするのが狙いであった。このため「グリューンベック従業員

参加有限会社」（Grünbeck-Mitarbeiter-Beteiligungs-GmbH）が設立された。

　1984年に制定された「第4次財産形成法[3]」に合わせて、グリューンベック社でも経営パートナーシャフト定款の改訂が行われた。従業員の積立金と企業の給付金を合わせて匿名社員として資本参加ができるようなった。

　1988年、「グリューンベック水質浄化有限会社」と「グリューンベック従業員参加有限会社」が合併された。それによって参加従業員は直接的に有限会社の社員となる道が開かれた。

　1995年、創業者のヨーゼフ・グリューンベックは、彼の死後、所有する持分をすべてグリューンベック社の社員に譲渡することを決断した。会社は、その所有と経営に参加しているパートナーに帰属するという、彼自身の信念を実現するためであった。

　グリューンベック社の成長は、経営パートナーシャフトの展開を抜きにしては語れないであろう。ガウグラーが指摘していたように、企業の経済的成果と経営パートナーシャフトは「双子の姉妹」である。次に、"グリューンベック・モデル"の展開を段階的に追っていこう。

Ⅲ．"グリューンベック・モデル"の形成と展開

1．第1段階：パートナーシャフト契約と利潤参加

　1968年、利潤の50％を従業員に分配し、その分配分を企業に貸し付ける形で資本に参加していくという"グリューンベック・モデル"の原型が発足した。また、1970年1月1日から、グリューンベック夫妻の個人企業に匿名社員が加わることができるようになった。これに合わせて「パートナーシャフト契約」（Partnerschaftsvertrag）が規定された。以下では、この「パートナーシャフト契約」の規定に沿って"グリューンベック・モデル"の原型を見ていこう。

（3）「第4次財産形成法」については、本書の第7章第Ⅳ節。

1—1. パートナーシャフト契約の課題

「前文」に以下の三つの課題が掲げられている[4]。

① 経営者と従業員との間の人間的関係を改善すること。
② 従業員の財産形成を大いに促進すること。
③ 従業員の経営に対する責任意識と所属意識を高めること。

1—2. パートナーシャフト委員会

パートナーシャフト契約は経営責任者のヨーゼフ・グリューンベックとの間で締結されるが、契約を締結した従業員の利益を代表する機関がパートナーシャフト委員会である[5]。

パートナーシャフト委員会は以下のように構成される。

① 経営執行部代表：1～2名。
② 経営協議会代表：2名
③ 販売・技術・管理各部門の代表：各1名、計3名。

任期は2年で、議長は経営執行部代表が務める。各委員は1票の投票権を有し、賛否同数の場合は議長がさらに1票を投ずることができる。なお、委員選出には勤続3年以上を条件とする。

パートナーシャフト委員会は以下のような課題を遂行する。

① 決算書の確定。
② 分配と支払いに向ける利潤総額の決定。
③ 利潤参加資格ある従業員の出資分についての利子づけに関する決定。
④ 特別の貢献によって追加的に利潤参加の対象になる従業員または利潤参加から排除されるべき従業員に関する決定。
⑤ 資産持分の事前支払いあるいはその担保貸しについての緊急性の審査。
⑥ 生産手段の拡大と改善。

（4） Präambel zum Partnerschaftsvertrag, in; Grünbeck-Beteiligungsmodell, S. 6. (http:www.gruenbeck.de/0211_de.htm)
（5） Partnerschaftsvertrag §2, §3, in; Grünbeck-Beteiligungsmodell, S. 11-12.

⑦ 社会的給付すべてに関する決定。
⑧ 経営総会の事前投票および委託によるパートナーシャフト契約の解約。
⑨ 個別契約の解約に関する決定。

⑥と⑦の課題から見ると、パートナーシャフト委員会は、パートナーシャフト契約の運用に関わるだけではなく、本来、経営協議会が取り扱うべき問題にも関わっている。これはどう解釈すべきであろうか。パートナーシャフト契約を結んでいる従業員は、いわばグリューンベック社のコア従業員であり、経営者と共に基本的な経営戦略の策定に参加する存在として考えられているからであろう。

1—3. 利潤参加

決算書によって確定された利潤総額の最大50％が従業員に分配される。この場合、「資産参加の基礎、すなわち企業の存続と経営能力が損なわれないように考慮されなければならない(6)。」利潤参加は正規従業員のみに限られる。見習い労働者では勤続3年で資格が生じる。

パートナーシャフト委員会によって決定された利潤分配分の総額は、さらに二分される。その50％は、利潤参加資格ある従業員各自の正味賃金総額に応じて分配される。それによって経営に対する従業員の個別的貢献度が評価されたことになる。これはそのまま個人所得となる。

残りの50％は、利潤参加資格ある従業員に平等に分配され、各人の持分となる。その総額はそのまま従業員貸付（Mitarbeiterdarlehen）の形で貸借対照表の貸方に記入される。これには他人資本と同様に利子がつけられる。利子は最高2％を限度として、パートナーシャフト委員会によって決定される。この利子率は、所有者の出資分についても適用される。なお、利潤がなく損失が出た場合には、利潤分配と同じ方法で、利潤参加資格ある従業員はそれを負担する。

（6） Partnerschaftsvertrag §6, in; Grünbeck-Beteiligungsmodell, S. 13.

ちなみに、1976年において、従業員245人中160人が従業員貸付に参加し、その総額は130万DMとなっている[7]。

1―4. "グリューンベック・モデル"の特徴

先にあげたパートナーシャフト契約の三つの課題に即して、その特徴を考察してみる。

① 経営者と従業員との間の人間的関係を改善すること。
② 従業員の財産形成を大いに促進すること。
③ 従業員の経営に対する責任意識と所属意識を高めること。

まず、利潤の50％を従業員に分配するという政策は、パートナーシャフト契約の前文でも「利潤参加は純粋に財産形成的機能をもつ[8]」と述べられているように、直接的には②の財産形成の促進をめざしている。しかし、同時に従業員貸付の形で間接的に資本に参加することによって、③の課題とも結びついていく。

パートナーシャフト委員会は、経営者側代表、経営協議会代表、各経営部門代表から構成されている。そして、この委員会の議長は、所有者であり経営者であるヨーゼフ・グリューンベックである。ここではさまざまの情報が公開されるであろうし、委員たちとの意見交換もなされるであろう。①と③の課題は大きく前進すると考えられる。

1995年、グリューンベックの後を継いで最高経営責任者となったエルンスト（Ernst, Walter）は、「"経営組織法（Betriebsverfassungsgesetz）を超える共同決定"が創業者の昔からの特別の関心事であった[9]」と述べている。"経営組織法を超える共同決定"とは少なくとも上記の三つの課題を同時的に実現しているような経営体制であろう。

（7） Guski, Hans-Günter: *Betriebliche Vermögensbildung in der Bundesrepublik Deutschland. Eine Bestandsaufnahme*, Köln 1977, S. 255.
（8） Präambel zum Partnerschaftsvertrag, in; Grünbeck-Beteiligungsmodell, S. 6.
（9） Spies, Rainer: Arbeitsanreiz und Kapitalerhöhung, in; *Personal-Journal*, 27. 3. 2007, S. 2.

2. 第2段階:グリューンベク従業員参加有限会社の設立

　1980年1月、個人企業グリューンベック社は、「グリューンベック水質浄化有限会社」(Grünbeck Wasseraufbereitung GmbH) に改組された。この有限責任会社の社員は、グリューンベック夫妻と12人の代理人(Handelsvertreter)であった。この改組に合わせて「グリューンベック従業員参加有限会社」(Grünbeck-Mitarbeiter-Beteiligungs-GmbH)(以下では「従業員参加有限会社」と称する)が設立された[10]。この「従業員参加有限会社」の設立趣旨は、以下の2点にある。

　まず第1に、この「従業員参加有限会社」の社員は、利潤参加によって従業員貸付の形で資本参加している従業員である。これらの従業員は、本体の「グリューンベック水質浄化有限会社」の所有には参加できないが、「従業員参加有限会社」が本体の第15番目の社員になることによって、間接的に参加することができるようになった。

　第2には、1970年に発足した「パートナーシャフト委員会」に代って、この「従業員参加有限会社」が設立されたということである。

　会社機関としては、業務執行責任者、社員総会、諮問委員会(Beirat)が規定されている。社員総会において1名または2名の業務執行責任者が選出される。諮問委員会は5名の委員と3名の代理人から構成され、いずれも社員総会で選出される。

　業務執行責任者は、「従業員参加有限会社」を代表して、本体の「グリューンベック水質浄化有限会社」の社員として所有に参加するとともに、その意思決定にも参加する。

　他方、「従業員参加有限会社」の業務執行責任者は、形式的に、当該有限会社に出資された従業員持分の受託者(Treuhänder)となる[11]。信託者

---

(10) Gesellschaftsvertrag der Grünbeck-Mitarbeiter-Beteiligungs-GmbH, in; Grünbeck-Beteiligungsmodell, S. 19-27.

(11) Treuhandvertrag zum Gesellschaftsvertrag der Grünbeck-Mitarbeiter-Beteiligungs-GmbH, in; Grünbeck-Beteiligungsmodell, S. 28-34.

(Treugeber) は参加従業員である。こうして形式的に見ると、参加従業員は受託者を通して間接的に「グリューンベック水質浄化有限会社」の社員となる。第1段階よりも参加従業員が会社の所有者（社員）になる可能性が大きく前進している。

3. 第3段階：第4次財産形成法と匿名参加

　1984年1月1日より、「第3次財産形成法」を改正した「第4次財産形成法」が施行されるようになった。この法律は別名「936マルク法」とも呼ばれている。これと同時に「所得税法」の一部改正も行われ、合わせて「財産参加法」(Vermögensbeteiligungsgesetz) と称されるようになった。労働者の財産形成の方向が個別企業レベルでの資本参加へ大きく転換されたのである。年額936DMを最高限度として、従業員株式、匿名参加、貸付債権（Darlehnsforderung）などの資本参加のために給付される補助金について、税金・社会保険負担金の免除など優遇措置が与えられるというものであった。

　グリューンベック社の「財産効果的給付の投資に関する協定[12]」および「典型的匿名組合に関する契約[13]」によれば、毎月52DM、年額624DMの補助金が給付され、これに対して従業員は年額312DMの積み立てを行う。合計936DMとなる。この年額に対してグリューンベック社はさらに年額300DMの補助金を支給する。この追加部分については優遇措置はなされない。こうして総計1,236DMの資本参加が行われる。この出資分については5％の確定利子がつけられる。これに参加した従業員は匿名社員となる。しかし同時に、7年間の据置期間の後に正規の社員になれることが約束されている。

　第3段階では、従業員の財産形成促進がいっそう進められるとともに、従業員が「匿名社員」として参加する道が開かれた。

---

(12) Vereinbarung über die Anlage vermögenswirksamer Leistung, in; Grünbeck-Beteiligungsmodell, S. 38.

(13) Vertrag über eine typisch stille Gesellschaft, in; Grünbeck-Beteiligungs-modell, S. 39-42.

4. 第4段階：グリューンベック水質浄化有限会社と
グリューンベック従業員参加有限会社の合併

　1988年2月、「グリューンベック水質浄化有限会社」と「グリューンベック従業員参加有限会社」の合併が行われ、「グリューンベック水質浄化有限会社」に一本化された。これによって、信託関係によって間接的に参加していた従業員および匿名社員として参加していた従業員に正規の「社員」となる道が開かれた。

　合併前の前者の資本金は1,939,000DM、後者の資本金は601,800DMであったが、合併と同時に増資を行い、2,805,000DMとなった。

　こうしてグリューンベック社の従業員には、有限会社の社員、すなわちその所有者になる可能性が与えられることとなったが、それはあくまでも使用者と従業員との間の契約に基づくものであって、使用者側が強制する性質のものではない。「第4次財産形成法」は、「財産効果的給付」を従業員が受けるかどうかは従業員の申請に、つまり従業員の任意の選択に依存していることを規定している[14]。したがって、グリューンベック社においても全従業員が資本参加しているわけではない。

　1996年の時点で、「936マルク法」によって匿名社員になっている従業員は約200人であった。当時の従業員数は432人であったから、半分以下である。これ以外に従業員貸付の形で参加している従業員は80人であった。この従業員貸付はグリューンベック有限会社の資本金の40％を占めるに至っている[15]。ヨーゼフ・グリューンベックの理想からすれば、従業員全員が社員となることであろう。それが彼のいう「経営組織法を超える共同決定」ということになろう。

---

(14)　Viertes Gesetz zur Förderung der Vermögensbildung der Arbeitnehmer, § 6.
(15)　Sturm, Norbert: Wo Mitarbeiter Mitunternehmer sind. Bei Grünbeck ist von Sozialtümelei keine Rede, in; *Mitarbeiterbeteiligung. Vom Mitarbeiter zum Mitunternehmer*, hrsg. von Helmut Maier-Mannhart, München 1996, S. 37.

5. 第5段階:従業員による会社の相続

　1995年10月、創業者のヨーゼフ・グリューンベックは自動車事故で重傷を負い、実業生活から完全に身を引くことになった。彼の後をヴァルター・エルンストが継いだ。このバトンタッチがスムーズにいったのは、グリューンベックがかねてより後継者問題について確固とした考えをもっていたからである。

　第4段階を過ぎてから、グリューンベックはこの考えを実行に移した。それは、彼の死後、彼の保有する会社持分をすべて他の社員および参加従業員へ譲渡するという遺言状を作成したことであった。会社資本の46%を、社員または匿名社員の形で参加している従業員およびその他の社員にそれぞれの持分に応じて配分するというのである[16]。グリューンベック夫妻にはたまたま子供がなかったという理由からではない。会社は会社を担っている人々によって相続されなければならないという信念をもっていたからである。

　この考え方に立てば、経営者の地位も、自然的な相続者によって引き継がれるのではなく、現に経営を担っている従業員の中から選ばれた者によって受け継がれなければならない。グリューンベックは、「生産資本への参加は、企業の後継（Unternehmensnachfolge）に寄与する[17]」と述べている。財産形成の方法のひとつとしての資本参加は、同時に後継者育成の有効な方法として捉えられている。

　グリューンベックの後を継いだエルンストによれば、グリューンベック社の経営執行部は、営業・技術・管理に三分割され、それぞれの部門のトップは、将来グリューンベックの後を継ぐ者として育成されている。選抜は、年齢等級（Altersstaffelung）、すなわち年功によって行われる[18]。後継者を従業員の中か

---

(16) Spies, Rainer: a. a. O., S. 2.
(17) Grünbeck, Josef: Dankadresse. Stolz auf den Preis, in; *Partnerschaft: Widrige Wind 1984/85. Eine Dokumentation der AGP*, S. 37.
(18) Ernst, Walter/Fritz, Stefan: Der Wunsch des Bundespräsidenten, in: *Personalwirtschaft*, 2/2006, S. 29ff.

ら年功基準によって選ぶという、後継者ルールがすでにグリューンベックによって確定されていたのである。それに加えて、会社資本を参加従業員に相続させるという遺言がある。

グリューンベック社で公開されている『グリューンベック・モデル』では、第4段階までが示され、第5段階はないが、エルンストは2001年にこの段階を明示している。「企業を維持するために相続規定への参加が行われる。それは相続に際して、創業者社員の事業持分を残りの社員へそれぞれの持分に応じて受け継がせるためである[19]。」

従業員貸付から匿名社員、そして匿名社員から正規の社員へという、"グリューンベック・モデル"の展開をたどってくると、会社の所有とその経営に参加している従業員を企業の担い手として育成していこうとする、創業者の思考が徐々に具現化されていく過程であることが明らかになってくる。第5段階は、完成とまではいかないとしても一応の終着点を示していると思われる。

Ⅳ. グリューンベックの経営パートナーシャフト思想

"グリューンベック・モデル"の正式名称は、「社会的パートナーシャフトのグリューンベック参加モデル」(Grünbeck-Beteiligungsmodell der soziale Partnerschaft) である。ここで注意を引くのは「社会的パートナーシャフト」という言葉である。

ネル・ブロイニングは、「社会的パートナーシャフト」と「経営的パートナーシャフト」を区別して、「社会的パートナーシャフトの制度的担い手は、それだけではないとしても主として使用者団体と労働組合が考えられる[20]」としている。これが通常の解釈であろう。経営レベルにおけるパートナーシャフ

---

(19) Ernst, Walter: Über Mitarbeiterbeteiligung zur Unternehmensnachfolge, in; *AGP-Mitteilungen*, 48. Jg., Nr.311, 15. Mai 2001, S. 2.

(20) Nell-Breuning, Oswald von: Partnerschaft, in; *Handwörterbuch der Sozialwissenschaften*, Bd. Ⅶ, Göttingen/Stuttgart/Tübingen 1964, S. 217.

トと経営を超えたレベルにおけるパートナーシャフトが区別されているのである。経営レベルでの制度の担い手は、資本提供者と企業経営者および従業員である。これが「経営的パートナーシャフト」といわれている。では、なぜグリューンベックは「社会的パートナーシャフト」という言葉でもって、"グリューンベック・モデル"を特徴づけているのだろうか。

戦後、ズデーテン地方から難民としてドイツに引き上げてきたとき、グリューンベックはまだ20代であった。激動の時代から多感な青年が学んだことは、階級対立は調和ある社会の建設よりもむしろいっそうの混乱へ導く、それゆえ階級対立の緩和と労資協働の形成こそが進むべき道であるということであった。シュピンドラーも同じ確信に導かれて、1951年に「共同企業者契約」（Mitunternehmer-Vertrag）のプランを実施に移した。"グリューンベック・モデル"が実践に移されるのは1968年であるから、経営パートナーシャフトの実践としては第二世代になるかもしれないが、グリューンベック自身はそれ以前からこの確信をもち続けていた。

1984年の「パートナーシャフト賞」の授賞式で、グリューンベックは以下のような挨拶を述べている。

「企業者の社会的義務はますます大きくなってきている。企業者の自発的活動は契約的義務や法的義務よりもさらに大きくなってきている。しかし、重要なのは物質だけではない。企業における人間性が忘れられてはならない。労働争議（Arbeitskampf）は正当な手段であって、これに異議を唱えてはならない。われわれは、対立（Gegeneinander）を克服し、相互性（Miteinander）を促進する手段を見つけなければならない。従業員と共に考え（Mitdenken）、共に協働し（Mitarbeiten）、共に責任を分かち合い（Mitverantworten）、共に企業のために貢献すること（Mitverdienen）、これが私と従業員の課題である[21]。」

グリューンベックは、この課題を"グリューンベック・モデル"によって実現しようとしてきた。このモデルの特徴は、何らかの形で従業員を資本に参加

---

(21) Grünbeck, Josef: Dankadresse. Stolz auf den Preis, in; a.a.O., S. 38.

させるところにある。始めは従業員貸付から出発するが、やがて匿名社員としての参加、さらに正規の社員としての参加へと道を開いてきた。"グリューンベック・モデル"の発展段階からすれば、グリューンベックの理想は、最終的にすべての従業員が社員となること、つまり有限会社の所有者になることであろう。こうしてはじめて「共同決定（Mitbestimmung）と共同責任（Mitverantwortung）が相互不可分に結びついてくる[22]」と考える。

そのために、グリューンベックは、政府が展開する労働者財産形成政策を利用するとともに、自らもその政策決定の過程に参加しようとしてきた。

グリューンベックは、1983年から1994年まで4期にわたってFDP（Freie Demokratische Partei 自由民主党）の国会議員を務めた。1989年2月には、バイエルン州のFDP議長に選出されている。彼がとくに力を入れてきたのが労働者財産形成法の推進であった。"グリューンベック・モデル"の第4段階は「第4次財産形成法」と結びついているが、この法案をめぐる論議にはグリューンベックもFDP議員として深く関わってきた。与党のCDU/CSU（キリスト教民主同盟・キリスト教社会同盟）は、この「第4次財産形成法」をさらに、従業員の生産資本への参加によって中規模企業の自己資本形成を強化する方向へ進めようとしていた。これはもともとグリューンベックの主張するところであるとともに、すでに"グリューンベック・モデル"において実現しているところであった。したがって、CDU/CSU議員によって構成された「所有と財産形成」研究グループの議長、ファルトゥルハウザー（Faltlhauser, Kurt）も「グリューンベック氏がこれまで氏の企業において実践してきた道は、きわめて適切であることが明らかとなった[23]」と述べたのであった。

しかし、ファルトゥルハウザーは、グリューンベックの意図するところを完全に理解していたとは思えない。従業員の資本参加は、所有参加を実現するた

---

(22) Grünbeck, Josef: Probleme zu beschreiben hilft wenig — sie zu lösen ist schwer, in; Grünbeck-Beteiligungsmodell, S. 4.
(23) Faltlhauser, Kurt: Diskussionsbeitrag, in; *Partnerschaft: Widrige Wind 1984/85. Eine Dokumentation der AGP*, S. 37.

めの道であって、それが自己資本の形成にどうつながるかはグリューンベックにとって副次的な問題であったからである。さらにその根底には、会社は企業を現に担っている従業員によって相続されるべきであるという思想が置かれていた。

グリューンベックのいう「社会的パートナーシャフト」は、通常の意味とは異なって、"グリューンベック・モデル"の普及によって社会的平和と労使間の協働を築いていこうとする思想と解釈される。いわば経営レベルから経営を超えたレベルへ社会改革を推し進めていこうとする考え方である。

では、グリューンベックの社会的パートナーシャフトの思考は、企業の経済的成果と両立するであろうか。少なくともグリューンベック社の堅実な成長過程と活発な研究開発の成果は、両者が相補うものであっても決して対立するものではないことを示している。

グリューンベックは、「従業員の共同決定は共同責任へ導いてきた。共同責任は、企業成果の増大に大きな副次的作用を発揮するだけではなく、企業における人間的雰囲気の改善に決定的な働きをしている[24]」と述べている。

また、パートナーシャフト委員会の委員と「従業員参加有限会社」の業務執行責任者を務めたマネート (Maneth, Alfred) は、1984年の「パートナーシャフト賞」授賞式で、「職場における人間性、人間的理解、"経営雰囲気"は改善された。従業員の活性化は、市場で企業を維持するという要請に十分太刀打ちできるものであった[25]」と述べている。

さらに、今日では以下のような報告も寄せられている。「中規模企業のグリューンベック社では、社員が集合して投資や戦略を決定している。従業員なくしては何事も進行しない。創業者ファミリーが支配するということはない[26]」と。また現在の最高経営責任者エルンストは、「社員総会は、活発な騒々しさ

---

[24] Grünbeck, Josef: Probleme zu beschreiben hilft wenig — sie zu lösen ist schwer, in; a.a.O., S. 4.

[25] Maneth, Alfred: Dankadresse, in; *Partnerschaft: Widrige Wind 1984/85. Eine Dokumentation der AGP*, S. 41.

[26] Fröndhoff, Best/Gillmann, Wolfgang; Jeder Mittelständler geht seinen eigenen Weg. Kapital

のうちに (positiv turbulent) 行われている[27]」と伝えている。
　"グリューンベック・モデル"は、「従業員の経営に対する責任意識と所属意識を高めること」を目標のひとつとしていたが、この目標は十分に達成されてきた。経営パートナーシャフトの推進が従業員の参加意識を高め、それが企業に大きな経済的成果をもたらしてきたことは否定できないであろう。

V. 結　　論

　1980年の"グリューンベック・モデル"第2段階で、達成すべき目標として以下の事項が掲げられていた。
　① 企業の長期的存続の維持。
　② 企業価値増加への従業員の参加。
　③ 企業資本への参加からの所得獲得と定年後の経済的基礎の改善。
　④ 持分取引所における持分資本の自由処分。
　⑤ 社員（企業所有者）と従業員との間の人間的関係の促進。
　ヨーゼフ・グリューンベックの後を継いで最高経営責任者となっているエルンストは、「この五つの目標は達成された[28]」と述べている。このことは従業員の立場からすれば何を意味するだろうか。従業員の最大の関心事は、職場の確保と生活の安定であろう。そのためには①が達成されなければならない。②③④は、①に向けて従業員を動機づける要因である。しかし、物質的な動機づけ要因だけでは不十分である。従業員を内的に動かす精神的動機づけが必要となってくる。それが⑤であろう。
　エルンストは、"グリューンベック・モデル"の成功の前提は、「企業におけるパートナーシャフト的風土と旧社員（グリューンベック夫妻）と従業員との

---

　　　von den Kollegen, in; *Handelsblatt*, 11.Dezember 2006, S. 1.
(27)　Spies, Rainer: Arbeitsanreiz und Kapitalerhöhung, in; a.a.O.,S. 2.
(28)　Ernst, Walter: Der gemeinsame Weg in die soziale Partnerschaft,in; Grünbeck-Beteiligungs-
　　　modell, S. 7.

間の安定した信頼基盤にある[29]」としている。グリューンベックが、従業員貸付から始まって、匿名社員、正規の社員へと従業員参加の道を開き、さらに従業員による会社の相続を決断したことは、従業員に対する深い信頼がなければ到底なし得ないことである。

　何らかの形で従業員参加を実践している多くの企業者にとって、"グリューンベック・モデル"はきわめて極端に見えるであろう。そこまで従業員を信頼することは容易なことではないからである。しかし、グリューンベックの従業員に対する信頼感を単なる個人的な感情として理解してはならないであろう。

　シュトルムは、グリューンベックの「社会的パートナーシャフト思想」を的確に描いている。「グリューンベックは、彼のモデルによって、資本と労働の対立を克服することに役立ちたいと思っていた。かつて普段に行われていた労資対立は非生産的に働き、経営成果を縮小させるだけであった。労資が共に同じ目標に向かっているときのみ経営成果が生まれてくる[30]。」「したがって、従業員参加は、彼にとって、まず第1に企業の存立保証であり、またこのことと結びついた職場の存立保証なのである[31]」と。通常の意味での「社会的パートナーシャフト」と「経営パートナーシャフト」は相互依存的関係にあり、前者なく後者は成り立たず、また後者なくしては前者も成り立たない。このような関係をグリューンベックは強調したかったのである。

　「従業員参加の標準的モデルは存在しない[32]」というフレーントホフとギルマンの見解にわれわれも大いに同意する。経営空間をどう形成するかはそれ自体企業者の創造的活動の領域である。"グリューンベック・モデル"は、グリューンベックの個性と創造性が生み出したものである。ただ有効な経営パートナーシャフトに共通していることは、かつてギード・フィッシャーが指摘して

---

(29)　Ernst, Walter/Fritz, Stefan: Der Wunsch des Bundespräsidenten, in; *Personalwirtschaft*, 2/2006, S. 31.
(30)　(31)　Sturm, Norbert: a. a. O., S. 36.
(32)　Fröndhoff, Best/Gillmann, Wolfgang: Jeder Mittelständler geht seinen eigenen Weg, in; a. a. O., S. 2.

いたように[33]、物的基礎と精神的基礎が不可欠であるということである。"グリューンベック・モデル"はまさにこのことを示している。

　最後に、"グリューンベック・モデル"に対する経営協議会と従業員の声を聞いておこう。経営協議会のロスマイスル（Rossmeisl, Franz）の感想はこうである。「経営協議会は参加モデルを支持してきた。それによってヘッヒシュテートの所在地と400人の職場が維持されてきた。企業への財務的参加によって会社に対する強い所属意識と大きな責任意欲が生まれてきた[34]」と。従業員のケルバー（Körber, Norbert）はいう、「私はわれわれの企業に社員として積極的に参加していることを誇りに思う。私は、私の労働によって企業成果に貢献し、その成果から配当の分配という形で利益を得ることができる[35]」と。

---

(33) Fischer, Guido: *Partnerschaft im Betrieb*, Heidelberg 1955, S. 36ff.『労使共同経営』、（清水敏允訳、1961年）、33頁以下。

(34) (35) Stimmen zum Beteiligungsmodell (Grünbeck Wasseraufbereitung GmbH), in; *Mitarbeiterbeteiligung im Mittelstand. Ein Atlas erfolgreicher Beteiligungsmodelle*, hrsg. von Stefan Fritz, Düsseldorf 2008, S. 210.

第5章　ベルテルスマン社の経営パートナーシャフト

I. 序　論

　1982年、財団「企業者的経済における社会変革」(Sozialer Wandel in der unternehmerischen Wirtschaft) は、第3回「パートナーシャフト賞」をベルテルスマン社 (Bertelsmann AG) に授与した。その授賞式で、「パートナーシャフト協会」(AGP) の理事長でドゥレーガーヴェルク社取締役のクリスティアン・ドゥレーガー (Christian Dräger)[1]は、以下のようなことを述べた。「1980年には小規模企業を、1981年には中規模企業を表彰したが、審査委員会としては、今年度は、大企業の中から受賞者を選ぶことにした[2]。」「ベルテルスマン社は、どのような観点から見ても、パートナーシャフト思想財を実現している模範的な企業であり、表彰に値すると確信している[3]」と。

　この受賞当時、ベルテルスマン社は、すでにおよそ35,000人の従業員を有する大企業であったが、その後さらに大きく発展し、今日では自らを"media worldwide"と称する、世界有数のメディア企業に成長している。2006年現在、売上高192億9,700万EUR、従業員数97,132人（うち国外62,796人）で、

---

(1)　ドゥレーガーヴェルク社の経営パートナーシャフトについては、本書の第6章。
(2)(3)　Dräger, Christian: Laudatio bei der Verleihung des Partnerschaftspreises 1982 an Firma Bertelsmann AG, in; *Partnerschaft: Durchbruch 1983?*, hrsg. von Werner Mühlbradt, Gütersloh 1983, S. 9.

傘下にメディア関連企業6社を抱え、グローバルに活動を展開する一大コンツェルンを形成している[4]。

ベルテルスマン社は、1835年に創設された、174年の長い歴史をもつ企業であるが、今日に至る驚異的な発展の基礎を築いたのは、第5世代の経営者、ラインハルト・モーン（Reinhard Mohn）であった。1947年から1981年まで34年間にわたってベルテルスマン社の取締役会議長、すなわち同社の最高経営責任者の地位にあった。この間にモーンは、経営パートナーシャフトによって基礎づけられた企業体制、すなわち"ベルテルスマン・モデル"を構想し実践に移していった。その基本思考は、1960年、創業150周年に際して導入された『ベルテルスマン基本秩序』（Bertelsmann Grundordnung）に表明されているが、モーンは1986年に『パートナーシャフトによる成功—人間のための企業戦略』（Erfolg durch Partnerschaft. Eine Unternehmensstrategie für Menschen）なる書を著して、"ベルテルスマン・モデル"の基本思考とその実践的展開について詳述している。

以下では、まずベルテルスマン社の生成と発展の過程を概観する。その中で経営パートナーシャフトの思想がどのように芽生え育っていったかを垣間見ることができるだろう。次に、ベルテルスマン社の経営パートナーシャフトの制度的側面に焦点を当てる。ひとつは、その物的側面、すなわち従業員の利潤参加制度を考察する。いまひとつは、精神的側面、すなわち従業員協議会制度を見る。そこにはどのような経営パートナーシャフトの思想が反映しているであろうか。最後に、「ベルテルスマン財団」を取り上げる。現在、ベルテルスマン社の所有構造は、ベルテルスマン財団76.9％、モーン家23.1％となっている。このベルテルスマン財団はどのような経営思想によって生み出されたのであろうか。上述のラインハルト・モーンの著がわれわれの考察を助けてくれるだろう。

（4） 以下の六つの企業グループが含まれている。RTL Group、Random Hous、Gruner + Jahr、BMG、Arvato、Direct Group。

Ⅱ．ベルテルスマン社の生成と発展

1．1835年から第1次世界大戦終了まで

1835年7月、印刷業者カール・ベルテルスマン（Carl Bertelsmann 1791-1850）は、ギューターズローに小さな出版社「カール・ベルテルスマン出版社」（Carl Bertelsmann Verlag）を設立した。それがベルテルスマン社の歴史の始まりであった[5]。カール・ベルテルスマンは、すでに1824年、石版印刷所を開いていたが、これはヴェストファーレン地方では最初のもののひとつであった。

ギューターズロー（Gütersloh）は、デュッセルドルフからハノーファー方面行きの特急で2時間ほどのところにあり、今日では人口33万の郡庁所在都市に発展しているが、当時は農村地帯の中にある小さな田舎街にすぎなかった。ギューターズローが大きく前進し始めるのは19世紀半ば以降のことであって、その駆動力のひとつとなったのがベルテルスマン社であった。

カール・ベルテルスマンは、一般教養・宗教関係の書籍・雑誌の出版を主な仕事としてきたが、とりわけその出版活動によって新教信徒の宗教的覚醒運動（religiöse Erweckungsbewegung）を支援しようとしてきた。「ヴェストファーレン新教月刊誌」（*Evangelische Monatsblatt für Westfalen*）は、ミンデン・ラーヴェンスベルク（Minden-Ravensberg）地方の宗教的覚醒運動の最も重要な雑誌となり、1929年まで刊行された。

カール・ベルテルスマンは、先見の明ある優れた企業家であり、1830年代の始めにはすでに企業家として大きな成功を収めていたが、他方、彼は高い宗教的かつ社会政治的意識をもった企業家であった。篤い信仰心（Gläubigkeit）と倹約の精神（Sparsamkeit）、克己心（Disziplin）、そして果敢な冒険心（Risiko-

---

（5） Die Bertelsmann-Chronik, 1835-1850.（http://www.bertelsmann.de/bertelsmann_corp/wms41/bm/index.php?ci）

bereitschaft）という確固たる核が彼を支えていた[6]。企業家としての成功がもたらした富は当然社会に還元されなければならないと考えていた。新教教会の理事や市会議員を務めるかたわら、地域の救貧活動を組織し、牧師館や宗教財団ギムナジウムの建設に支援を行った。

当時は、企業家も従業員も「みな家族」（Ganze Hause）という家族主義の精神が色濃く残っていた時代であった。見習い工たちもベルテルスマン家の家族たちと同じ家屋に起居し、従業員の結婚や疾病・高齢に対しては手厚い社会的扶助が行なわれていた。カール・ベルテルスマンに発する「人間尊重（Menschlichkeit）と社会的に志向する行動（gesellschaftlich orientierte Handeln）が今日に至るまで価値ある企業文化の根源を形成している[7]」のである。この創業者の名は、今日、ギューターズロー市の「カール・ベルテルスマン通り」（Carl-Bertelsmann-Straße）として残っている。

1850年にカールのあとを継いだハインリッヒ・ベルテルスマン（Heinrich Bertelsmann 1827-1887）は、創業者の宗教的・社会政治的理想を継承しつつ、出版事業を宗教関係からさらに哲学、教育論、大衆文学へと拡大していった[8]。当初、従業員は14人にすぎなかったが、数年後には60人に増大した。また、出版事業の拡張に伴って、ギューターズロー駅に近いところに新しい社屋が建設された。

1859年に発刊された、保守的な雑誌"ミンデン・ラーヴェンスベルク国民雑誌"（*Volksblatt für Minden-Ravensberg*）（3年後に"*Konservativer Volksfreund*"に改題）の創刊者の一人として、ハインリッヒは、東部ヴェストファーレン地方に大きな政治的影響を与えた。同誌の中で多くの巻頭言や論評を書いた。

1887年、ハインリッヒは、経営疾病金庫と老齢年金金庫を創設した。初代のカールと同様に教会組織や社会福祉制度においても活躍した。

3代目に至って、ベルテルスマン社のトップからベルテルスマンの名称が消

（6）（7） Wie alles anfing, in; *Bertelsmann Corporate Responsibility Report 2005*, S. 22.
（8） Die Bertelsmann-Chronik, 1850-1887.

えることになった。1887年、ヨハネス・モーン（Johannes Mohn 1856-1930）がハインリッヒ・ベルテルスマンのあとを継いだ[9]。ヨハネス・モーンは、すでに初代経営者カール・ベルテルスマンの下で出版事業について薫陶を受けていたが、ハインリッヒの一人娘、フリーデリケ・ベルテルスマン（Friederike Bertelsmann 1859-1946）と結婚し、義父のハインリッヒのあとを継ぐことになったのである。

　ヨハネス・モーンは、出版事業の中心を再び宗教的領域に引き戻した。新教の宣教活動を支えるために、宣教的な雑誌や双書の出版に積極的に取り組み、宣教学的な出版事業において支配的地位を確立した。1910年には従業員数も80人となり、中規模企業へ成長していった。この当時でギューターズローの住民は18,000人ほどであった。

　第1次世界大戦の勃発とその経過は、ヨハネス・モーンからその活力を奪っていった。1921年、ベルテルスマン社のトップを退いた。

2. ワイマール期および第三帝国における展開

　1921年、第4代経営者の地位をハインリッヒ・モーン（Heinrich Mohn 1885-1955）が継承した[10]。この時点で、従業員84名、売上高70万RMであった。

　ハインリッヒ・モーンは、販売・経理・制作見積を新しく編成し直して、出版企画の改革を進めた。とくに力を入れたの新教団体や新教組織との密接な協力関係の構築であった。ベルテルスマン社の神学的伝統はこれによってますます強化された。ザウレック牧師（Zauleck, Johannes）によって編集された、さまざまの宗教的小冊子はミリオンセラーとなった。

　この新教団体・新教組織との協力関係は、やがて大衆文学への進出を大いに助けることになった。1927年に創刊された雑誌『キリスト教作家』（*Der*

---

(9)　Die Bertelsmann-Chronik, 1887-1921.
(10)　Die Bertelsmann-Chronik, 1921-1930.

christliche Erzähler）がこの分野への入口となった。販売主任のヴィックスフォート（Wixforth, Fritz）は大衆文学部門を新たに設置することを構想していた。さらに彼は、現代的な販売・宣伝方法によって読者の獲得に努めた。ポスターやショーウィンドーに工夫をこらして販売を強化した。やがて大衆文学の出版が利益をもたらすようになった。

　ナチス体制成立とともに、ベテルスマン社は、完全に体制順応的な道を歩き始めた。これまでの路線を保持しつつも、次第にナチス的・民族主義的・反ユダヤ主義的出版物へ傾斜していった。他方、戦時体制の進展とともに、ドイツ兵士の前線体験、義勇軍体験、戦友体験などを土台にした伝記物がよく売れるようになった。また前線の兵士たちに気分転換をもたらす、いろいろな読み物が数多く出版された。ベルテルスマン社の従業員も500人を上回るようになり、ヨーロッパ各地で転戦するドイツ軍への最大の書籍供給者となった。およそ1,900万部の出版物が発行され、ベルテルスマン社に大きな利益をもたらした。

　ハインリッヒ・モーンは、ナチスに反抗した告白教会（Bekennnende Kirche）に近い立場にあり、伝統的な神学分野の出版に力を入れてきた。しかし、1939年、同社の神学部門は閉鎖され、検閲の激化と印刷用紙の数量制限規制を受けて、1941年には神学関係の出版活動は完全に停止した。さらにナチス文化・経済省との対立が起こり、カール・ベルテルスマン社は全面的に閉鎖されるに至った[11]。1945年3月、ギューターズローはイギリス軍の空爆を受け、社屋も破壊された。幸い印刷機は被害を免れ、戦後の出版活動を再開することができた。

　この時代をふり返って『ベルテルスマン・クロニック』は以下のように述べている。「わが社のキリスト教的・保守的伝統は、その企画と企業文化において、ナチズムのイデオロギーとの結合に同意してしまった。出版活動の大きな成果も大部分、ナチス体制への経済的・イデオロギー的順応に基づくものであ

---

(11) (12)　Die Bertelsmann-Chronik, 1930-1940.

った⁽¹²⁾」と。この時期のベルテルスマン社については、2002 年に『第三帝国におけるベルテルスマン社』(Friedländer, Saul u.ä.: *Bertelsmann im Dritten Reich*)が出版されている。

3. 戦後の再建から 1950 年代まで

1947 年、ハインリッヒの息子、ラインハルト・モーン (Reinhard Mohn 1921-2009) がそのあとを継いだ。第 5 代目の経営者であった。戦後の通貨改革はベルテルスマン社を大きな苦境に陥れたが、何よりも販売増大によって再生を図らなければならなかった⁽¹³⁾。

販売主任のヴィックスフォートは、書籍通信販売業者のトルトゼン (Thordsen, Johannes) の協力を得て、読書団体のようなものを結成しそのメンバーに直接図書を販売・発送するシステムを考案した。それが 1950 年 6 月に設立された「ベルテルスマン読書サークル (Lesering)」であった⁽¹⁴⁾。この通信販売方式は、すぐさま大きな成果を上げ始めた。会員数は 1 年後には 10 万人、1954 年には 100 万人を突破し、1960 年には 300 万人となった。現在では「ベルテルスマン・クラブ」(Der Club Bertelsmann) と呼ばれている。

1950 年代におけるベルテルスマン社の新しいチャレンジは百科事典の出版であった。1953 年から 1955 年にかけて刊行された、4 巻から成る『ベルテルスマン百科事典』(*Das Bertelsmann Lexikon*) は、ベルテルスマン社のブランド商品となり、ベルテルスマンといえば百科事典の代名詞となった。

1956 年、「レコード・サークル」を設立して、音楽事業へ乗り出した。1958 年、レコード会社アリオラ (Ariola) とレコード制作会社ソノプレス (Sonopress) を創設した。「アリオラ」は 60 年代に入ると最も収益力のある音楽ラベルに成長した。

50 年代には技術的イノベーションも起こった。1956 年、オフセット印刷方

---

(13) Die Bertelsmann-Chronik, 1940-1950.
(14) Die Bertelsmann-Chronik, 1950-1960.

式を導入した。今日、ベルテルスマン社は、ヨーロッパ最大のオフセット印刷会社となっている。1954年には「読書サークル」の管理にいち早くEDV化（電子データ処理方式化）を図った。もっとも当時はまだパンチカード方式によるものであった。

　50年代の末頃には、ベルテルスマン社は、中規模企業から大企業へ成長していった。このような発展は、ラインハルト・モーンの経営管理スタイルを抜きにしては語れない。従業員にできるだけ責任と権限を委譲してそれぞれの創意性を発揮させようというのがモーンの管理スタイルであった。1959年、モーンは従業員と協力して、それまで育ててきた企業文化をひとつの形あるものにまとめた。それが1960年から発動される『ベルテルスマン基本秩序』であった。

4. 1960年代から1970年代まで

　1960年、ベルテルスマン社は創業125年周年を迎えた。この記念すべき年を期して『ベルテルスマン基本秩序』(Bertelsmann Grundordnung) が起草された[15]。『ベルテルスマン基本秩序』は、①分権的組織の形成、②責任の委譲、③パートナーシャフト的経営管理の実践、④社会に対する企業の責任遂行、という四つの要素によって要約される。そこには、創業者以来の伝統を受け継いできたベルテルスマン社の経営思想が総括されている。

　60年代に入ると会員形式の図書販売組織「読書サークル」の国際化が始まった。1962年にはスペインのバルセロナで、1966年にはオーストリアで、さらに1970年にはフランスで「読書サークル」が組織された。そして、ポルトガル、英国、イタリア、アメリカ合衆国、オランダと続いた。

　この時代には事業の多角化が大きく進められた。1964年、伝統あるドイツの映画会社、ウファ (Ufa Universum Firm AG) の株式を取得して、映画とテレビの世界への進出が図られた。1969年には、雑誌『シュテルン』(*Stern*) を

---

　(15)　Die Bertelsmann-Chronik, 1960-1970.

もつ、ハンブルクの大手出版社、グルナー・ヤール（Gruner + Jahr）の株式25％を取得して、雑誌事業の分野へ大きく進出しようとした。1973年には同社の株式を過半数以上支配するに至る。

　1971年、ベルテルスマン社は株式会社に改組された。中規模の家族企業から分権的に組織された近代的なコンツェルン企業への転換が図られた。監査役会と取締役会が設置され、ラインハルト・モーンが取締役会議長に就いた[16]。

　60年代までは書籍・雑誌・音楽メディアが中核事業であったが、70年代に入ると国際化を視野に事業の拡大が行われた。「読書サークル」はスペインからさらにアフリカ中部・南部に拡張された。音楽事業ではアリスタ（Arista）のレコード商標を獲得してアメリカ市場への足がかりを得た。1977年には著名なアメリカの出版社バンタム（Bantam Books）の一部を取得した。1980年にはこれを傘下に収める。

　この時期で特記すべきことは、1970年、従業員の利潤参加制度が導入されたことである。それは、「従業員と企業が同一化できる企業のみが未来の課題を解決することができる。それには物的な公平性が前提になければならない[17]」という、ラインハルト・モーンの経営パートナーシャフト思想に根源を発している。

　もうひとつの特記すべき事項は、1977年に「ベルテルスマン財団」（Bertelsmann Stiftung）が創設されたことである。それは、ベルテルスマン社の企業体制を規定する、社会に対する企業の責任という理念を実現するための行動であった。将来においてベルテルスマン・ファミリーが所有する株式のほとんどがこの財団に寄贈される形になっている。1993年にモーンはその持株（発行株式の71.1％）をこの財団に移している。政治・国家・行政の領域、教育制度、保健制度、公共図書館制度などの分野において多様な文化的貢献を展開することをめざしている。

---

(16)(17)　Die Bertelsmann-Chronik, 1970-1980.

5. 1980 年代以降の発展

　1981 年、60 歳になったラインハルト・モーンは、取締役会議長、すなわち最高経営責任者の地位を退いた。そして、それまでベルテルスマン・コンツェルンの一角を占めていたグルナー・ヤール社の取締役会議長、フィッシャー（Fischer, Manfred）がその後を継いだ。モーン自身は監査役会の議長職に就いた。さらに 1983 年、フィッシャーのあとをヴェッスナー（Wössner, Mark）が引き継いだ。ヴェッスナーは、さらにグローバルなメディア市場をめざして事業を拡大していった[18]。

　1980 年にバンタム社、1986 年にダブルデイ社（Doubleday）と、アメリカの有力な出版社を吸収合併した。1986 年には RCA ラベルを取得し、その翌年の 1987 年に BMG（Bertelsmann Music Group）を設立して、ニューヨークにその本社を置いた。米国のディア市場に足場を築くとともに、グローバルな展開を決定的に推し進めた。

　1984 年、ドイツで私営テレビが開始されるに合わせて、ハンブルクのウファ映画・テレビ会社（Ufa Firm- und Fernseh-GmbH）を合併して、テレビ会社、RTLplusRTL を設立した。この RTL はまたたくまに成長して、ヨーロッパで最も収益的なテレビ・チャネルとなった。

　1985 年、ベルテルスマン社は創業 150 周年記念を祝った。ますます進展するメディア事業の国際化に伴って、企業文化の基本要素も国際化する必要が高まってきた。そのために国際的な「ベルテルスマン経営代表委員会」（Bertelsmann Management Representative Committee）が設置された。

　1989 年、ベルリンの壁が崩壊すると、ベルテルスマン社の東部ドイツ、中央ヨーロッパへの進出が開始された。さらにアジア市場へも目が向けられ、1997 年には上海に中国で最初の「図書クラブ」が開設された[19]。

　90 年以降、ベルテルスマン社は、それぞれの事業領域において買収・合併

---

(18)　Die Bertelsmann-Chronik, 1980–1990.
(19)　Die Bertelsmann-Chronik, 1990–2000.

を繰り返しながら世界的メディア・コンツェルンへ大きく成長していくが、その詳細については『ベルテルスマン・クロニック』に譲る。ここではいくつかの大きな出来事を挙げるに止めておく[20]。

1998年、米国の伝統ある出版社、ランダム・ハウス（Random Hause）を買収した。ベルテルスマン社の歴史において最大の投資であったといわれている。2000年、CLT-Ufa とイギリスの Pearson TV との合併によって RTL グループが生まれた。ヨーロッパ10カ国の22のテレビ局と18のラジオ局にプログラムを提供する、ヨーロッパ最大のメディアとなった。2004年7月、ベルテルスマン BMG は、ソニーと折半出資して合弁会社「ソニーBGM エンターテインメント」(Sony BMG Entertainment) を設立した。

2006年現在、ベルテルスマン社は、以下の六つの事業グループを傘下に収める、世界的なメディア・コンツェルンを形成している。以下は2006年現在の状況である。

① RTL Group：ラジオ・テレビ番組の制作でヨーロッパ市場をリードしている。ヨーロッパ10カ国で38のテレビ局、29のラジオ局に参加。コンテンツ制作では世界市場で活躍。ベルテルスマン・コンツェルンの総売上高に占める割合は28.35％、従業員11,307人。

② Random Hous：世界最大の出版グループ。120社を傘下に収め、毎年およそ9,000の書籍を出版。コンツェルン総売上高割合9.8％、従業員5,804人。

③ Gruner + Jahr：ヨーロッパ最大の雑誌の印刷・出版社。20カ国以上の国で300以上の雑誌・新聞を刊行。コンツェルン総売上高割合14.4％、従業員14,529人。

④ BMG：BMG Music Publishing と Sony BMG Music Entertainment がそれぞれ50％出資。音楽ソフト・音楽出版。コンツェルン総売上高割合10.1％、従業員3,009人。（2008年、ベルテルスマン社所有の全株式はソ

---

(20) Die Bertelsmann-Chronik, 2000-2006.

ニーに売却された。)
⑤ Arvato：世界最大のメディア・コミュニケーション・サービス業者のひとつ。データ・情報・債権の分野でサービス提供。コンツェルン総売上高割合 24.0％、従業員 45,584 人。
⑥ Direct Group：24 カ国に 3,500 万人のメンバーを有するブック・クラブのニーズに応える。書籍から音楽ソフト、映像ソフトまで取り扱う支店とオンラインの経営。コンツェルン総売上高割合 13.4％、従業員 14,966 人。

III. 経営パートナーシャフトと資本参加

　ベルテルスマン社の『2006 年度年次報告書』によれば、株主への配当が 1 億 2,000 万 EUR、受益証券への配当が 7,700 万 EUR、従業員の利潤参加が 7,300 万 EUR となっている。従業員の利潤参加と受益証券による従業員の資本参加が行なわれているところにベルテルスマン社の経営パートナーシャフトの大きな特徴がある。

1. 貸付参加から資本参加へ

　1950 年代に入るとベルテルスマン社は大きく事業の拡大に乗り出していくが、それに伴って増大する資金需要をどう賄うかが、第 5 代経営者ラインハルト・モーンにとって焦眉の課題であった。銀行からの借入金以外にモーンが着想した方向が従業員の貸付参加（Darlehensbeteiligung）の道であった。これには、税務専門家のケーンレヒナー博士（Köhnlechner, Manfred）のアイディアが生かされていた。
　利潤を従業員に分配して、分配された利潤はそのまま会社に貸し付けられるという形によって、長期的に資金を確保しようとしたのである。貸付参加によって生じる利子は従業員の年金に加算される。すなわち、企業の資金調達と従業員の財産形成を同時的に達成する道として貸付参加が考案され実施に移され

た。1950年代の末のことであった。当時は、共同決定の問題と並んで、労働者の財産形成の問題が大きな社会政治的論議を引き起こしていた。

　その後、モーンとケーンレヒナーはさらに検討を進め、従業員の利潤参加と財産形成を併せもった、より体系的かつ持続的なモデルの開発に努めた。それが1970年からスタートしたモデルであった。その概要を示すと以下のようである[21]。

　① 資本利子控除後の年間残余利潤の50％が利潤参加に利用される。
　② 従業員の利潤持分は、労働給付に関連づけられ、各人の賃金・給与月額に対する一定の比率もって算定される。
　③ 勤続3年以上の従業員に参加資格があり、その利潤持分の25％に相当する金額を自己給付分として出資する。
　④ 利潤持分と自己給付分は財産管理会社（Vermögensverwaltungsgesellschaft）に委託される。この財産管理会社はこの資金を他に優先してベルテルスマン社に投資する。

　このモデルは、1969年の秋に発表され、1970年1月、前年の4月1日に遡って実行に移された。1970年の時点で、ベルテルスマン社の従業員数は8,477人で、売上高は9億4,100万DMであった。このうち参加している従業員数は5,349人であり、従業員資本（Mitarbeiterkapital）は、2,700万DMであった。従業員一人あたりの投資額は5,048DMであった[22]。

　1970年モデルからうかがい知れるように、ラインハルト・モーンはこの政策によって多元的な目的を追求しようとしている。①従業員の財産形成、②従業員の利潤参加、③従業員の資本参加、④資本調達の一手段、⑤企業と従業員の一体化、である。⑤の目的は、ベルテルスマン社にとっては、いわば自明の目的である。後になるとモーンはもっと鮮明に⑤の目的を強調するようになる。

---

(21) Die Einführung der Gewinnbeteiligung zum 1. April 1969.
(22) Guski, Hans-Günter: *Betriebliche Vermögensbeteiligung in der Bundesrepublik Deutschland. Eine Bestandsaufnahme von Hans-Günter Guski und Hans J. Schneider*, Köln 1977, S. 343.

2. 受益証券と資本参加

　1970年モデルでは、従業員の利潤持分および自己給付分の委託を受けてこれを管理する機関として「財産管理会社」が設置されたが、1975年に至ってこれは「受益権管理会社」(Genußrechtsverwaltungsgesellschaft) に変更される。これはさらに現在では「受益証券管理会社」(Genußscheinverwaltungsgesellschaft) となっている。70年以降、財産管理会社は、提供された資金について各従業員に受益証明書を発行していたが、まだ受益権ないし受益証券という名称は使われていなかった。以下では、現在使われている「受益証券」を用語として統一する。

　受益権 (Genußrecht) もしくは受益証券 (Genußschein) は、株式と借入金の中間に位置するような有価証券で、議決権のない優先株に類似している。一定の利子が支払われ、相場が成立し、売買・譲渡が可能であり、また担保能力を有する。ベルテルスマン社の受益証券は、始めは企業内部でのみ取引がなされていたが、現在では企業外の証券市場で売買がなされ、そこで相場が形成されている。ここでは、1982年の定款によって"ベルテルスマン・モデル"の概要を見ていくことにしよう[23]。

① 参加資格者：連続して15ヶ月以上の勤続期間を有する従業員。
② 利潤参加の基礎：当該年度の剰余・損失から、減価償却費、利子、持株、債権・債務などの収益・費用を加算・控除して算定された給付成果 (Leistungsergebnis)[24]。この給付成果の50％が利潤参加に利用される。
③ 利潤参加持分の算定：売上高と給付成果との対比から割り出された売

---

(23) ここでは、ベルテルスマン・グループのひとつ、グルナー・ヤール (Gruner + Jahr) 社の四つの定款による。
　① Statut für die Gewinnbeteiligung und Vermögensbildung im Hause Gruner + Jahr.
　② Gesellschaftsvertrag der GVG Genußrechtsverwaltungsgesellschaft bmH.
　③ Vertrag über die Begründung eines Genußrechtes zwischen der GVG Genußrechtsverwaltungsgesellschaft mbH, Itzehoe und dem gewinnbeteiligungsberechtigten Mitarbeiter.
　④ Vertrag über die Anlage von Genußkapital zwischen der GVG Genußrechtsverwaltungsgesellschaft mbH, Itzehoe und der Gruner + Jahr AG & Co, Itzehoe.
(24) Statut für die Gewinnbeteiligung und Vermögensbildung im Hause Gruner + Jahr, §2, 1.

上高収益率を段階づけ、それぞれの段階に応じて利潤参加率が決められる。この定款では、例えば、売上高収益率が9％と10％の間にあるときは、利潤参加率は140％から150％と定められている。ちなみに1979年の実績では、売上収益率が9.5％であったので、利潤参加率は145％であった[25]。この比率を各人の月収に掛けたものが各自の利潤参加持分となる。

④ 資本参加：利潤参加持分とその25％に相当する自己給付分と引き換えに、受益証券管理会社から受益証券が発行される。受益証券管理会社は、従業員の財産形成を目的としてこの出資分をベルテルスマン社に投資する。この投資分が受益証券資本（Genußkapital）と称される。受益証券の据置期間は7年とされ、この期間を過ぎれば売買・譲渡が可能となる。

⑤ 受益証券管理会社：当該会社は、従業員の財産形成的投資を目的とする会社であり、社員総会、諮問委員会（Beirat）、執行部を機関とする。諮問委員会は、受益証券を保有する従業員の中から選出された5名の委員によって構成される。5名のうち2名はベルテルスマン・コンツェルン経営協議会から選出される[26]。執行部の主要な任務は、会社に委託された資金の投資的運用である。諮問委員会の重要な任務は、受益証券の売り手・買い手の注文を受けて、その交換価格を決定することである[27]。

⑥ 受益証券の成果参加と利子支払い：受益証券保有者は、投資された受益証券資本に対して利子支払いを受けるとともに、受益証券管理会社の年度成果に参加する[28]。この場合、受益証券の利子支払いは、投資先のベルテルスマン社の総資本利回りに準じて行なわれる。シャンツ

---

(25) Schanz, Günther: *Mitarbeiterbeteiligung. Grundlagen–Befunde–Modelle*, München 1985, S. 156.
(26) Gesellschaftsvertrag der GVG Genußrechtsverwaltungsgesellschaft bmH., §7, 2.
(27) Vertrag über die Begründung eines Genußrechtes zwischen der GVG Genußrechtsverwaltungsgesellschaft mbH, Itzehoe und dem gewinnbeteiligungsberechtigten Mitarbeiter, §9.

表5-1　月額賃金総額に対する利潤参加総額の比率

1970年	39%	1976年	102%	1982年	52%	1988年	84%	1994年	140%
1971年	39%	1977年	78%	1983年	33%	1989年	100%	1995年	75%
1972年	40%	1978年	87%	1984年	40%	1990年	117%	1996年	50%
1973年	81%	1979年	108%	1985年	20%	1991年	181%	1997年	115%
1974年	67%	1980年	77%	1986年	28%	1992年	185%	1998年	50%
1975年	73%	1981年	67%	1987年	51%	1993年	200%	1999年	50%

注）Präsentation der Großunternehmen. Bertelsmann AG, in; *Dokumentation. 2. Partnerschafts-olympiade 1999*, S. 44, より作成。

表5-2　受益証券の利回り

総資本収益率	16%以上	12%〜16%	0%〜12%	0%以下
受益資本利回り	総資本収益率＋1%	15%	総資本収益率＋1%	総資本収益率に応じて損失に参加

注）Präsentation der Großunternehmen. Bertelsmann AG, in; *Dokumentation. 2. Partnerschafts-olympiade 1999*, S. 47, より作成。

　　（Schanz, Günther）の調査によると、1979年当時で、この利回りは15%から22.5%となっている[29]。2001年現在では、これは「配当」（Ausschüttung）と称され、受益証券に示された基本価額の15%となっている[30]。

　以上がベルテルスマン社の資本参加制度の概要である。この制度はいくつかの定款・協定によって運営されているが、その法的基礎は、「経営組織法」に基づいて使用者と経営協議会との間で締結される「経営協定」に置かれている。このことはベルテルスマン社の経営パートナーシャフトが労使間の合意によって形成されていることを意味している。

---

(28)　Vertrag über die Anlage von Genußkapital zwischen der GVG Genußrechtsverwaltungsgesellschaft mbH, Itzehoe und der Gruner ＋ Jahr AG & Co, Itzehoe, §2〜3.
(29)　Schanz, Günther: a. a. O., S. 157.
(30)　Bertelsmann Genußschein 2001 (IBIN DE0005229942), S. 1.

1999年12月、デュッセルドルフで開催された「第2回パートナーシャフト・オリンピア」で、ベルテルスマン社の利潤参加・財産形成課長のマーク（Mark, Gerd）が同社の利潤参加について報告しているので、そこからいくつかのデータを紹介しておこう。

　まず、従業員の利潤参加持分総額の、月額賃金総額に対する年度ごとの割合は表5-1のようである。その年度の企業業績が反映されている。また、受益証券の利回りは、総資本収益率に応じて表5-2のように決定されている。

　なお、1999年時点における受益資本の総額は、13億4,300万DMに達しており、そのうち9億7,800万DMが額面価額で、3億5,600万DMはプレミアムであった。

3. 経営パートナーシャフトと資本参加

　ベルテルスマン社における資本参加制度が多元的な目的によって支えられていることについては、すでに見てきたところであるが、この制度の背後にはラインハルト・モーンの経営思想が色濃く反映している。彼が求めたものは何であったか。

　まず、ラインハルトは、創業者時代から流れている従業員福祉の伝統を指摘する。ビスマルク社会政策のはるか以前からベルテルスマン社は「従業員に対して人間的な義務意識をもっていた[31]」のである。従業員が個人で克服できない困難については、企業はこれに助力する義務があるという思想であった。これはさまざまの労働者福祉政策として展開されてきたが、根底には経営家族主義や家父長主義の思想が流れていた。従業員の保護を経営者の社会的責任として理解する思想である。

　このような伝統を指摘しながらも、ラインハルトは、「物的公平性」（Materielle Gerechtigikeit）[32]という公準を掲げる。適正な賃金・給与を発見す

---

(31) Mohn, Reinhard: *Erfolg durch Partnerschaft. Eine Unternehmensstrategie für den Menschen*, Berlin 1986, 3.,erweiterte Auflage 1993, S. 54.

ることだけでは物的公平性を達成したことにはならない。株主と並んで従業員も企業利潤に参加し、受益証券という形で企業資本に参加し、それによって利子支払い（配当）を受け取らなければならない。こうしてはじめて物的公平性が実現されるとする。

　従業員にとって最も大きな問題は、生涯保障の問題であろう。具体的には退職後の年金保障の問題である。ラインハルトの試算によれば、ベルテルスマン社の従業員が退職後受け取る年金は次のようである[33]。①国家による年金：退職時所得総額の63％、②企業による年金：退職時所得総額の25％、③利潤参加：退職時所得総額の25〜100％。年金総額は①＋②＋③（退職時所得総額の113％〜188％）となる。つまり、ベルテルスマン社においては、きわめて高い程度において従業員の退職後生活が保障されているのである。

　これをもって物的公平性の実現と見るならば、③の要素が不可欠となる。③は、間接的ではあるが従業員の資本参加によって可能となるものであるから、ラインハルトのいう物的公平性は、従業員の利潤参加・資本参加を前提としてはじめて実現可能となるものといえる。物的公平性の公準には、従業員に対して労働の提供者としてのみならず同時に資本の提供者としての役割を求めるという命題が含まれている。ここに、ベルテルスマン社の経営パートナーシャフトの特質がある。

　ラインハルト・モーンは、1986年の著書『パートナーシャフトによる成功』の中で、「受益資本は、ベルテルスマン社の自己資本のほぼ半分を金融している[34]」と述べている。これは驚くべき数字である。もともと不足する資金需要を従業員の資本参加に求めようとしたのが利潤参加制度の始まりであったが、この数字を見るかぎり、受益証券を保有する従業員は、株主と並んで主要な資本担い手となっている。受益証券には損失や会社解散・倒産におけるリスクが結びついている。現在では、受益証券は外部の証券市場で取り引きされ、

---

(32)　Mohn, Reinhard: a. a. O., S. 159.
(33)　Ebenda, S. 58.
(34)　Ebenda, S. 161

従業員だけが受益資本の保有者ではなくなっているが、従業員がその主たる担い手であることには変わりない。このように従業員を資本担い手とする経営思想の背後には、従業員もまた責任ある企業の担い手であるという思想が横たわっているといわなければならない。

Ⅳ. 経営パートナーシャフトと経営参加

1. パートナーシャフト企業

　ラインハルト・モーンは、「パートナーシャフト企業」(der partnerschaftliche Unternehmen) なる概念を掲げる。この概念によって、174年に及ぶ歴史を通して形成されてきた、ベルテルスマン社の企業目的とその行動様式についての自己理解を示そうとする。

　パートナーシャフト企業とは、「経営者を含めて株主から従業員に至るまですべての利害関係者が，同じ目標設定と同じ責任をもって自らを労働共同体 (Arbeitsgemeinschaft) として理解している[35]」ところの企業である。では、この同じ目標設定とは何か。モーンは以下の四つの目標を掲げている[36]。

① 企業は、社会に対して最適の給付貢献を提供しなければならない。すべての集団利益はこの目標設定に従わなければならない。

② 企業で働くすべての人間の自己実現 (Selbstverwicklichung) が可能とされなければならない。そのためには必要とされる経営内的構造を確保し、利害対立を調整することが経営管理の課題となる。

③ 企業は、企業の存続と職場を維持するために利潤を獲得しなければならない。収益は、新しい資本の形成、配当の支払い、従業員の成果参加に奉仕する。

④ 企業は、納税を通して、国家の職務遂行を促進する。

---

(35) Ebenda, S. 88
(36) Ebenda, S. 74-75.

この四つの目標を達成するために、パートナーシャフト企業は、労働共同体として、企業構成員の間に信頼（Vertrauen）と協働（Kooperation）の関係を形成しなければならない。そのためには以下の三つのことが要求される[37]。
　① 人間を志向する明白な目標設定。
　② 効率性と人間性を相互に結びつける内的構造化。
　③ 企業で働くすべての人間の自己実現を可能とする体制。
　①は、ベルテルスマン社にとってはいわば自明の事柄である。②はいかにして協働体系を構築するかの問題である。③はいわゆる企業体制の問題である。まず③の問題から見ていこう。

2. 経営パートナーシャフトと企業体制

　『ベルテルスマン社企業体制』の冒頭に以下のことが述べられている。「企業の文化的・経済的目的、その社会的立場および経営的協働の原則を規定するために、社員、監査役会、取締役会、経営協議会は、企業に体制（Verfassung）を与える[38]」と。そして、最後に、1985年2月14日の日付と、監査役会議長ラインハルト・モーン、取締役会議長ヴェスナー（M. Wössner）、コンツェルン経営協議会議長ヴェルナー（J. Werner）の3名の署名が入れられている。
　この時点でベルテルスマン社の株主は、ラインハルト・モーンとブセリウス（Bucerius）の二人だけで、前者が89.7％、後者が10.3％を所有している。この所有構造から見れば、ベルテルスマン社は、ラインハルト・モーンの単独支配、すなわちベルテルスマン家の単独所有にあるといえる
　他方、1985年当時において、ベルテルスマン社はコンツェルンを形成し、その持株会社が「ベルテルスマン財産管理有限会社」（Bertelsmann Vermögensverwaltungsgesellschaft mbH）となっている。この有限会社は社員6名から構成されている。監査役会から2名、取締役会から2名、ベルテルスマン家ない

---

(37)　Ebenda, S. 98.
(38)　Ebenda, S. 145.

し監査役会から1名、監査役会の従業員代表から1名となっている。この6名が社員（Gesellschafter）である。

持株会社の監査役会（Aufsichtsrat）は、12名から構成され、そのうち4名は従業員代表である。4名のうち3名は経営協議会から、1名は管理職従業員から選任される。監査役会の役割は、取締役会の選任とその監視・監督である。取締役会（Vorstand）は、企業政策を決定し、基本的な意思決定を行なう。取締役会議長は業務執行責任者である。経営協議会（Betriebsrat）は、従業員の利益代表機関であり、その活動は経営組織法によって法的に規定されている。

ベルテルスマン社の企業体制は、以上四つの機関によって形成されているが、内容的に見ると、資本提供者（株主）、経営者、従業員の三者が企業の担い手であり、企業の構成員であることを示している。上述の3名の署名は、この三者を代表しての署名になっている。

このベルテルスマン社の企業体制を見ると、監査役会に労働組合代表が入っていない。共同決定法ではなく経営組織法の適用下にあることがわかる。したがって同社の企業体制はいわゆる労資同権的企業体制ではない。

1947年、ラインハルト・モーンがベルテルスマン社の第5代目経営者に就任した当時、労働者の共同決定権をめぐる論議が最高潮に達していた時期であった。モーンは当初から労資同権的共同決定の批判者であった。モーンによれば、労働組合の階級闘争思考は社会的市場経済の基本思考と相容れないものであり、労働組合は労働協約パートナー（Tarifpartner）として社会的協働をその行動原理とすべきである。労資同権的な「モンタン共同決定法」は、政治的民主主義の原理を企業経営に持ち込むものであって、これは経営の本質を見誤るものであった。

「監査役会における統制、承認、人事的決定は、そのメンバーに高い専門的・人間的能力を要求する[39]。」ところが監査役会のメンバーに要求される企

---

(39) Ebenda, S. 112.

業者的能力は、責任を伴った長年の経験によってはじめて獲得されるものである。「共同決定法の精神的父たちが経済の領域における管理について十分なる知識をもっていなかったことは残念である[40]。」しかも「従業員の利益と企業の利益を調和的に整合できるような、私利私欲なく高い専門能力をもった人材を労働組合や経営協議会に見出すことはなかなかできないのが現実である[41]。」したがって「私の経験によれば、監査役会における従業員代表は三者同権代表制（Drittelparität）で十分である[42]」とモーンはいう。この場合、三者とは資本提供者代表・経営者代表・従業員代表であるから、従業員代表は3分の1となり、経営組織法の規定と一致する。

ベルテルスマン社では、監査役会の中に「従業員代表ワーキング・グループ」（Arbeitskreis der Mitarbeitervertreter）という委員会が設置されている。この委員会はとくに経営における人間問題について専門的に協議・提言することを目的としている。

以上、ベルテルスマン社の企業体制を見ると、株主、経営者、従業員を企業の担い手としながら、社員、監査役会、取締役会、経営協議会をその主たる機関として、企業目的を有効に達成する基本的枠組みを構築しようとしていると理解される。

3. 経営パートナーシャフトと経営管理原則

ベルテルスマン社では、数年おきに従業員の満足度調査を行なっている。1982年の調査によると、①1％の従業員がベルテルスマン社の社会的給付に不満足を表明している、②3％の従業員は現在の職務に満足していない、③6％の従業員はベルテルスマン社に再度就職したいとは思っていない、という結果が出ている。それについてラインハルトは、「わが社は、戦後の歴史をふり返るに、人間性へ投資してきたことが適切であったことを大いなる満足をもって

---

(40) Ebenda, S. 119.
(41) Ebenda, S. 116.
(42) Ebenda, S. 119.

確認する次第である[43]」と述べている。ほとんどの従業員はベルテルスマン社に満足しているのである。

　この満足を生み出している要因には、賃金・給与に加えて利潤参加によってもたらされている物的要因があるであろう。さらにパートナーシャフト的企業体制によって形成されてきた、企業と従業員との一体化という企業文化的要因があるであろう。さらにそれらに加えて職場・職務における従業員の自己実現の達成という要因も挙げなければならない。後の二要因はより精神的な要因である。物的要因と精神的要因が相まって経営パートナーシャフトの有効性を高めているのである。

　「経営内的企業構造の人間的・社会的形成は、より高い給付へ導き、生活の質を高めるのみならず、従業員の貢献意欲をさらに向上させる[44]。」「企業の給付能力の維持と成長は、従業員の貢献意欲と創造性を要求する。われわれは従業員各人の自発性・創意工夫を信頼する。重要なことは、批判的誠実さを保ちながら従業員が各自の職務と企業の目標および行動に一致できることである。このような一致は、従業員が企業の活動と発展についてたえず情報を受け取り、各自の専門知識と意見を意思決定に自由に反映できる場合のみ可能となる[45]。」企業の効率性を実現するためには、他方において従業員の人間性を追求しなければならないというのがラインハルトの確信である。自己実現なくしては効率性の実現はないのである。このような確信の下に形成されているのが、1980年4月の『ベルテルスマン社企業体制』にもられた「経営管理原則」(Grundsätze der Führung) である[46]。

　① ベルテルスマン社は分権的に組織されている。この経営管理の組織は、会社法上の構成に優先する。
　② ベルテルスマン社の企業構造は通観できるように形成される。各経営

---

(43)　Ebenda, S. 61.
(44)　Ebenda, S. 60.
(45)　Ebenda, S. 147.
(46)　Ebenda, S. 151.

部門は明確に整合されていなければならない。どの経営部門の指揮も単独責任によって行なわれる。

③ 権限委譲の原則がすべての階層における経営管理の原則である。職務、権限、責任は相互に適合し、できるだけ従業員に委譲されなければならない。

④ 企業全体の目標設定が各経営部門の利益に優先する。すべての管理階層は積極的にこれに協力する義務がある。

⑤ 部門間の調整については直上の管理階層が責任を有する。調整は、調整指針に基づく個別的決定により、あるいは調整委員会によって行なわれる。この調整委員会の助言は、その直上の管理部門の同意を得て拘束的なものとなる。

この一般的な管理原則の後に、管理者の行動原理について詳細な規定が設けられている。とくに部下について上司は、従業員の主体性・創意性・責任意識を尊重しこれを促進し、適宜に情報を与えるとともに、提案や批判を積極的に評価すべきことを定めている[47]。

1980年4月の『ベルテルスマン社企業体制』には、さらに「従業員協議会規則」がもられている。その趣旨は、「従業員はできるだけ経営現象について包括的な情報を受け、職場および職場環境の問題についてその意思決定過程に参加すべきである[48]」というところにある。「従業員協議会」(Mitarbeiterbesprechung) には大協議会と小協議会がある。

「大従業員協議会」は、経営部門・事業分野ごとに設置される。大協議会は、経営部門・事業部門に関わる情報と意思決定、企業関連の情報について協議を行ない、少なくとも2ヶ月に1回開催される。その構成は以下のようである。①部門の長とその代理人、②部門の管理者層、③各職場集団の従業員代表、④各職場集団の見習い工代表、⑤その部門に属する経営協議会の役員。その部門

---

(47) Ebenda, S. 154.
(48) Ebenda, S. 164.

が小規模な場合は、③④は代表によらずに全員参加の総会とすることもできる。

「小従業員協議会」は、職場レベルでの協議会である。管理者層、従業員、見習い工、経営協議会以外に、必要に応じて関連する部門や職場からも参加できるし、また問題に応じて専門的知識・能力のある従業員の参加を求めることもできる。

従業員協議会が取り扱う問題としては以下のような事項が示されている。①職場における秩序の問題、②職場・部署の編成と改編、③騒音・換気・清潔、④労働時間規則、⑤組織問題、⑥労働災害防止の規制・対処、⑦機械、その他作業手段についての投資計画、⑧新しいテクノロジーの導入、⑨品質の維持・改善の問題、⑩生産・販売状況、⑪職場・部署の緊急の日常問題。

これを見ると、多くは経営協議会が扱う問題と重複している。従業員協議会と並行して経営協議会も活動しているので、この関連をどう理解すべきであろうか。

「従業員協議会規則」によれば、従業員協議会において、参加者の多数意見と部門の長との間に意見の不一致があった場合、部門の長は経営協議会とその問題について協議を行なう。それでも決着がつかなかった場合は、経営執行部が解決を示すことが規定されている。現行の経営組織法は、例えば人員削減を伴うような職場変更については経営協議会の共同決定権を認めている。これに対して、従業員協議会における経営協議会の役割は、確かに従業員の利益を代表しながらもあくまでも協議と調整の役割をもつにすぎない。むしろここでは従業員と共に各経営レベルにおける意思決定過程に協力する存在となっている。

V. ベルテルスマン財団と経営パートナーシャフト

ベルテルスマン社の本社は、かつてはギューターズロー駅の近くにあったが、現在では駅から北東5キロほどの郊外地に移されている。公園のような広

大な敷地の中に本社を中心に大きな建物が点在している。カール・ベルテルスマン通りを曲がって最初に目に入ってくる建物がベルテルスマン財団の社屋である。現在およそ300人の従業員が働き、2005年度の年間総予算はおよそ6,000万EURである。建物の大きさが財団の規模を誇っているようである。

「ベルテルスマン財団」(Bertelsmann-Stiftung) は、1977年3月、第5代目の経営者ラインハルト・モーンによって創設された。2006年現在のベルテルスマン社の所有構造は、ベルテルスマン財団76.9％、モーン家23.1％となっている。1980年の時点では、ラインハルト・モーン17.8％、ヨハネス・モーン71.5％、ブセリウス10.7％となっていた。将来的にはラインハルト・モーン17.8％、ベルテルスマン財団71.5％、ツァイト財団 (Zeit-Stiftung) 10.7％とする予定であったが、現状は上記のようになっている。上述の所有構造から明らかなように、23.1％をモーン家に残して、残りの76.9％をすべて財団に寄付した形になっている。財団はベルテルスマン社の最大株主として巨額の資金を得ているわけである。

ベルテルスマン財団の定款によれば、財団の資金は以下のような目的について使用される[49]。

① 社会におけるコミュニケーション・メディアの研究と開発の促進および研究成果の普及。
② とくに研究計画・モデル実験・教育研究所への支援による、コミュニケーションのあらゆる分野における職業教育の振興。
③ 研究・実験・教育による、とりわけ経済と国家の領域における管理技術の促進。
④ とくに研究計画・モデル実験への支援による、社会・ジャーナリズム・企業における、時代に即した効果的な構造と秩序の促進。
⑤ 教育・宗教・文化の分野における制度と施策の促進。

---

(49) Weger, Hans-Dieter: Bertelsmann-Stiftung, in; *Stiftungen aus Vergangenheit und Gegenwart.* (*Lebensbilder deutscher Stiftung. 5. Band.*) hrsg. von Rolf Hauer et., Tübingen 1986, S. 168.

⑥ 社会・保健制度の分野における制度と施策の促進。

⑦ とくに研究計画・モデル実験への支援による、労働の世界における、税法上優遇される制度と公益的施策の振興。

以上のような趣旨に適ったプロジェクトに対して、2005年までに総額6億500万EURの資金が使用されている。1988年には「カール・ベルテルスマン賞」(Carl-Bertelsmann-Preis) が創設され、貢献を認められた国家、研究所、企業などに賞金が贈られている。

ベルテルスマン財団の組織は、理事会 (Vorstand)、顧問会 (Beirat)、業務執行部 (Geschäftsführung) から構成されているが、理事会は創設者ラインハルト・モーン一人だけの単独理事会になっている。モーンの死後は、7名のメンバーから構成された監督機関 (Kuratorium) が理事会を引き継ぐことになっている。したがって、現在ではベルテルスマン財団はラインハルト・モーンの単独支配下にある。

ベルテルスマン財団の設置趣旨は、上述のように、もっぱら公益的目的を追求するところにある。1835年の創業以来、「ベルテルスマン家およびモーン家の企業所有者家族はたえず社会的目的のために献身を惜しまなかった。この文化的・社会的参加が財団という制度化された形態へ前進したのである[50]。」ベルテルスマン社の文化的・社会的遺伝子が財団の形成へ導いたといえる。

他方、財団の創設にはもうひとつの重要な目的がある。すなわち「ベルテルスマン企業グループの独立性を維持し、その成長を促すことによって、財団の目的を持続的に達成していくことができるようにすることである[51]。」ラインハルト・モーンの死後は、モーン家が保有している持株はすべて財団に寄贈されることになっている。つまりベルテルスマン社の株主は独り財団のみということになる。

ラインハルトは「所有には義務がある[52]」という。とりわけ企業の資本は

---

(50) (51) Weger, Hans-Dieter: a. a. O., S. 167.
(52) (53) Mohn, Reinhard: *Erfolg durch Partnerschaft*, S.79.

自由に処分できる私的な所有物ではない。資本を個人的所有から切り離してその継続性を維持し、かつ所有に内在する社会的義務・社会的責任を遂行させる道として財団の創設が選択されたのである。

ラインハルトはさらにいう、「ベルテルスマン社は、従業員の参加、財団による継続性の維持および実践的・民主的な貢献をもって、より有効な民主主義とより人間主義的な資本主義を実現するに適した道を、財団プロジェクトの枠内において確かめてきた。この意味において、ベルテルスマン財団は、パートナーシャフト企業の全体的構想を一貫して補完していくものである[53]」と。すなわち、ベルテルスマン財団の諸活動を通して経営パートナーシャフトの意義と有効性を確認し、さらにそれを発展させていこうとしている。ベルテルスマン財団は、企業の外の社会に貢献するだけではなく、パートナーシャフト企業たらんとするベルテルスマン社自体の革新へたえず奉仕しなければならないのである。

VI. 結　　論

ラインハルト・モーンの共同決定観については、本章では1986年当時の考え方を見てきたが、その後大きく変化する。"*Gewerkschaftliche Monatshefte*"(『月刊労働組合雑誌』)の1999年3月号は、「効率性と人間性―共同決定と企業文化に関するラインハルト・モーンとの対談」を掲載しているが、そこでモーンは以下のような質問を受けている。

「1年ほど前に、ベテルスマン財団とハンス・ベックラー財団の共同決定委員会は、その最終報告書を出した。そこでなされている勧告では、共同決定を企業者に対してのみならず労働協約政策に対しても形成原理としている[54]。」「以前の著書の中で、あなたは、労働組合の共同決定の構想やその理解につい

---

(54)　Effizient und Humanität. Gespräch mit Reinhard Mohn über Mitbestimmung und Unternehmenskultur, in; *Gewerkschaftliche Monatshefte*, 3/1999, S. 139.

てきわめて批判的な立場を示し、共同決定は企業の現実を担う力は全くないと断じていた。今では、労働組合側に学習過程があったと見ているのか、それともあなたご自身が見方を修正されたのか[55]。」

これに対して、モーンは「双方に学習過程があった[56]」と答えている。「ハンス・ベックラー財団」は、ドイツ労働組合総同盟（DGB）の初代議長ベックラー（Böckler, Hans）を記念して創設された財団である。この財団とベルテルスマン財団が共同で「共同決定委員会」（Kommission Mitbestimmung）を形成したことがすでにモーンの変化を示す象徴的な出来事であった。「成果志向的企業は、今日、いわば企業における社会的秩序によって経済的指導機能を補完しなければならない。このような結合は、学習的で、革新的、柔軟的であろうとする目下焦眉の課題への対応に他ならない[57]」という。これはモーンの経営者としての経験から生まれた言葉である。共同決定制度というドイツ的企業体制は企業目的達成のより有効な手段として生かされなければならないとする見解である。共同決定を経営パートナーシャフトにとって異質の要素と見るのではなく、むしろパートナーシャフト的企業文化の形成を共に担う不可欠の要素と捉えるのである。

1982年11月、「パートナーシャフト賞」授与式における「謝辞」において、ラインハルト・モーンは「何ゆえパートナーシャフトか」という問いを立てて自らそれに答えている。

ベルテルスマン社をめぐる競争的環境は、人間的目標と経済的目標という二つの目標の追求を余儀なくさせてきた。経営課題はますます複雑化し、すべての職務に専門化が要求されるようになった。集権化された権威主義的な管理構造はもはや役に立たない。できるだけ多くの意思決定担い手に責任を委譲することが必要になってきた。「企業で働くすべての人々の創造的な協働が要求されるようになり[58]」、「創造的で動機づけられた従業員の存在なくしてはわれ

---

(55) (56) Ebenda, S. 141.
(57) Ebenda, S. 140.
(58) (59) Mohn, Reinhard: Referat anläßlich der Verleihung des Partnerschaftspreises' 82, in:

われはもはや何事もなし得ない[59]」のである。

ところが創造性・貢献意欲・誠実性といったものは上から命令できるものではない。それらは従業員の信念と自由意志から生まれてくるものである。従業員が企業の目的とその行動に一致したときにはじめてモチベーションが生まれてくる。それには新しい企業理解が要求される。

「企業の目標設定に際して、まず第1に利潤ではなく、社会に対する給付貢献が中心に置かれなければならない。その場合、社員（所有者）の利益・経営者の利益・従業員の利益が企業の要請と一致しなければならない。これをいかに一致・調和させるか、その解決可能性を追求し提言してきたのが"パートナーシャフト協会"（AGP）である。われわれの企業においても人間性・公平性・効率性の統合を実現していくことが重要な課題となっている[60]。」この課題に取り組む過程で形成されてきたものが"ベルテルスマン・モデル"であった。

最後に、この日「賛辞」を述べた、「パートナーシャフト協会」（AGP）理事長のクリスティアン・ドゥレーガーが面白いエピソードを語っているので少し触れておこう[61]。ベルテルスマン社の発展を見るかぎり、ほとんど順風満帆であったかのように思われるが、ラインハルト・モーンが受益証券を発行しよう決断としたとき、これに何とかブレーキをかけようとしたのがベルテルスマン社の主要取引銀行であったという。従業員の利潤参加によって資本を調達しようとするラインハルトの財務政策に大きな脅威を覚えていたのである。確かに、現在の利潤参加および受益証券の実態を見れば、当時の主要取引銀行の危惧はまさに当たっていたといわなければならない。

Partnerschaft: Durchbruch 1983?, hrsg. von Werner Mühlbradt, Gütersloh 1983, S. 30.
(60) Ebenda, S. 31.
(61) Dräger, Christian: Laudatio bei der Verleihung des Partnerschaftspreises 1982 an Firma Bertelsmann AG, in; *Partnerschaft: Durchbruch 1983?*, hrsg. von Werner Mühlbradt, Gütersloh 1983, S.13.

第6章　ドゥレーガーヴェルク社の
経営パートナーシャフト

I.　序　　論

　「ドゥレーガーヴェルク社」(Drägerwerk AG) は、1889 年、ドイツ北部の古都リューベック (Lübeck) に小さな個人企業として誕生するが、それから 120 年を経た今日、麻酔、人工呼吸、救急医療、機器看護を中心とする医療機器および安全機器の市場で世界的なメーカーに成長している。現在では「ドゥレーガー・メディカル社」(Dräger Medical AG & Co.KG) と「ドゥレーガー・セイフティー社」(Dräger Safety AG & Co.KGaA) を傘下に抱える「ドゥレーガー・コンツェルン」を形成している。

　「ドゥレーガー・メディカル社」は、2003 年 6 月、ドゥレーガーヴェルク社 65％、ジーメンス社 35％の出資で設立された合弁企業である。2005 年度の総売上高は 11 億 640 万 EUR である。従業員数は 5,856 人で、ドイツ国内 2,419 人、ドイツ国外 3,437 人となっている。まさにグローバル化した企業であることを示している。日本にはすでに 1988 年に「日本ドレーゲル社」が設立されているが、2002 年に医療機器部門が分離独立して「ドレーゲル・メディカルジャパン」となっている。

　「ドゥレーガー・セイフティー社」は、ドゥレーガーヴェルク社が 100％ 出資している企業である。1996 年に本社から分離独立して「ドゥレーガー安全技術有限会社」(Dräger Sicherheitstechnik GmbH) が創設されるが、これは

2001年に「ドゥレーガー・セイフティー社」に改変される。ガス探知警報器、呼吸保護具、化学保護具など、産業界のみならず都市生活の中で必要とされる安全機器を製造販売している。2005年度の総売上高は5億5,780万EURである。従業員数は3,620人で、ドイツ国内1,700人、ドイツ国外1,920人となっている。ドゥレーガー・メディカル社と同様にグローバルに事業を展開している。日本では2002年に安全機器部門が独立して「ドレーゲル・セイフティージャパン」ができている。

ドゥレーガー・コンツェルン、すなわちドゥレーガーヴェルク社全体としての2005年度の総売上高は16億3,080万EURであり、従業員総数は9,687人で、ドイツ国内4,325人、ドイツ国外5,362人となっている。売上高のおよそ80％はドイツ国外における事業展開によって獲得されている[1]。ドイツ以外にヨーロッパ6、アメリカ合衆国3、アジア2、アフリカ1、合計12の生産拠点をもっている。また、50カ国以上の国々に販売・サービス事業所を置き、およそ190の国々で営業活動を展開している。

ところで、ドイツにおける経営パートナーシャフトは、現在およそ3,000社に及ぶ企業で実践されているが、企業規模からいえば、そのほとんどは中規模の企業である。本章で取り上げるドゥレーガーヴェルク社のような大企業は例外と思われるかも知れない。しかし、ドゥレーガーヴェルク社とて始めから大企業であったわけではない。経営パートナーシャフトとともに大きく成長を遂げてきたといえる。

ドゥレーガーヴェルク社は、このようにグローバルに事業を展開する大規模企業であるにもかかわらず、同族企業（Familienunternehmen）としての姿を頑なに守っている。ドゥレーガー一族の出身者が代々最高経営責任者の地位を継いできた。現在の最高経営責任者は、創設者のハインリッヒ・ドゥレーガー（Heinrich, Dräger）から数えて6代目に当たるシュテファン・ドゥレーガー

（1） ちなみに2006年第1四半期の事業報告によれば、売上高の内訳は、ドイツ20.2％、ドイツ以外のヨーロッパ41.0％、アメリカ21.3％、アジア・太平洋12.3％、その他6.4％となっている。(Dräger Konzern: *Bericht über das 1. Quartal 2006*, S. 3.)

(Stefan, Dräger) である。ドゥレーガーヴェルク社は、同族企業という企業形態に固執することによって、経営パートナーシャフトの遺伝子を継承してきたと考えられる。

　第5代目の経営者、クリスティアン・ドゥレーガー (Christian Dräger) は、「パートナーシャフト協会」(AGP) の理事を長年務め、さらに1978年から1982年まで AGP の理事長の職責を担っている。「パートナーシャフト協会」(AGP) の活動を支えてきた中心人物の一人であるとともに、自ら経営パートナーシャフトを実践してその普及に努めてきた代表的企業者の一人でもあった。クリスティアン・ドゥレーガーの思想と行動を通して、ドゥレーガーヴェルク社の経営パートナーシャフトを知ることができるだろう。

II．ドゥレーガーヴェルク社の生成と発展[2]

　ドゥレーガーヴェルク社の創業者、ハインリッヒ・ドゥレーガー (Heinrich Dräger 1847-1917) は、ミシンの販売・修理をビジネスにしていたが、いわゆる素人発明家で、商売のかたわらでいろいろな技術的難問に挑戦することを大きな生き甲斐としていた。

　当時、ドイツの人々を大いに悩ませていた問題に、ビール樽から気の抜けないようにしていかにうまくビールを取り出すかという難問があった。醗酵したビールの圧力をコントロールできないので、次第に気の抜けたビールになっていったのである。ビール樽の中の炭酸圧力を一定に保つ、何らかの技術的装置が工夫されなければならなかった。ハインリッヒ・ドゥレーガーが帝国特許庁から最初に取ったパテントがそのための「二酸化炭素減圧バルブ」の発明であった。この発明によって、気の抜けない状態で最後まで生樽のビールを楽しむ

---

(2)　ドゥレーガーヴェルク社の歴史については主に以下による。
　　　Drägerwerk AG: Geschichte (http://www.draeger.com/ST/internet/De/de/Uberuns/Geschichte/historieov.jsp)
　　　The History of Dräger, Lübeck 2006.

ことができるようになったのである。

　この発明を基礎に、1889年1月、友人のゲーリンク（Carl Adolf Gerling）と共に、「ドゥレーガー＆ゲーリンク社」を設立した。1902年には、社名を「ドゥレーガーヴェルク、ハインリッヒ＆ベルンハルト・ドゥレーガー」に変更した。息子のベルンハルト（Bernhard Dräger 1870-1928）を経営陣に加えたのである。

　さらに、ハインリッヒ・ドゥレーガーは、減圧技術の応用を全く別の分野に見出した。それが1907年の「自動酸素再活性化装置」（das automatische Sauerstoffwiederbelebungsgeräte）、いわゆる人工呼吸器（Pullmotor）の開発であった。この世界で最初の発明を直ちに製品化し、輸出を開始した。ニューヨークに子会社「ドゥレーガー酸素装置販売会社」（Dräger Oxygen Appratus Co.）を設立した。1914年には輸出割合はアメリカとカナダで40％に達した。

　1912年、ハインリッヒの息子、ベルンハルトがドゥレーガーヴェルク社の唯一の所有者となり、1928年まで最高経営責任者の地位を占めた。

　第1次世界大戦が始まると、ドゥレーガーヴェルク社の技術は、呼吸保護器具（ガスマスク）、潜水救助器具、携帯麻酔器具など、戦時品の生産に追われることになった。

　ワイマール時代になって、1929年、創業者と同名のハインリッヒ・ドゥレーガー（Heinrich Dräger 1898-1986）がベルンハルトの後を継いだ。1984年まで半世紀以上にわたってドゥレーガーヴェルク社の経営を担当することになる。

　1930年、超高空・深海研究者のオーギュスト・ピカール（Auguste Piccard）教授が、軽金属気球ゴンドラで15,781 mの成層圏に達するが、その際にドゥレーガーヴェルク社の装置を使用したことが記録に残されている。

　1937年、「ドゥレーガー管」（Dräger Röhrchen）が開発・製品化されている。これはガス分析技術の拡充・強化から生まれたもので、ガス測定結果の向上へ導いた。

　第2次世界大戦の終了とともに、ドゥレーガーヴェルク社の本格的な発展期

が開始された。1945年、工場が再建された。それまで蓄積されてきた技術の深化・発展が進められ、とりわけ医療機器の分野で大きな進展を遂げていく。圧搾空気呼吸システム、深海潜水技術、長期間人工呼吸、ガス測定技術、麻酔器具などである。

トピックスとしては、1953年、自動車運転者のアルコール検出装置の開発、同年、ヒラリーとテンジンによるエヴェレスト初登頂におけるドゥレーガー酸素装置の利用、1956年、深海研究者ジャック・コストーへの協力などが挙げられる。

1961年、やがてハインリッヒの後を継ぐことになるクリスティアンがドゥレーガーヴェルク社の有限責任社員になった。

1968年、圧搾空気呼吸で300気圧技術を開発した。これはこの分野における飛躍的進歩を示すものであった。

1970年、会社形態を株式会社に変更し、現在の社名「ドゥレーガーヴェルク株式会社」となった。研究開発費の増大と事業の拡大がますます資本を必要とするようになり、株式の公開に踏み切った。ただ公開されたのは優先株だけであって、所有者としてのドゥレーガー一族の支配権は維持されていた。

1974年、企業の社会的責任の一環として「ドゥレーガー財団」(Dräger-Stiftung) が設立された。経済・社会秩序の問題領域における研究活動を助成することを主要目的としつつ、出版事業や学会・会議の開催を展開している。設立者のハインリッヒ自身もこの財団の叢書に著作を残している[3]。

ドゥレーガーヴェルク社は、1980年代以降の発展を「株式会社から世界的コンツェルン (Weltkonzern) への過程」として描いている。研究開発の成果は次々と新製品へ結びつき、人工呼吸器、麻酔装置、未熟児保育器などの医療機器の分野、また呼吸保護具、化学保護具、ガス探知警報機などの安全機器の

---

(3) Dräger, Heinrich: *Aspekte der Weiterentwicklung der Sozialen Marktwirtschaft*, 1980.
Dräger, Heinrich: *Die Welt wird zu klein: Überlegung zum Bevölkerungswachstum*, 1982.
Dräger, Heinrich: *Zu wenig Arbeit für zu viele Menschen: Lösungsmöglichkeiten zum Beschäftigungsproblem*, 1984.

分野で世界的な市場支配力をもつようになった。この二つの分野は、先述したように、やがて「ドゥレーガーメディカル社」と「ドゥレーガーセイフティー社」という二つの企業によって担われ、ドゥレーガーヴェルク社はコンツェルンへ発展していく。

1983年、従業員のために「受益証券」(Genußschein) が発行された。これは従業員参加 (Mitarbeiterbeteiligung) の一形態で、企業収益の一部を従業員に分配する制度である。ドゥレーガーヴェルク社の経営パートナーシャフトの根幹をなす制度である。

1984年、クリスティアン・ドゥレーガーが4代目の社長に就任した。2005年7月にシュテファンに地位を譲るまで20年間、ドゥレーガーヴェルク社を率いることになる。この間に世界的企業へと大きく発展するが、クリスティアンの大きな功績は、経営パートナーシャフトの基礎となる独自の企業文化を構築し、定式化していったことにあるだろう。

1986年、ドゥレーガーヴェルク社は、その企業理念を「ドゥレーガーは生命のための技術をめざす」(Dräger — Technik für das Leben) という言葉に集約している。この指導理念は現在も引き継がれている。広く人間の生命の保護をめざして研究開発・新製品開発を展開しようとする姿勢がそこに示されている。人間の生命にとって最も決定的な呼吸という分野をその主たる事業領域としてきたことが、次に見るように、創業以来脈々と流れるドゥレーガーヴェルク社の遺伝子を形成し、その企業文化を特徴づけてきたといってよいであろう。

III. 経営パートナーシャフトと企業文化の形成

1986年5月27日・28日、パートナーシャフト協会 (AGP)・ベルテルスマン財団 (Bertelsmann Stiftung)・ドイツ人事管理学会 (Deutsche Gesellschaft für Personalführung, DGFP) の主催で、「ドイツにおける企業文化—人間が経済を創造する」(Unternehmenskultur in Deutschland — Menschen machen Wirtschaft)

をテーマとする研究集会が開かれた。この集会で、クリスティアン・ドゥレーガーは、「大規模な同族企業における企業文化」(Unternehmenskultur in großen Familienunternehmen) と題して報告を行っている。まず、この報告を概観しながら、ドゥレーガーヴェルク社の企業文化について考察を加えよう。

ドゥレーガーによれば、企業は、「関係編成体」(Beziehungsgeflecht) として理解することができる。この関係編成体は三角形によって把握することができる。「この三角形の底辺には、すべての関係の中で最も重要な関係、すなわち資本と労働の関係、すなわち所有者と従業員の関係がある[4]。」三角形の底辺の２点が労働と資本であるとすると、その上の頂点に顧客がある。さらに底辺から下に三角形を反転させると、その頂点は公共 (Öffentlichkeit) となる。したがって、企業における関係編成体は、これらの三角形の五つの辺によって理解することができる。

すなわち、①資本（所有者）―従業員関係、②従業員―顧客関係、③資本（所有者）―顧客関係、④従業員―公共関係、⑤資本（所有者）―公共関係、である。

この五つの関係に加えて、さらに⑥従業員―従業員関係、⑦所有者―所有者関係も考察されなければならない。以上の七つの関係をどう形成するか、その行動様式がまさに企業文化に他ならないという。

① 所有者（資本）―従業員関係：この最も重要な関係の育成に、ドゥレーガーヴェルク社はどう取り組んでいるか。従業員の資本参加（受益証券の給付）、自由時間の拡大をめざすフレックスタイム制の導入、QCサークルを中心とする品質管理システム、1976年の「拡大共同決定法」による労資共同決定、1972年の「改正経営組織法」による職場における共同決定などが挙げられている。

② 従業員―顧客関係：「従業員の本来の使用者 (Arbeitgeber) は、顧客で

---

(4) Dräger, Christian: Unternehmenskultur im großen Familienunternehmen, in; *Unternehmenskultur in Deutschland — Menschen machen Wirtschaft*, Gütersloh 1986, S. 111.

ある」ということをドゥレーガーヴェルク社の従業員は共通の認識としている。顧客からの苦情は、むしろ企業にとって利益となる絶好の機会として理解される。品質の改善・向上をめざしてQC活動が展開されている。製品の信頼性、つまり品質こそがこの②の関係を決定づける最も重要な要因である。

③ 所有者（資本）―顧客関係：この関係はいろいろに形成することが可能である。顧客志向的・市場志向的に、テクノロジー志向的、あるいはコスト志向的に形成することができる。

④ 所有者（資本）―公共関係：ドゥレーガーヴェルク社は、企業の社会的責任を明確に認識している。例えば、女性の職場進出、身体障害者のための職業教育機会の促進、大卒失業者の雇用促進、さらにとりわけパブリック・リレーションズの促進に力を入れている。また、企業の情報を社会に公開することは、企業の社会的責任のひとつであることを認識している。

⑤ 従業員―公共関係：公共の問題に対して関心と理解をもてるように従業員教育を行っている。例えば、自然保護の問題、アルコール中毒の問題などを従業員教育の中に取り入れている。

⑥ 従業員―従業員関係：ここで、クリスティアン・ドゥレーガーは、従業員同士の円滑な協働関係を形成するためには、礼儀正しい相互関係（Höflichkeit）を育成する必要があり、それがなければどのようにすばらしいコーポレート・アイデンティティーや企業文化があっても役に立たないということを強調する。例えば、新入社員のための2週間のアウトドアー研修、各部門の従業員を集めた10日間の自然サバイバル研修などを通して、従業員同士の友愛・協調精神の育成が行われている。

⑦ 所有者―所有者関係：ドゥレーガーヴェルク社は、いわゆる同族企業である。所有者とは、社員として企業の所有に参加している同族の人々である。この所有者たちをまとめるのが、家長としての最高経営責任者の役割である。「家長は、考えられるすべての状況に対して、企業経営

における統一性、原則の一致を維持できるように時宜に応じて配慮しなければならない[5]」のである。ドゥレーガーヴェルク社は、1970年に有限会社から株式会社へ企業形態を変更するが、これも所有者たちの一致した合意の上に立っている。

クリスティアン・ドゥレーガーは、自社の企業文化がどのようなものであるかを直接描くことをせずに、七つの関係編成体が実際にどのように形成されているか、その行動様式を通して企業文化を語ろうしている。

彼によれば、企業文化というものは、意図して何かを実現しようとして形成されるものではなく、それは多分に偶然や幸運のなせる業である。「企業文化は、直接に意図することのできない、すぐれた企業経営の経営雰囲気の副産物 (nicht direkt intendierbare Betriebsklimanebenfolge guter Unternehmensführung) である[6]」という。

ドゥレーガーヴェルク社のホームページを開けると、企業文化の窓が出てくる。そこにこう述べられている。「ドゥレーガー文化は、多くの観点によって影響を受けてきた。これらの観点の中で第一の、そして最も重要なものは人間である。とりわけ共通の行動規則、個々人のチャンスと自由の度合いが重要であり、それが深く刻み込まれている[7]」。

先に見たように、クリスティアン・ドゥレーガーは、資本と労働を、企業を構成する、最も重要な二本の柱と理解している。この資本と労働は、抽象的な生産要素ではない。資本は所有者であり、労働は従業員である。いずれも具体的な人間である。このことと、上に引用した言葉を重ね合わせると、ドゥレーガーヴェルク社の企業文化は、まさに人間中心主義に立った企業文化であるといえるだろう。

顧客と公共は、資本と労働の二点を結ぶ底辺に対して、二つの頂点に位置

（5） Ebenda, S. 114.
（6） Ebenda, S. 115.
（7） Drägerwerk AG: Unternehmenskultur（http://www.draeger.com/HG/internet/DE/de/index.jsp）

し、それぞれ二つの三角形を形成している。三角形は、それぞれの頂点があってはじめて形成される。その意味において、顧客と公共は、企業にとってなくてはならない存在であり、パートナーである。顧客と公共もまた抽象的で外的な存在ではない。

「従業員の本来の使用者は、顧客である」という言葉をさらに敷衍すれば、「資本と労働の本来の使用者は、顧客である」ということになるだろう。ドラッカー（Drucker, Peter）はかつて「経営の目的は顧客の創造である」と述べたことがあったが、そこには顧客を企業にとってのパートナーとみる視点は希薄である。顧客は対象化されている。クリスティアン・ドゥレーガーのいう「関係編制体」においては、顧客も公共も企業にとってのパートナーと理解されるとともに、企業自体は所有者（資本）と従業員（労働）という二つのパートナーから構成された労働共同体として把握されている。

われわれは、ドゥレーガーヴェルク社の企業文化を人間中心主義的企業文化と理解してきた。おそらくそれは創業以来営々と築かれてきた経営理念、経営哲学に由来するものであろうが、他方、同社の製品それ自体がこのような企業文化の形成を余儀なくさせてきたという側面を見落とすことはできない。

ドゥレーガーヴェルク社は、人間の呼吸に関わるところに、すなわち人間の生命に最も決定的に関わるところに事業分野を見出し、医療機器・安全機器のメーカーとして世界的な企業へ成長してきた。その製品にはひとつのミスも許されない。絶対的な信頼性が要求される。製品には100％の品質が要請されるのである。このような品質を実現するためには、他方で、従業員の高い責任意識と自立性を常に育成しておくことが必要となってくる。製品の絶対的な信頼性は、従業員一人ひとりの品質への主体的取り組みによるほか実現することはできないからである。経営パートナーシャフトは、確かにドゥレーガー一族のリーダーシップに負うところが大きいとしても、製品それ自体が高度な労使間の信頼関係・協働関係の形成を要求してきたのである。

1986年の指導理念には、「われわれは、人間の呼吸を可能にし、支援し、保護する製品を、世界に向けて開発・生産・販売する企業である。ドゥレーガー

は安全な呼吸をめざしている。そのことから生まれてくる責任を共同で担うものである[8]」と述べられている。

現在では、「ドゥレーガーは生命のための技術をめざす」（Dräger — Technik für das Leben）という指導理念の下で、「われわれの製品は、生命にとって決定的な人間の機能を監視し、支援し、保護するものである。それは、人間の健康と環境にとってより優れた、より安全な条件を創造するものである[9]」とされている。

呼吸の問題領域からさらに人間の生命一般へと事業ドメインを拡大しているが、その根底には、ひとつのミスも許されない、製品の絶対的な信頼性の実現という目標に向かって、労働と資本、すなわち所有者と従業員の信頼ある協働関係を築こうとする姿勢が貫かれている。

Ⅳ. 経営パートナーシャフトと資本参加

1. 受益証券と資本参加

1983年6月27日の株主総会の決議に基づいて、ドゥレーガーヴェルク社では、従業員のために「受益証券」（Genußschein）を発行することになった。受益証券の証書は、図6-1に示したようなものであるが、額面が50DMであること以外、それに関する諸条件についてはこの証書から知ることはできない。別に「ドゥレーガー受益証券条項」（Dräger-Genußscheinbedingungen）が定められ、それに受益証券保有者の権利と義務が規定されている。1983年の条項は、ユーロが欧州通貨となったことと、受益証券の株式への転換が可能になったことを受けて、1999年に改訂されている。

---

(8) Lezius, Hans Michael/Beyer, Heinrich: Technik für das Leben — Drägerwerk AG, in; Lezius, Hans Michael/Beyer, Heinrich: *Menschen machen Wirtschaft. Betriebliche Partnerschaft als Erfolgsfaktor*, Frankfurt am Main, 1989, S. 73.

(9) Drägerwerk AG: Leitidee（http://www.draeger.com/HG/internet/DE/de/UberDrager/Leitidee/leitidee.jsp）

図1 ドゥレーガーヴェルク社の「受益証券」の証書[注]

(注) Drechsler, Wolfgang/Wansleben, Martin: *Mitarbeiter-Beteiligung in Unternehmen*, Frankfurt 1986, S. 70.

受益証券には、その名称の通りに、一定の利益（配当）を受け取る権利（受益権）がついている。これに類似したものに「発起人株」があるが、受益証券は主にドイツとスイスに見られる独特のもので、発起人株とは無関係である。ところが「受益権・受益証券に関する法的な定義は存在しない[10]」ので、受益証券を発行する場合、その都度、受益権について詳細な条件を定めておかなければならないのである。

　受益証券は、無記名証券として証券化され、取引所で売買されることも可能である。ドゥレーガーヴェルク社の場合、始めは社内で取引が行われていたが、やがて一般の取引所でも売買されるようになった。したがって、そこに相場が生まれ、受益証券についても時価が形成される。

　受益証券のもうひとつの特徴は、証券化されたとしても、優先株と同じように、「会社権（Gesellschaftsrecht）、とくに議決権、法的新株引受権、会社解散に際しての清算収益参加権が認められていない[11]」ところにある。

　ドゥレーガーヴェルク社の場合、1年以上の勤続があれば、従業員はだれでもこれを購入することができる。いったん購入した受益証券には、6年間の再販売禁止期間が設けられている。それは、額面は50DMであるが、従業員が購入する際には、購入数に応じて、企業から助成金が支給されるからである。1983年において額面価額50DMの受益証券の時価（発行価額）は120DMであった。従業員の購入を進めるために同社は600万DMの助成金を用意している。購入数1～5に対して70DM、購入数6～15に対して50DM、購入数16～30に対して30DMの助成が1受益証券について行われた[12]。1987年においては、発行価額は148DMで、購入数1～4について発行価額の50％、購入数5～8について33％、購入数9～16について25％の助成が1受益証券について

---

(10) Juntermanns, Hans-Joachim: *Mitarbeiter-Beteiligung von A-Z. Begriffe, Beispiele, Stichworte*, Neuwied/Kriftel/Berlin 1991, S. 43.

(11) Dräger-Genußscheinbedingungen (Serie A)：§ 3.（1983年の受益証券条件の、1991年に改定された条件）

(12) Praxis der Mitarbeiterbeteiligung. Drägerwerk AG: Genußschein für die Mitarbeiter, in; *Personal*, 36. Jg., Januar 1984, S. 39.

行われた[13]。助成の対象となる購入数が1983年の30から16へ引き下げられているが、これには、できるだけ小額購入者を支援して従業員参加を促進させようとする意図が含まれている。

受益証券に対する配当については、以下のように規定されている。「受益証券は、年度の配当に対する請求権を保証する。その配当は、経過事業年度について優先株に会社が支払う配当の10倍、少なくとも優先株に対する最低配当の10倍に相当する。この最低配当に対する請求権は、会社の貸借対照表上の成果とは無関係である[14]。」1983年の時点で受益証券の最低配当率は5％であった。

1986年にドゥレーガーヴェルク社が実際に支払った配当金は、1受益証券について8DMであった。これを受益証券の購入額(発行価額－助成金)と関連づけると、その配当率は、4受益証券の場合は10.8％、8受益証券の場合は9.25％、16受益証券の場合は8.10％となる。最低保証5％をはるかに超える利率であり、一般の利率に比べても高い。

実際に受益証券を購入した従業員の参加割合はどうなっているだろうか。1983年、27.6％、1984年、18％、1985年、25％となっている[15]。

1983年から1991年6月31日までに発行された受益証券は「証券シリーズA」と称され、それ以後は「証券シリーズK」が発行され、さらに1997年の株主総会で「証券シリーズD」の発行が決定され今日に至っている。2005年12月31日付の『決算・会社状況報告書』によれば、受益証券の状況は、表6-1のようになっている[16]。

受益証券の基本価額(Grundbetrag)は25.56EURであるから、名目価額は

---

(13) Lezius, Hans Michael/Beyer, Heinrich: Technik für das Leben — Drägerwerk AG, in; a.a.O., S. 85.

(14) Dräger-Genußscheinbedingungen (Serie A)：§ 2, Ab 1.

(15) Drechsler, Wolfgang/ Wansleben, Martin: *Mitarbeiter-Beteiligung in Unternehmen*, Frankfurt a.M. 1986, S. 71.

(16) Jahresabschluss und Lagebericht der Drägerwerk AG zum 31.Dezember 2005, S. 19、の表より作成。

表6-1　ドゥレーガーヴェルク社の受益証券（2005年12月31日現在）

(単位：ユーロ)

	発行数	額面価額	プレミアム価額	受益証券資本
証券シリーズA	315,600	8,066,736.00	12,353,585.70	20,420,321.70
証券シリーズK	105,205	2,689,039.80	1,758,718.44	4,447,758.24
証券シリーズD	992,620	25,371,367.20	24,557,921.23	49,929,288.43
総　計	1,413,425	36,127,143.00	38,670,225.37	74,797,368.37

これに発行数を掛けたものである。実際に購入するときには相場価格がつくので、それがプレミアムとなる。額面価額とプレミアム価額の合計は、その時どきの相場価額を示しており、その総計が受益証券資本全体を構成する。

2005年12月31日現在におけるドゥレーガーヴェルク社の自己資本は3億4,299万EURであるから、受益証券資本7,479万EURがそれに占める割合は21.8％である。

6年間の据置期間が経過すると証券市場での売買が可能となるので、1983年に受益証券の発行が開始されてから従業員によって購入された数は把握できても、現時点で従業員が保有している総数は常に変動するので、この21.8％のうちの何％が従業員の資本参加になっているのかを正確に把握するのは困難であ

表6-2　参加形態別の資本参加の概要[17]（1999年1月1日現在）

(単位：百万マルク)

参加形態[18]	企業数（％）	従業員数（％）	資本金額（％）
従業員貸付	500　(18.5)	100,000　(4.3)	800　(3.2)
匿名社員参加	650　(24.1)	200,000　(8.7)	355　(1.4)
間接的参加	400　(14.8)	80,000　(3.5)	345　(1.4)
受益証券	300　(11.1)	100,000　(4.3)	1,500　(6.0)
従業員株式	400　(14.8)	1,800,000　(78.3)	21,900　(87.6)
協同組合参加	300　(11.1)	15,000　(0.7)	45　(0.2)
有限会社参加	150　(5.6)	5,000　(0.2)	50　(0.2)
総　計	2,700　(100)	2,300,000　(100)	24,995　(100)

ろう。しかし、ドゥレーガーヴェルク社においては、その自己資本の21.8％の大部分は従業員の出資によって担われていると推測される。

資本参加の代表的な形態としては、従業員株式があるが、ドゥレーガーヴェルク社では受益証券が資本参加の道になっている。1999年1月1日現在、ドイツにおける従業員参加の概要を参加形態別に見ると、表6-2のようである。受益証券による資本参加は、従業員株式ほどには普及していない。それでもおよそ300社において実施されている。他社に先駆けて従業員参加の方法として受益証券を導入したのは、前章で取り上げた、メディア大手企業のベルテルスマン社であった。1970年から受益証券の発行を開始し、1999年頃までにおよそ1億EURを受益証券の助成金として給付している[19]。

ベルテルスマン社が受益証券を発行し始めた頃には、まだこれに対する税法上の優遇措置はなかった。1984年の「第4次財産形成法」と所得税法の一部改正によって受益証券に対する助成金（財産効果的給付）に税法上の優遇措置がとられるようになった。従業員一人当たりの助成金について300DMまでは課税されず、また社会保険負担金（Sozialabgabe）も徴収されないこととなった[20]。ドゥレーガーヴェルク社は1983年に受益証券を導入しているので、スタート時点ではこのような優遇措置を受けられなかったわけである。

---

(17) *Betriebliche Beteiligungen am Produktivvermögen*, hrsg.von Deutsche Angestellten-Gewerkschaft, Hamburg 1999, S. 26、より引用。
(18) 参加形態については以下のようである。
　　従業員貸付（Darlehen）：他人資本として企業に貸し付ける形態。
　　匿名社員参加（Stille Beteiligunng）：会社の匿名社員となる形態。
　　間接的参加（Indirekte Beteiligung）：従業員の団体を通して参加する形態。
　　受益証券（Genußschein）：受益証券による参加形態。
　　従業員株式（Belegschaftsaktien）：従業員株式による参加形態。
　　協同組合参加（Genossenschaftsanteil）：組合員として参加する形態。
　　有限会社参加（GmbH-Beteiligung）：有限社員として参加する形態。
(19) Wintermann, Jürgen H.: Das Modell Bertelsmann. Wie der Gütersloher Medienkonzern seine Beschäftigten mittels Genussschein an den Gewinn beteiligt?, in: *Die Welt*, 29. März 2000.
(20) 従業員の資本参加に対する税優遇措置等については、本書の第8章。

2. 資本参加の目的

　受益証券を導入した理由について、クリスティアン・ドゥレーガーは、以下のように述べている。

　「企業目的の達成のために、知識と技能、職業的・社会的能力、そしてその人格を投入する人々は、固定的な報酬以外に、企業の成果に参加する可能性をもって然るべきである。ドゥレーガーヴェルク社は、従業員に対して時宜にかなった形で成果参加を実現している。すべての従業員について有利な資本参加の道が開かれている。このような機会を規則的に利用する従業員は、企業の長期的な成長に参加しているのであり、企業の成長は、ますます大きな資本需要を伴いつつ、従業員の労働から生まれてくる[21]。」他方、「従業員は、任意の企業給付（Unternehmensleistung）としての成果参加（Erfolgsbeteiligung）を通して、コンツェルンの経済的成果に参加することができる[22]」と。

　受益証券による資本参加は、企業からの助成金を伴っており、据置期間を過ぎて売却すれば、この助成金の部分と相場によるプレミアムが、それまでの配当額の総計に加えて、所得となって従業員の家計に流れ込んでくる。プレミアムと配当は、従業員の資金投下がなければ生じないので、助成金の部分が純粋な企業給付と考えてよいであろう。

　ところが、もしこの助成金の部分それ自体が経営成果の一部であったとしたら、受益証券を購入しない従業員は、この経営成果に参加できないことになる。これには労働組合も納得しないであろう。そうでないとすれば、助成金はこれまで資本または企業自体に帰属していた経営成果部分を従業員に分配したということになる。ドゥレーガーヴェルク社にあって、受益証券をめぐって労使間に対立があったとは伝えられていないので、少なくとも助成金部分は本来労働に分配さるべき経営成果部分ではなかったと解釈される。

---

(21) Drägerwerk AG: Vermögen bilden mit Genußschein, in; Lezius, Hans Michael/Beyer, Heinrich: a.a.O., S. 84.

(22) Drägerwerk AG: Sozialleistung (http://draeger.com:80/HG/internet/DE/de/SocialActivities/Sozialleistung/sozialleistung.jsp)

では、それは何か慈恵的な福利厚生的給付であろうか。われわれは、以下のように考える。受益証券には6年間の据置期間があり、特別な場合には払い戻しを請求できるとしても、一般にその間、投下資本の一部としてリスクを負担しなければならない。ドゥレーガーヴェルク社の現状では、7,479万EURの受益証券が自己資本に投下され、自己資本に占める割合は21.8％である。仮に、その半額を従業員出資分と見ても、従業員は巨額の資金をリスクにさらしていることになる。プレミアム部分と配当はいわば成功報酬であるから、助成金部分は、リスク負担費用を企業が先払いした部分と、従来企業自体もしくは資本に帰属していた経営成果の一部が従業員に贈与された部分から成ると考えられる。後者の部分は、いわば従業員に資金を拠出させるための誘い水である。

　受益証券は、6年間の据置期間を過ぎれば売却可能になるし、5％という最低利率が保証されているので、従業員にとってはきわめて有利な投資であり、労働者の財産形成を促進する施策としても推奨される。ちなみに、ベルテルスマン社の受益証券の額面価額は100DMであったが、30年後にはおよそ2倍の200DMになっている。確かに企業が成長すれば、その成長の成果に参加することができるのである。

　受益証券にはもうひとつの重要な側面がある。自己資本の21.8％を占めているという事実からしてもわかるように、ドゥレーガーヴェルク社にとって、受益証券はきわめて重要な資本調達の方法となっている。一種の自己金融の方法でもある。

　ドゥレーガーヴェルク社では、企業の成長に伴って資本需要が高まり、1970年には有限会社から株式会社へと会社形態の変更を図るとともに、1974年には優先株を公開した。優先株の発行によって、1979年から1981年にかけておよそ2,000万DMの増資を行っている。そして、1983年に受益証券の発行に至っている。

　ドゥレーガーヴェルク社において、受益証券が従業員資本参加の主たる方法であり、それによって従業員の財産形成を促進するとともに、同時にそれが資

本調達の有力な方法であることを見てきたが、クリスティアン・ドゥレーガーはさらに次のことを述べている。

「われわれが久しく熟考してきたことは、いかにして"企業の家族特質(Familiencharakter)"を維持していくかということであった。受益証券の力でこれを維持することができたし、また同時にこうして望んでいた従業員参加を可能にすることができた[23]」と。従業員の資本参加を進めながらも所有者としてのドゥレーガー一族の地位は維持されなければならないのである。議決権を伴わない優先株と受益証券だけを市場に流通させて、普通株はドゥレーガー一族で占有するという構造は維持されている。本書でこれまで取り上げてきた企業の経営パートナーシャフトと比較してこれはきわめて特異である。受益証券による資本参加は、所有者としての支配権から参加従業員を排除しようとする意図がそこに働いているからである。

V. 経営パートナーシャフトとコーポレート・ガバナンス

まず、ドゥレーガーヴェルク社の会社機関の構成の実態を通して、同社のコーポレート・ガバナンスの特質を見てみよう。ここでは、2005年12月31日付けの『決算・事業報告書』に記載されているところによる。

監査役会（Aufsichtsrat）は、以下の12人の役員で構成されている。1976年の「共同決定法」（Mitbestimmungsgesetz）によれば、監査役会は、労資同数で構成されなければならない。同社の『決算・事業報告書』ではアルファベッド順に役員が記載されているが、ここでは資本代表と労働代表を別々に紹介する。

［資本側代表監査役］
　①Feddersen, Dieter：監査役会議長。弁護士。ドゥレーガーメディカル

---

(23)　zitiert nach Schultz, Reinhard: *Gewinn- und Kapitalbeteiligung der Arbeitnehmer (Vermögensbildung)*, München 1987, S. 110.

社、ドゥレーガーセイフティー社を含めて6社の監査役を兼任。

② Dräger, Theo：監査役会副議長代理。ドゥレーガーメディカル社、ドゥレーガーセイフティー社を含めて7社の監査役を兼任。

③ Linder, Thomas：Groz-Beckert 社の経営執行部議長。他に2社の監査役を兼任。

④ Posth, Martin：社団法人"Asien-Pazifik-Forum Berlin"理事長。

⑤ Riske, Gordon：Deutz 社の取締役会議長。その他1社の監査役を兼任。

⑥ Schulz, Dietrich：自営業者。その他2社の監査役を兼任。

［労働側代表監査役］

① Kasang, Siegfrid：監査役会副議長。ドゥレーガーメディカル社の経営協議会議長、ドゥレーガーメディカル社の部分コンツェルンのコンツェルン経営協議会議長、ドゥレーガーヴェルク社のコンツェルン経営協議会議長。

② Bohm, Uwe：ドゥレーガーメディカル社の経営協議会役員。

③ Pawils, Regina：ドゥレーガーメディカル社の経営協議会役員。ドゥレーガーメディカル社を含めてドゥレーガーグループ2社の監査役を兼任。

④ Neundorf, Walter：ドゥレーガーメディカル社の幹部職員。

⑤ Ricke, Waltraud：金属労働組合リューベック・ヴィスマール支部の書記長。

⑥ Rickers, Thomas：金属労働組合リューベック・ヴィスマール支部代表。ドゥレーガーメディカル社を含めて4社の監査役を兼任。

資本側代表監査役を見ると、ドゥレーガー一族から前最高経営責任者のテオ・ドゥレーガーが入っており、しかも副議長代理となっている。テオの前は、元最高経営責任者のクリスティアン・ドゥレーガーが監査役で、同じく監査役会副議長代理を務めていた。資本側代表監査役6名の中で5名はいわゆる社外の人間である。

労働側代表監査役は、金属労働組合（IG Metall）代表が2名、経営協議会代

表が3名、幹部職員代表1名で構成されている。1976年の共同決定法によれば、労働側代表監査役として幹部職員1名を加えなければならない。

次に、取締役会（Vorstand）の構成を見ると、以下のようである。

① Dräger, Stefan：取締役会議長（CEO）。ドゥレーガーメディカル社、ドゥレーガーセイフティー社を含めてドゥレーガーグループ4社の監査役を兼任。

② Gensch, Ingo：労務担当取締役。ドゥレーガーグループ3社の監査役を兼任。

③ Jugel, Albert：ドゥレーガーセイフティー社担当取締役。ドゥレーガーセイフティー管理会社の取締役会議長。

④ Reim, Wolfgang：ドゥレーガーメディカル社担当取締役。ドゥレーガーメディカル管理会社の取締役会議長。

⑤ Sulzer, Hans-Oskar：財務担当取締役。ドゥレーガーグループ3社の監査役を兼任。

2005年6月30日までは、テオ・ドゥレーガーが取締役会議長を務めていた。最高経営責任者（CEO）の地位に相当する取締役会議長は、代々ドゥレーガー一族によって引き継がれてきた。また、最高経営責任者を引退すると、監査役会に入り、副議長代理（Weiterer stellvertretender Vorsitzender）を務めることが慣例となっている。

ところで、株主総会はどうなっているだろうか。1970年に株式会社に組織変更するまでは、ドゥレーガーヴェルク社は有限責任会社であり、社員はすべてドゥレーガー一族によって占められていた。株式会社になってからも、株式資本（Grundkapital）のうち普通株はすべてドゥレーガー一族の所有にある。その後、優先株が発行されるが、いうまでもなくこれには議決権はない。また、1983年から受益証券が発行され、現在では自己資本の21.8％を占めているが、これにも議決権はない。したがって、株主総会はいわばドゥレーガー一族の総会であり、この総会によって資本側代表の監査役が選出されるのである。

取締役の選任は、監査役会によって行われる。1976年の共同決定法によれば、賛否同数で票決できない場合は、議長がもう1票投票できるようになっている。先に見たように、監査役会議長は、ドゥレーガー一族とは直接関係のない資本側代表監査役が務めている。副議長は労働側代表監査役である。ところがさらに、ドゥレーガー一族の前取締役会議長の監査役には副議長代理という職名が与えられている。これは単に名誉職的処遇と考えるよりも、監査役会におけるドゥレーガー一族の発言力を確保することを意図するものと解釈される。

急激な成長によって資本需要が生じなければ、ドゥレーガーヴェルク社はおそらく人的会社に止まっていたであろう。資本の必要性が株式会社という会社形態の選択を余儀なくさせたが、なお同族会社としての特質は維持しようとしている。法的強制によって共同決定制度が実施されているが、その内実は所有者企業である。

2003年5月21日、ドイツ政府委員会は『ドイツ・コーポレート・ガバナンス原則』(Deutscher Corporate Governance Kodex)（以下、『原則』）を発表した。ドゥレーガーヴェルク社は、2004年12月20日、この『原則』に同意することを表明しているが、例外として5点については『原則』の勧告に従えないことを付記している[24]。その中の2点だけを見る。

第1点は、株主の議決権についてである。『原則』は、株主総会における株主の発言権・議決権について言及しているが[25]、議決権のついた普通株はすべてドゥレーガー一族によって保有されているので、ドゥレーガーヴェルク社は株主の要請で議決権代表者を指名するということはないとしている[26]。すなわち、いわゆる委任状による議決権の代理行使は必要ではないということである。いわば株主は単独ということであろう。ドゥレーガーヴェルク社の特別

---

[24] Drägerwerk AG: Corporate Governance. Entsprechenerklärung (http://www.Draeger.com/HG/internet/DE/de/InvestorRelations/⋯/corporate_governance.js)

[25] *Deutscher Corporate Governance Kodex*, Ziffer 2.2.3.

[26] Drägerwerk AG: Corporate Governance. Entsprechenerklärung.

の所有構造がそこに反映されている。

第2点は、取締役と監査役の定年についてである。『原則』は、年齢制限（Altersgrenz）を設けたほうがよいと勧告しているが[27]、ドゥレーガーヴェルク社は、『原則』が要求している、取締役や監査役の「知識、能力、専門的経験については、定年規制は十分な根拠があるとは思えない[28]」と反論して、同社では年齢制限をしていないと報告している。この反論もさることながら、年齢制限は、ドゥレーガー一族による経営支配を難しくする可能性があるからではないかということも考えられる。

1976年の共同決定法が適用されているにもかかわらずに、法的に見ても、所有者としてのドゥレーガー一族の経営支配力はゆるぎないものになっている。もし監査役会において労使間に意見の対立が起こったとしても、多数決原理に従うかぎり労働側に勝ち目はない。また、労働側の社外監査役は2名の労働組合代表しかいないから、労働側の社内代表監査役4名が資本側につけば、労働組合の影響力も発揮できない。制度的に見るかぎり、ドゥレーガー一族の経営支配力は、共同決定制度の下にあっても確固たるものになっている。

監査役会では、資本と労働ではなく、ドゥレーガー一族、すなわち所有者の代表と従業員代表が対峙していると理解される。この場合、所有者は同時に経営者でもあるから、経営者は、所有者と従業員を経営の維持・発展に向けて協働させる、何らかの統合原理を創造していかなければならない。それが経営パートナーシャフトの思考ということになろう。

監査役会の主な役割は、取締役の選任、取締役会の監視・監督、重要な経営方針の決定である。ドゥレーガーヴェルク社の所有構造に由来する、そのコーポレート・ガバナンスの特質から見て、果たして監査役会は取締役会に対して、その監視・監督機能を十二分に発揮できるだろうか、という疑念が生じてくる。このことは差し置くとして、同社の監査役会は、統合原理である経営パ

---

(27) *Deutscher Corporate Governance Kodex*, Ziffer 5.1.2.
(28) Drägerwerk AG: Corporate Governance. Entsprechenerklärung.

ートナーシャフトの思考を維持・発展させるという、特別の課題を担っていると理解される。監査役会の資本側代表監査役はドゥレーガー一族の支配するところであり、取締役会議長、すなわち最高経営責任者の地位はドゥレーガー一族によって代々継承されてきたので、この課題の遂行を監視・監督する役割が監査役会の労働側代表監査役に強く求められることになろう。

VI. 結 論

　1982年度の「パートナーシャフト賞」はベルテルスマン社（Bertelsmann AG）に授与された。当時、パートナーシャフト協会の理事長であったクリスティアン・ドゥレーガーは、ベルテルスマン社に対する「賛辞」の中で、選考基準となる「特別なパートナーシャフト的貢献」とは何かについて触れている。

　「まず第1に、自明のことであるが、成果参加・資本参加、協議、共同決定、協働、リーダーシップ・スタイルとリーダーシップ力についての質の高さ、つまりわれわれのいう物質的・非物質的従業員参加の質の高さが重要な選択基準となる。しかし、それ以上に評価されなければならないことは、パートナーシャフト的目標の形成、情報の質、人材育成の質、パートナーシャフト的意識の普及・促進、パートナーシャフト・モデルの継続、経営パートナーシャフトの危機証明、経営協議会の活動、従業員協力の質、そして明確な成長目標と未来意識である[29]」と。

　「経営パートナーシャフトの危機証明」とは、さまざまの外的・内的危機に際して経営パートナーシャフトがそれに耐えることができたかどうか、という証明である。これらの評価基準に照らして、ベルテルスマン社の経営パートナーシャフトは、模範に値するという評価を受けたわけである。では、ドゥレー

---

　(29)　Dräger, Christian: Laudatio bei der Verleihung des Partnerschaftspreises 1982 an Firma Bertelsmann AG, Bonn, 25. Dezember 1982, in; *Partnerschaft: Druchbruch 1983?. Eine Dokumentation*, hrsg. von W. Mühlbradt, Gütersloh 1983, S. 10.

ガーヴェルク社についてはどう評価されるであろうか。

　クリスティアン・ドゥレーガーは、自社の経営パートナーシャフトについて自ら評価を下すことはしていない。しかし、同社におけるこれまでの経営パートナーシャフトの実践は、十分に評価に耐え得るものであることを示している。何よりも企業自体の成長が最大の証明であろう。「もし労働と資本が、企業者と従業員が、使用者と労働組合が、経済における敵対者としてではなく、パートナーとして自らを理解することができるならば、われわれは、想像もできない大きな蓄積力を動員することができるだろう[30]」とクリスティアン・ドゥレーガーは述べている。ドゥレーガーヴェルク社の経営パートナーシャフトがこのような蓄積力の動員に大きく貢献してきたことは否めないであろう。

　上述の「賛辞」の中で、クリスティアン・ドゥレーガーは、ベルテルスマン社の監査役会議長、ラインハルト・モーン（Mohn, Reinhard）の言葉を引用している。「個人的な効用の意味における所有は、われわれに与えられている企業規模では全く除外される。所有はむしろ、所有に結びついている、企業と従業員および社会に対する責任と関わっている。今日、大企業を私的な所有物と見なしてはならないのである[31]」と。

　このような企業観は、クリスティアン・ドゥレーガーにおいても共有されるところであり、またドゥレーガーヴェルク社の企業文化の中に深く浸透していると思われる。こうした企業観を遺伝子として頑なに相続するために、企業の所有権をドゥレーガー一族に集中し、しかも経営者の職能も一族の手で継承しようとしている。同社の経営パートナーシャフトとコーポレート・ガバナンスは、企業所有者の社会的責任を、したがってドゥレーガー一族の社会的責任をたえず確認させる機能をもたされていると理解される。企業規模が拡大するに

---

(30) Dräger, Christian: Rede zur Eröffnung des 2. AGP-Kongresses, in: *Menschen machen Wirtschaft. Materielle und immaterielle Elemente betrieblicher Partnerschaft*, hrsg. von M. Lezius, Karlsruhe 1894, S. 16.

(31) Dräger, Christian: Laudatio bei der Verleihung des Partnerschaftspreises 1982 an Firma Bertelsmann AG, S. 10.

つれて所有が分散し、所有者機能と経営者機能が分離していくという、近代における株式会社の発展傾向から見るならば、誠に異常なる光景といわなければならない。ここではむしろ所有と経営の一致が頑なに守られているのである。われわれはそこにドゥレーガーヴェルク社の経営パートナーシャフトの最も大きな特質を見ることができる。

第7章　労働者財産形成法の展開と経営パートナーシャフト

I. 序　　論

　1961年1月1日、最初の「財産形成法」(Vermögensbildungsgesetz)、すなわち「労働者財産形成促進法」(Das Gesetz zur Förderung der Vermögensbildung der Arbeitnehmer) が制定されてすでに半世紀近い時が流れようとしている。この「第1次財産形成法」以降、1965年に「第2次財産形成法」、1970年に「第3次財産形成法」、1984年に「第4次財産形成法」、1990年に「第5次財産形成法」と、ほぼ5年毎に改正が加えられてきた。

　この流れの中で、1984年の「第4次財産形成法」は、その後の発展方向を大きく変える転換点となっている。これと同時に「所得税法」の一部改正が行なわれ、この二つを合わせて「財産参加法」(Vermögensbeteiligungsgesetz) という新しい呼称が登場するようになった。労働者の資本参加 (Kapitalbeteiligung)、すなわち従業員株式や受益証券などによって企業の資本へ直接・間接に参加する方法が、労働者財産形成カタログの中に大きく取り上げられるようなったのである。それ以後、これを「第1次財産参加法」として、1990年の「第5次財産形成法」を「第2次財産参加法」、そして1998年の改正をもって「第3次財産参加法」を呼ばれるようになった。

　このように次々と新たな立法措置が展開されてきたにもかかわらず、果たして所期の目的とする、国民の大多数を占める労働者層の財産形成は促進された

のであろうか。また、資本参加によって労働者の生産財 (Produktivvermögen) への参加を積極的に推進しようとした、1984年の「第4次財産形成法」以降の展開は、実際に生産財における労働者の持分を増大せしめてきたであろうか。

経過は悲観とまではいかなくても決して喜ばれるべきものではない。プリーヴェ／ハーヴィッヒホルストによれば、「労働者財産形成政策の40年は、財産の集中傾向と、とりわけ幅広い国民層における財産喪失の状況を変えることができなかったということは反駁の余地のないところであり、このことは生産財の分配についても当てはまるのである[1]。」90年代半ばで旧西ドイツの家政所帯のおよそ50％は1万DMの貨幣財産しか所有していない。資本参加については、1999年の時点でおよそ2,700社において「財産参加法」が活用されている。しかし、これは実施可能な企業のわずか2％を占めているにすぎない。これはすなわち「従業員の資本参加が実施できるはずの企業の98％はそれを導入していないということである[2]」と、従業員参加 (Mitarbeiter-Beteiligung) の代表的研究者、ハンス・シュナイダーを大いに嘆かせている。

確かに、一般社会秩序政策的・社会構造政策的観点から見た財産形成政策の成果は大いに評価されるにはほど遠いものがあるかも知れないが、経営パートナーシャフトの唱導者や実践家にとっては、労働者財産形成法の40年はむしろ大いに実りあるものであったといえるのではないだろうか。すでに本書において取り上げられてきたパートナーシャフト企業は、いずれも労働者の利潤参加・資本参加を自ら率先して実践するのみならず、労働者財産形成促進法の整備・拡充にたえず大きく献身してきたからである。例えば、グリューンベック社のヨーゼフ・グリューンベックやピエロト社のエルマール・ピエロトは、FDP（自由民主党）あるいはCDU（キリスト教民主同盟）の連邦議会議員とし

---

(1) Priewe, Jan/Havighorst, Frank: *Auf dem Weg zur Teilhabergesellschaft? Investivlöhne, Gewinn- und Kapitalbeteiligungen der Arbeitnehmer in West-Europa und den USA*, Bonn 1999, S. 2.

(2) Schneider, Hans J.: Vermögensbildung und Altersvorsorge und Wirklichkeitsbetrachtung und Perspektiven betrieblicher Gestaltungsmöglichkeiten, in; *Sozialer Fortschritt*, 4/2004, S. 84.

て、労働者財産形成法の立法・改正に長年積極的に取り組んできたからである。

ドイツのおける財産形成法の展開を経営パートナーシャフトの観点から評価を加えてみるというのが、本章におけるわれわれの課題である。まず、「第1次財産形成法」から「第5次財産形成法」に至るまでの展開を段階的に概観しながら、1984年の「第4次財産形成法」が大きな転換点をなしていることを明らかにする。次に、経営パートナーシャフトの観点から労働者財産形成法の展開をどう評価するかについて考察を加える。

II. 第1次財産形成法 (1961年) の展開

1. 第1次財産形成法の背景

戦後西ドイツにおける最も大きな社会的・政治的テーマのひとつであった労働者の共同決定の問題は、1951年の「モンタン共同決定法」(Montan-Mitbestimmungsgesetz)、1952年の「経営組織法」(Betriebsverfassungsgesetz) の成立をもって一応の決着を見るが、すでに共同決定の問題と並行して、あるいはこれと密接に関連して盛んに論じられていたテーマが労働者の「所有参加」(Miteigentum) の問題であった。労働者の共同決定権は企業者の所有権を侵害するものであり、この所有への参加をもってはじめて労働者の共同決定権は正しい法的根拠を得る、とする共同決定批判者たちの主張が大きな論争を引き起こしていたのである[3]。

この論争は、いわば個別経済レベルでの所有参加をめぐる論争であったが、他方で、国民経済レベルでの労働者の所有参加が大きく論じられていた。これが労働者の財産形成の問題であった。ブリーフス (Briefs, Goetz) によれば「労働者の財産形成の思想はキリスト教的世界から由来する[4]」ものであり、

---

(3) この論争については、増田正勝『キリスト教経営思想―近代経営体制とドイツ・カトリシズム』(森山書店、1999年) の「第9章 ネル・ブロイニングの所有参加思想」。

(4) Briefs, Goetz: *Das Gewerkschaftsproblem gestern und heute*, Frankfurt a. M. 1955, S. 86.

とりわけカトリック社会論ではその思想財の重要な柱のひとつを形成してきた[5]。また、戦後西ドイツにおいて早くから労働者の財産形成政策に取り組んだのも、キリスト教的立場に立つ政治団体や労働者団体であった。CDU 社会委員会、KAB（Katholische Arbeiterbewegung カトリック労働者運動）、BKU（Bund Katholischer Unternehmer カトリック企業者連盟）などの諸プランがそれであった[6]。例えば、CDU は、すでに 1949 年 7 月の「デュッセルドルフ指導原理」において、財産の広汎な分散が社会的市場経済の秩序形成に不可欠の要件であることを表明していた。また「アーノルト・プラン[7]」の提唱者アーノルト（Arnold, Karl）や「ホイッスラー・プラン[8]」の提唱者ホイッスラー（Häussler, Erwin）も共にカトリック的立場に立つ CDU 議員であった。

労働者の財産を構成する要素は多様である。以下のようなものが考えられる。①賃金・給与、②日用的消費財（家具・家財など）、③貯蓄（預金、住宅建設貯蓄、生命保険など）、④社会保険、⑤マイホーム、⑥国民経済的資本形成への参加、などである。これらの中で労働者財産形成政策論の中心にあったのは、⑥の資本形成への参加であった。1950 年から 1960 年にかけて私経済の領域で形成された純資産のうち、その 75％は独立事業者において形成され、国民の大多数を占める被雇用者層にはわずか 25％が残されていたにすぎなかった。大多数の人々は、奇跡的な経済復興の果実から排除されていたのである。この不公平を是正するために労働者の財産形成、とりわけ資本形成への参加が

（5） Klüber, Franz: *Eigentumstheorie und Eigentumspolitik. Begründung und Gestaltung des Privateigentums nach katholischer Gesellschaftslehre,* Osnabrück 1963, S. 285ff.
（6） それらの諸プランの概要については、増田正勝、前掲書、251〜255 頁。
（7） 旧キリスト教労働組合出身で、戦後、ノルトライン・ヴェストファーレン州の首相を務めたアーノルトは、以下のようなプランを提案した。時間賃金を 2 ペーニッヒだけ引き上げそれを労働者側が拠出し、他方、使用者側でも時間当たり 2 ペーニッヒを拠出し、合わせて労働時間当たり 4 ペーニッヒを中央金庫に預け、それを投資的に運用して労働者の財産形成を図ろうとするもので、「2 ペーニッヒ・プラン」ともいわれた。
（8） CDU 国会議員のホイッスラーは以下のようなプランを提案した。労使間の労働協約によって投資信託会社を設立し、将来の賃金上昇分の一部を投資賃金払込金としてこの投資信託会社に預託する。前年の同時点と比較して賃金増加が 6 ペーニッヒを超えているとき、その増加分を投資的に運用する。「投資賃金プラン」の一種であった。

強く叫ばれるようになった。

　労働者財産形成法に先立って、ドゥイスブルク銅精錬社（Duisburger Kupferhütte）、繊維業のパウル・シュピンドラー・ヴェルク社（Paul-Spindler-Werke）、建設業のフェルカー社（Baufirma Wilhelm Völker）などがその経営パートナーシャフトにおいて従業員の利潤参加や成果参加をすでに実践に移していたが、それ自体としては労働者財産形成法のモデルとなるものではなかった。

　1951 年、第 39 回ドイツ法学者会議では、経済におけるパートナーシャフトについて新しい法律を形成することが中心テーマのひとつとなっていた。そこで設置された研究委員会のひとつが労働者の企業参加（Unternehmensbeteiligung）の問題に取り組み、その過程で労働者財産形成の問題にも検討が加えられた。1957 年、同委員会は、新しい「パートナーシャフト法」の制定とそのための株式法の改正を内容とする提案を行なった。そこでは、労働者の成果参加制度（Erfolgsbeteiligungssystem）を実現するために考案されたさまざまの法的枠組みが提案されており、それらが最初の労働者財産形成法に生かされることになった。財産形成的給付に対する税法上の優遇措置、社会保険負担料の免除、給付金の据置期間の設定、法的措置の利用の任意性などがそれであった。この提案は「財産形成法の最も重要な先駆者であった[9]」といわれている。

　労働者の財産形成についてはすでにいくつかの政策が実行に移されていた。

　①「住宅建設プレミアム法」（Wohnungsbauprämiengesetz）（1953 年）：住宅の建設・取得のための預金・積立金に対して、6 年間の据置期間を条件として、子供の数に応じて、25〜30％のプレミアム（奨励金）が支給される。ただしこの奨励金には最高限度額（年間 400DM）が設けられていた。

　②「第 2 次住宅建設法（Wohnungsbaugesetz）」（1956 年）：住宅の建設・取

（9）　Pohlschröder, Klaus: *Vermögensbildung durch Tarifvertrag und Gesetz. Die rechtliche Problematik des Investivlohn*, Berlin 1966, S. 29.

得について、無利子ないし低利子の融資および税制上の優遇措置が与えられる。

③「投資会社 (Kapitalgesellschaft) に関する法律」(1957年)：労働者の投資貯蓄 (Investmentspar) についての法的保護および制度的枠組みが設定された。

④「貯蓄プレミアム法」(Sparprämiengesetz)(1959年)：口座貯蓄、有価証券貯蓄、投資貯蓄について、5年間の据置期間を条件として、一定の最高限度額以下で、20％（年4％）のプレミアム（奨励金）が支給される。

⑤「会社資金による基礎資本金の引き上げと自己株式の労働者への譲渡に関する法律」(1959年)：譲渡価格と取引相場との間の差額によって生じた金額について、5年間の据置期間を条件として、一定の最高限度額以下で、免税措置が行なわれる。

⑥プロイセン鉱山鉄鋼会社 (PREUSSAG Preußische Bergwerks- und Hütten-Aktiengesellschaft) とフォルクスワーゲンヴェルク社 (Volkswagenwerk) の私有化に関する法律 (1959年)：株式取得価格の割引および取得制限によって労働者の株式所有とその分散化を図った。

この中で第1次財産形成法に直接に関わってくるのは①②④⑤であるが、財産形成法の制定に先行してすでに労働者の財産形成を目的とするさまざまの政策が展開されていたのである。第1次財産形成法は必ずしも満足のゆく成果をもたらさなかったかも知れないが、その後の財産形成法の出発点であると同時に、これを叩き台としてそれ以後の改正・改革が行なわれていくので、まずその概要をやや詳しく見ておこう。

2. 第1次財産形成法

1961年1月1日をもって施行された「労働者財産形成促進法」、すなわち「第1次財産形成法」は、その第1条第1項において、「協定された、使用者の財産効果的給付による労働者の財産形成は、この法律の規定によって促進され

る[10]」と規定している。ここに同法の基本的な枠組みが提示されている。

2—1. 財産効果的給付

「財産効果的給付」（vermögenswirksame Leistung）という新しい概念が登場する。「財産効果的給付とは、使用者が労働者に対して提供する給付である」（§2 Abs. 1）として、とくに概念規定することなく、その給付のカタログを掲げている。

① 「貯蓄プレミアム法」（1959年）による、労働者の貯蓄のために提供される給付。

② 「住宅建設プレミアム法」（1953年）による、労働者の住宅建設促進のための費用として提供される給付。

③ 「第2次住宅建設法」（1956年）による、労働者の住宅建設・取得のための費用として提供される給付。

④ 「会社資金による基礎資本金の引き上げと自己株式の労働者への譲渡に関する法律」（1959年）による、労働者の自社株式取得に必要な費用として提供される給付。

⑤ 労働者による、使用者に対する貸付債権（Darlehensforderung）の設定のために必要な費用として提供される給付。これには5年間の据置期間と1年間の解約告知期間が条件となっている。貸付利子は貯蓄利子に准じる。

これらに加えて、同法の第5条から第9条は、労働者の「成果参加」（Ergebnisbeteiligung）を財産効果的給付に含めることができることを規定している。この場合、「成果参加」とは、「労働者の協働によって達成された、経営もしくは主要経営部分の業績成果へ労働者が協定によって参加する」（§6 Abs. 1）ことである。業績成果の例として、原材料の節約、粗悪品・仕損品の削減、作業手段・機械の注意深いメインテナンス、作業方法の改善、製品の品質向

---

(10) Gesetz zur Förderung der Vermögensbildung der Arbeitnehmer, §1 Abs.1.

上、生産性の増大などが挙げられている。このような成果参加分を財産効果的給付とするかどうかは、経営協定もしくは労働者との個別契約によって決まってくる。成果参加の種類、算定基礎、持分計算および算定期間、その他の諸条件がそこで契約される。

①から⑤までの5種類の財産効果的給付は、使用者の自由裁量によって提供されるものであるが、成果参加は経営経済的な業績成果に基づいて行なわれる。

いずれにしろこれらの財産効果的給付は、使用者と経営協議会との間の経営協定もしくは使用者と労働者との間の個別契約によってはじめて財産効果的給付となる。

2−2. 財産効果的給付に対する助成

1暦年当たり312DMを限度とし、また5年間の据置期間を前提条件として、以下のような優遇措置が財産効果的給付に対して講じられる（§10 Abs. 1〜4）。

①通常の賃金税に代わって8％の一括税率（Pauschsteuersatz）が適用される。

②財産効果的給付の算定基礎から社会保険料が除外される。

①の適用を受ける場合、使用者は、支給した財産効果的給付を申請し、賃金税を負担することを申告しなければならない。なお、教会税については8％の10分の1、すなわち0.8％が適用される。財産効果的給付が312DMを超えると、その超過部分については所得税法上の一般的な課税率が適用されることになる。

使用者が労働者に対して312DMを通常の賃金として支給した場合と、財産効果的給付として支給した場合を比較してみると、財産効果的給付として支給すると、使用者側では24.94DMを節約でき、労働者側では107.65DM多く受け取ることができる[11]。これをさらに「貯蓄プレミアム法」に従って積み立てると、政府よりプレミアムが支給されるので、5年後には通常の現金支給と

比較して約157.6DMの差益が生まれてくる[12]。

財産形成法によって可能となった優遇措置を利用するかどうか、すなわち財産効果的給付として支給するかどうかは、使用者と経営協議会あるいは労働者との間の自由な選択に委ねられている。では、どの程度この「312マルク法」（312 DM-Gesetz）は活用されたのであろうか。

3. 第1次財産形成法の活用状況と問題点

1961年においておよそ5万人の労働者がこの法律を活用している。これは全被用者の0.25％に当たる。1人当たりの財産効果的給付は200～300DMであった。

1962年には15万人に増えている。全被用者の0.75％である。1人当たりの財産効果的給付は266DMとなっている。

1963年になると、利用率が伸びて、全被用者の1.4％となり、1人当たりの財産効果的給付も271DMとなるが、全体としては微々たるものであった。ただ企業規模が大きくなると利用率が増えていく。従業員1,000人以上の企業では25.1％が財産効果的給付を支給している。そのうち28.1％は経営協議会との経営協定によって財産形成法を活用しており、他は個別契約によっている。

ところが特定の企業を取り上げると、高い利用率が見えてくる。例えば、染色産業のヘキスト社（Hoechst AG）では従業員の17.3％が、ザルツデートフル

---

(11) ［通常の賃金として支払う場合］使用者の支出額＝364.40DM（労働者への支給額：312DM、社会保険料負担額：支給額の15％、賃金総額税：支給額の1.8％）労働者の支出額＝107.64DM（賃金税：受取額の20％、教会税：賃金税の10％、社会保険料負担額：受取額の12.5％）
　［財産効果的給付として支払う場合］使用者の支出額＝339.46DM（労働者への支給額：312DM、一括賃金税：支給額の8％、教会税：一括賃金税の10％、社会保険料負担額：免除）労働者の受取額＝312.00DM
(12) ［通常の賃金として受け取る場合］299.17DM（貯蓄額：204.36DM、貯蓄プレミアム：貯蓄額の22％、利子：年4％）
　［財産効果的給付として受け取る場合］456.77DM（貯蓄額：312DM、貯蓄プレミアム：貯蓄額の22％、利子：年4％）

ト社 (Salzdetfurt AG) では32.5％が、ダイムラー・ベンツ社 (Daimler Benz AG) では28.4％が財産効果的給付を受けている。ダイムラー・ベンツ社で最も多く利用されているのは住宅建設のための貯蓄であった。

第1次財産形成法は、個別企業レベルでは一定の成果をもたらしていたが、全体としてははかばかしいものではなかった。「数の上では最大で、所得・財産では最低の就業者層としての労働者が、提供された可能性をあまりにもわずかしか利用していないということははなはだ残念である[13]」とポールシュレーダーは嘆いている。その原因としてはいくつかの要因が考えられる。

第1に、財産効果的給付を追加的に労働者に供与する意欲が使用者全体に欠如していた。8％の一括賃率税も意欲を妨げていたと考えられる。

第2に、これまで給付されていたボーナス、クリスマス手当あるいは年度末特別手当などを財産効果的給付に転換するケースがしばしば見られたが、ほとんどの労働者は5年間据置にされるよりも現金で支給されることを希望していた。

第3に、労働組合が個別経済レベルでの財産形成政策にきわめて消極的であった。経営レベルを超えた国民経済レベルにおいて労働者の財産形成が促進されるべきだというのが労働組合の基本的立場であった。

第4に、たとえ財産効果的給付が行なわれていても、多くの場合、「貯蓄プレミアム法」または「住宅建設プレミアム法」によって実施されていた、従来の個別的貯蓄契約がそのまま活用され、さらに新たに追加的な給付が生まれるということはほとんどなかった。

いずれにしても第1次財産形成法は、使用者にも労働者にも大きな誘因を与えることができなかった。

---

(13) Pohlschröder, Klaus: a.a.O., S. 41.

III. 第2次財産形成法(1965年)と第3次財産形成法(1970年)の展開

1. 第2次財産形成法の展開
1—1. 第1次財産形成法の改正

1961年の第1次財産形成法は、いわば叩き台となって、労働者の財産形成をめぐる、その後の論議を展開させていくことになった。新教側からは1962年に「社会的責任ある所有形成」(Eigentumsbildung in sozialer Verantwortung) と題する覚書が提起され、1964年にはカトリック・新教合同で「所有政策への奨め」(Empfelungen zur Eigentumspolitik) が公表された。

とりわけ注目されたのは、土木・建設労働組合 (Industriegewerkschaft Bau, Stein, Erde) 議長のレーバー (Leber, Georg) が1964年に提出した、その後「レーバー・プラン」(Leber-Plan) と呼ばれるようになる財産形成プランであった。これは投資賃金の思考と社会資本形成の思考を融合したプランであった。使用者側は、消費賃金の1.5%を投資賃金として拠出し、これを労使共同で運営する金庫に集積して社会フォンドとし、その資本運用によって得られる利益を労働者に分配するというプランであった。「レーバー・プラン」はきわめて強制的かつ集権的色彩が強いために使用者側ではそれに対する大きな躊躇が見られた。他方、土木・建設産業の使用者側では、労働者側で時間賃金から3ペーニッヒを拠出し、使用者側ではこれにさらに3ペーニッヒを追加し、合わせて6ペーニッヒをもって労働者個人の財産形成的貯蓄を形成しょうとする案が出されていた。しかも、これを労働組合との間の労働協約によって実現しようとしていた。

こうした動向を背景として、連邦政府によって「第2次労働者財産形成促進法案」が議会に提出され、1965年7月に可決された。この「第2次財産形成法」は同年4月1日に遡って実施されることになった。同法が第1次財産形成法の不備・不足を改善・補完するという目標に支えられていたことはいうまでもないが、最も大きな改正点は、財産効果的給付に関して、使用者と労働組合

との間で労働協約を締結する道を労働者財産形成政策に導入したことであった。

1－2. 第2次財産形成法
1－2－1. 労働協約の導入と投資賃金

　第3条第1項において「財産効果的給付は、労働者との契約、経営協定、および労働協約（Tarifvertrag）において協定することができる[14]」としている。第1次財産形成法は、使用者によって提供される給付だけを財産効果的給付と規定していたので、それはあたかも使用者から労働者への一方的な施し物であるかのような印象を与えていた。労働者自らが積極的に賃金の一部を財産効果的に投下する道が開かれるべきだということが強く主張されていたのである。

　ここに、いわゆる「投資賃金」（Investivlohn）の概念が登場することとなった。「投資賃金」をめぐる論争についてはここでは言及しないが[15]、この法律では財産効果的な「投資賃金」それ自体を確保することが強く意識されている。賃金の一部を投資賃金にするかそれとも現金支払いにするかを労働者に選択可能にすることは、使用者には禁止されている（§3 Abs.2）。従来の社会的給付を投資賃金に組入れることはできるが、その場合も現金支払いとの二者択一は許されない（§3 Abs.5）。

　また、第4条によれば、労働者が賃金の一部を財産効果的投資とすることを使用者に申し出た場合、使用者はこの要求を拒否することはできない。必ず協定を締結しなければならない（§4 Abs.1）。ただし、この場合の投資賃金額を月最低10DM、年最低60DMと規定している（§4 Abs.1）。

　以上のように、第2次財産形成法の最も大きな前進は、労働協約による投資賃金への道を開拓したところに見ることができよう。

---

(14) Zweites Gesetz zur Förderung der Vermögensbildung der Arbeitnehmer, §1 Abs. 3.
(15) 「投資賃金」をめぐる論争については、増田正勝、前掲書、255～266頁。

1―2―2. 財産形成促進への誘因の拡大

　使用者および労働者の双方において惹きつけるところがあまりにも少なかったというのが第1次財産形成法の大きな欠陥であった。その点どのような改革が進められたか、以下に列挙しておこう。

①　適用範囲の拡大：助成対象を私企業の被用者に限定していたが、被用者の範囲を広げるとともに（§1）、公務に携わる人々（官吏・裁判官・職業軍人等）にも適用されることとなった（§4 Abs. 1）。

②　財産効果的給付に対して課せられていた8％の一括賃金税と社会保険負担金が完全に撤廃された（§12、§13）。

③　全体ではなくても一定の労働者集団に対して財産効果的給付を支給することが認められていたが、改正法では事業所もしくは事業所部分のすべての労働者に支給することを使用者に義務づけている（§5 Abs. 1）。

④　従業員50人以下の小規模企業については、その財産効果的給付の総額の30％、800DMを限度に所得税・法人税の割引が行われる（§14 Abs. 1）。

⑤　財産効果的給付の限度が312DMであるところは変わらないが、子供数が3人以上の対象者については児童扶助控除（Kinderfreibetrag）が50％引き上げられる（§12 Abs. 1）。

　以上見るように、②の賃金税と社会保険負担金の廃止は最も大きな前進であったが、小規模企業における労働者の財産形成促進を強く意識した④も大いに注目されるところであった。

2. 第3次財産形成法の展開

　1970年6月、第2次財産形成法が改正されて、1970年1月1日より「第3次財産形成法」が施行されることとなった。法的形式の整備および法規の明確化・明細化においていっそう改善が進められたが、全体としては第1次・第2次財産形成法から流れる基本的枠組みを継承している。ここでは大きな改正点だけに触れておく。

① 従来、財産効果的給付について一定の限度内で一括賃金税と社会保険負担金が免除されるという形の優遇措置がとられてきたが、改正法では、一定限度内の財産効果的給付の30％（子供が3人以上では40％）に相当する金額が「労働者貯蓄手当」（Arbeitnehmer-Sparzulage）として国家から支給されるようになった[16]。なお、この「労働者貯蓄手当」は、所得税法上の課税対象収入でもなく、また社会保険および雇用促進法上の収入・報酬でもなく、労働法上の賃金・報酬の構成要素でもない（§12 Abs. 2）。

② 従来、優遇措置の対象となる財産効果的給付の最高限度額は312DM（子供2人以上では50％増の468DM）とされてきたが、この最高限度額が624DM（子供3人以上では40％増の874DM）へ引き上げられた（§12 Abs. 1）。そのことによって第3次財産形成法は「624マルク法」（624DM-Gesetz）と称されるようになった。

③ 優遇措置の適用対象者が所得によって制限されるようになった。すなわち、最高所得限度を24,000DMとし、既婚者の場合その最高合計所得限度を48,000DMとした（§12 Abs. 1）。ここでは、中・下位所得層における財産形成促進が意識されている。

④ 財産効果的給付のカタログの中に生命保険料が含まれるようになった（§2 Abs. 1, f ）。

⑤ 財産効果的給付を支給する、従業員数50人以下の使用者について、これまで800DMを最高限度に30％の所得税・法人税の控除を規定していたが、この限度額が6,000DMに引き上げられた（§14 Abs. 1）。中規模以下の企業における労働者の財産形成をいっそう促進しようとしている。

以上のように、第3次財産形成法に見る大きな変化は、第1に、優遇措置の方法が税負担の免除方式から「労働者貯蓄手当」の支給という奨励金方式に変

---

[16] Drittes Gesetz zur Förderung der Vermögensbildung der Arbeitnehmer, §12 Abs.1.

わったこと、第2に、優遇措置の対象限度額を624DMへ引き上げたこと、第3に、対象者について所得限度を設けたことに見ることができる。

Ⅳ. 第4次財産形成法(1984年)と第5次財産形成法(1990年)の展開

1. 第4次財産形成法の展開

　第3次財産形成法から13年ぶりに労働者財産形成促進法の改正が行なわれ、1984年1月1日をもって新たに第4次財産形成法が施行されることとなった。これと同時に所得税法の一部改正が行われ、両者を合わせて「財産参加法」(Vermögensbeteiligungsgesetz)という新しい呼称が登場する。これを「第1次財産参加法」としてその後次々と改正が加えられていくことになる。

　この1984年1月1日は、「財産政策の歴史において重要な境界石をなしている[17]」といわれている。従来の路線から新しい方向に向けて点轍の切り換えが行われたのである。決定的な変化は以下の3点に見ることができよう。

　第1に、財産形成促進の方向を財産一般ではなく「生産的資本」(Produktivkapital)への参加、すなわち「資本参加」(Kapitalbeteiligung)へ向けることが明確に打ち出されたことである。「財産参加法」という呼称は、この労働者の「資本参加」が財産政策の主役に踊り出たことを象徴している。

　第2には、この動きと反比例する形で、従来、貯蓄プレミアム法や住宅建設プレミアム法などに見られた貨幣的財産形成への比重が大きく後退し、財産形成政策の主役の地位から引き下ろされたことである。

　第3に、労働者の「資本参加」の場が企業レベルにあることを明確に表明したことである。

　70年代においてSPD（社会民主党）・FDP（自由民主党）連合政権は、経営を超えた全体経済レベルにおける財産形成政策を追求し、DGB（ドイツ労働組合総同盟）は依然として社会フォンド方式に固執していた。しかし、やがて

---

(17) Schneider, Hans J.: a.a.O., S. 1.

FDPはSPD構想から離れて、もともとCDU（キリスト教民主同盟）がめざしていた「経営的財産形成」(betriebliche Vermögensgestaltung) の方向へ合流していった。当時の労働大臣ブリューム (Blüm, Nobert) は、「生産的資本への労働者の経営関連的参加が"パイオニア・モデル"の段階から脱け出して一般社会政策関連的な運動へ成長した[18]」と述べている。

1－1. 第4次財産形成法

財産効果的給付の6年間の据置期間、出資形態についての労働者の自由選択制、独身者24,000DM、既婚者48,000DMという労働者の所得限度額など、財産形成助成の前提条件は、第3次財産形成法と変わっていない。ただ大きな変更点を挙げるとすれば、子供1人について1,800DMの所得限度の引き上げを行ったことであろう[19]。

第4次財産形成法が財産形成政策における大きな転換点となっていることについてはすでに指摘したところである。雇用されている企業の生産財への参加、すなわち資本参加へ向けて財産形成政策の重点を大きく移したのである。以下では、この点に焦点を合わせて第4次財産形成法の概要を見ていこう。

1－1－1. 資本参加形態の拡大

財産効果的給付の投入先について、一般的な貯蓄型以外の投資型の出資形態として以下のものが挙げられている。

① 株式（§2 Abs. 1, b, 1）。

② 使用者に対する貸付債権 (Darlehensforderung)（§2 Abs. 1, e, 3）。

③ 鉱業権持分 (Kux)・転換社債・利益配当証券 (Gewinnschuldverschreibung)（§2 Abs. 1, b, 2）。

④ 協同組合 (Genossenschaft) における事業資産 (Geschäftsguthaben)（§2

---

(18) Blüm, Norbert: Vorwort, in; Schneider, Hans J./Müller-Vogg, Hugo: *Mitarbeiter-Beteiligung in der Praxis*, Wilfer 1985, S.1.

(19) Viertes Gesetz zur Förderung der Vermögensbildung der Arbeitnehmer, §12 Abs.1.

Abs. 1, e, 1)。

⑤ 雇用されている企業の受益権 (Genußrecht) (§2 Abs. 1, e, 4)。

⑥ 受益証券 (Genußschein) (§2 Abs. 1, b, 7)。

⑦ 匿名社員 (stille Gesellschafter) としての参加 (§2 Abs. 1, e, 2)。

以上の中で①②は従来すでに規定されてきたものであるが、③から⑦までは新たに付け加えられたものである。資本参加形態のカタログが大きく拡張されている。

1―1―2. 助成枠の拡大と資本参加への傾斜

まず、国家によって支給される労働者貯蓄手当の枠が624DMから936DMへ引き上げられた。すなわち、312DMの増額が行われたわけである。

ところが、624DMを超える、この312DMの増額分は、以下の場合においてのみ財産効果的給付として認められる (§12 Abs. 2)。すなわち、先に挙げた七つの出資形態に、投資会社によって発行された、有価証券特別財産の持分証券 (Anteilschein an einem Wertpapier-Sondervemögen) を加えて、八つの出資形態のどれかに投入されなければならないのである。第4次財産形成法は「936マルク法」(936DM-Gesetz) とも称されているが、内実は資本参加の促進が主たる目的となっていた。

さらに、上述の八つの出資形態に加えて、住宅取得・建設のための費用 (§2 Abs. 1, c, d) のどれかについて財産効果的給付が投入されると、その23％が労働者貯蓄手当として国家から助成される (§12 Abs. 3, a)。それ以外の場合であると[20]、助成率は16％となる (§12 Abs. 3, b)。また、前者の場合、子供数が3人以上であると、助成率は33％となり、後者の場合では26％となる。すなわち、住宅建設関連は別として、助成率に大きく格差をつけることによって、労働者の資本参加を積極的に推進しようとする政策意図が明瞭に打ち出さ

---

[20] 以下のような場合である。①貯蓄プレミアム法による貯蓄手当、②連邦・州・地方自治体によって発行された確定利子つき債権・年金債権の取得、③連邦・州・地方自治体によって発行された確定利子つき借款債権。

れたのである。

1－2. 所得税法の一部改正

連邦政府は、財産形成法の改正と並行して、所得税法の一部改正を行った。改正の趣旨は、第4次財産形成法と同じように、労働者の資本参加の促進にあった。新たに付け加えられた第19条a項がそれである[21]。第4次財産形成法における資本参加形態として先に八つの出資形態を挙げたが、それらが所得税法上の優遇措置を受けるものである。

前提条件は、①その労働者が当該企業と勤務関係（Dienstverhältnis）にあること、②その企業が上にあげた八つの財産参加のいずれかを労働者に無償で、あるいは割引いて譲渡すること、③財産参加に6年間の据置期間があること、である。

この場合、労働者には当然利益が生じる。その差益が財産参加価値の半分以下で、しかも300DMを超えない限りで、その差益分は課税対象から外される。つまり、免税措置が講じられるのである。

第4次財産形成法では、助成対象者に所得制限を設けていたが、この所得税法一部改正ではそのような所得制限は規定されていない。所得階層に関わりなく勤労者一般の資本参加を積極的に推進しようとする政策意図が反映されている。

1－3. 第1次財産参加法の効果
1－3－1. 労働者に対する誘因

ある企業が、労働者が312DMを拠出することを前提に、600DMの額面価額の匿名社員持分を労働者に譲渡する場合を想定してみよう。この場合、288DMが労働者の差益となる。この額は、財産効果的給付600DMの半分以

---

(21) "§19 a Überlassung von Vermögensbeteiligungen an Arbeitnehmer", in: Einkommensteuerungsgesetz.（BGBl.lS. 1583）

下であり、また 300DM を超えないので、所得税法によって所得税が免除される。労働者の年間所得が財産形成法によって規定された所得限度内であれば、労働者の実際の自己給付額は以下のようになる。

　　　ⓐ 労働者の自己給付額　　　　　312.00DM
　　　ⓑ 支給される労働者貯蓄手当　　 71.80DM（ⓐ×23％）
　　　ⓒ 実際の自己給付額　　　　　　240.20DM（ⓐ−ⓑ）

　額面価額 600DM については年 4％の利子がつくと仮定すると、1 年間の利子は 24.00DM となり、自己給付額 240.20DM の収益率は 10％となる。

　労働者に譲渡された匿名社員持分が 6 年間の据置期間を経過した時点で償還されるとすると、この 6 年間の収益と収益率は以下のようになる。

　　　ⓓ 6 年間の収益総額　　　　　　144.00DM（24DM × 6）
　　　ⓔ 償還される額面価額　　　　　600.00DM
　　　ⓕ 6 年間の財産増加総額　　　　503.80DM（ⓓ+ⓔ−ⓒ）
　　　ⓖ 各年における財産増加額　　　 83.97DM（ⓕ÷6）

　したがって、資本参加による収益率は、年 34.87％（ⓖ÷ⓒ）となる。同じ 240.20DM を拠出しても、資本参加をする場合は、そうでない場合と比較して 3.4 倍の収益があることになる。労働者に対してきわめて大きい誘因が生み出されている。

1—3—2. 企業に対する誘因

　資本参加は、労働者の企業への帰属意識の向上、職務へのモチベーションの向上など精神的な効果をもたらすと考えられるが、ここでは物的な効果についてのみ考察する。

1）資金調達効果

　従業員数 100 人のある有限会社が税引き前利益 100 万 DM を内部留保に回したいとする。ところがこの利益については 65％の事業税・法人所得税が課税される。したがって、実際に内部留保できるのは残りの 35 万 DM だけである。

他方、匿名社員の形で資本参加することを労働者に提案するとする。労働者に対する誘因についてのケースと同じく、600DMの匿名社員持分のうち312DMを労働者が、288DMを企業側が拠出すると仮定すると、600DMの資金が形成される。この場合、財産形成法と所得税法第19条a項の適用を受けるので、企業側の出資分には65%の事業税・法人所得税は免除される。ところが288DMをそのまま内部留保すると、税引き後には101DMしか内部留保できない。しかし、労働者の資本参加を利用すると、その5.94倍も有利に資金調達ができることになる。

労働者の利潤参加と資本参加を結びつけて企業の資金調達方法に活用した最も典型的なケースは、第5章で取り上げたベルテルスマン社における経営パートナーシャフトの実践に見られる。労働者の資本参加を企業の財務政策に利用する道は、財産参加法が企業にもたらす最も大きなメリットとしてしばしば強調されている[22]。

2) コスト節減効果

例えば、匿名社員持分を額面価額よりも割り引いて労働者に譲渡する場合、その割引き分は費用を構成するので、その分だけ収益が減少し、節税効果が生まれる。また、労働者の資本参加の結果、他人資本に対する依存度が減少し、それだけ利子支払いを節約できる。

前と同じケースを想定する。額面価額600DMについて、労働者の拠出が312DMとすると、割引額は288DMであるが、労働者の資本参加がないと、これに65%の税金がかかってくる。したがって、資本参加によって187.20DMだけ節税効果が生まれてくる。

他方、600DMだけ他人資本から解放されるとする。他人資本の利子が7.5%だとすると、年に45DMの利子支払が生じる。ところが600DMの資本参加に4%の利子を支払っているとすれば、利子支払は24DMであるから、21DMだ

---

(22) Drechsler, Wolfgang/ Wansleben, Martin: *Mitarbeiter-Beteiligung in Unternehmen*, Frankfurt a.M. 1986, S. 16ff.

け利子支払コストが節約できることになる。6年間の節約分は126DMになるので、割引額のほぼ半分が取り戻せる計算になる。

　労働者の資本参加を導入すると、いろいろな間接的なコストが発生する。新しい制度の導入について衆知徹底させるために必要なさまざまのコスト、制度運用のための多様な手続きコストなどが生まれる。ここでは、直接的なコスト節約効果だけを指摘するに止める。

1—4. 資本参加の進展

　「第1次財産参加法」が施行された1984年、連邦政府は、財産形成促進のために5億DMの予算を計上した。しかし、実際に消化されたのはそのうちの2,000万DMだけであった。予算のわずか4％が利用されたにすぎない。

　第4次財産形成法と所得税法一部改正が合体された「第1次財産参加法」が期待されたほどの効果を生まなかったことの背景には、いろいろな要因が考えられる[23]。

　まず、1984年当時、前年から労働時間短縮の問題が労使交渉の最大のテーマとなっており、まだ決着がついておらず、労使双方共この新しい財産参加法に関心が向けられていなかったということが挙げられよう。したがって、労働協約によって労働者の資本参加を締結した企業数もあまり伸びなかった。

　また、労働組合側は、これまでと同じく、個別企業レベルでの労働者の財産形成ではなく、経営を超えたレベルでの社会フォンドの構築による財産形成促進に強く固執していた。他方、企業者側には依然として、労働者の資本参加が新たな共同決定への道を準備することになるのではないかという、潜在的な危惧があった。それに加えて、労働者の資本参加はきわめて煩雑な実務を要求することも、企業者の意欲を大きく阻害している原因のひとつであった。

　それでも労働者の資本参加を実施する企業は徐々に増えていった。「第1次

---

(23) Guski, Hans-Günter/ Schneider, Hans J.: *Betriebliche Vermögensbildung in der Bundesrepublik Deutschland. Eine Bestandsaufnahme*, Köln 1986, S. 22.

財産参加法」施行以前において労働者の資本参加を実践していた企業はおよそ800社であったが、1986年には1,353社となっている。そして、1988年でおよそ1500社に増えている[24]。1984年以前においてはどちらかといえば中規模企業を中心にして労働者の資本参加が進められてきたが、「第1次財産参加法」をきっかけに大規模企業においても資本参加の実践が見られるようになった[25]。

しかしながら、労働者財産形成政策の大きな転換点といわれた「第4次財産形成法」は、期待されたほどの成果を残すことができなかった。これにはいろいろな要因が考えられるが、シュナイダーは以下のようなことを指摘している[26]。

第1に、現金貯蓄型の財産形成から生産資本における財産形成へと大きく進路を転換したものの、労働者の財産形成予算は全体としては削減されており、財産形成戦略よりも財政政策的配慮が優先されている。

第2に、財産形成法の頻繁な改正とそれに伴う安定性の欠如が多くの企業に信頼できるモデル形成を断念させている。

第3に、財産形成法に基づいて形成される資本参加モデルの管理には依然として大きな労力が要求されている。改正法では、労働者貯蓄手当の申請に際して財務省の認可を受けるという新しいテクニックが開発されているが、これも企業の負担を軽減するには至っていない。

第4に、財産参加法は労使双方に対して新しい可能性を内包しているにもかかわらず、連邦政府はそのことを十分に理解していない。それは、ひとつには財産参加法がきわめて複雑にできていることであり、いまひとつには連邦政府による広報活動が十分に展開されていないということである。

---

(24) Schneider, Hans J.: Aktuelle Situation der Mitarbeiter-Kapitalbeteiligung, in; *Partnerschaft: Pionierleistung und Kontinuität 1988/89. Eine Dokumentation der AGP*, hrsg. von Michael Lezius, Osterholz-Scharmbeck 1989, S. 11.

(25) Schneider, Hans J./ Müller-Vogg, Hugo: *Mitarbeiterbeteiligung in der Praxis*, Spardorf 1985, S. 14.

(26) Schneider, Hans J.: Aktuelle Situation der Mitarbeiter-Kapitalbeteiligung, in; a.a.O., S. 13-14.

V. 第5次財産形成法（1990年）以降の展開

　第4次財産形成法の改正が行われて、1990年1月1日より第5次財産形成法が施行された。所得税法にも一部改正が加えられた。これらを合わせて「第2次財産参加法」といわれている。特記すべきことは、この第2次財産参加法が、東西ドイツの統合に伴って、1991年1月1日をもって旧東ドイツの五つの州にも適用されるようになったことである。

　その後、1998年9月1日に法改正が行われ、1999年1月1日より「第3次財産参加法」が施行された。この間、1994年、1997年にも第5次財産形成法に一部改正が施されている。また、この第3次財産参加法にも2000年、2001年、2003年と部分的な改正が行われている。さらにその後も労働者財産形成法の一部改正が加えられているが、これまでのところ「第6次財産形成法」といわれるものは制定されていない。ここでは、2003年までの展開を概観する。

1. 第2次財産参加法（1990年）

　まず、優遇措置の対象となる財産効果的給付の最高限度額が従来の936DMから1,436DMへ引き上げられた。「936マルク法」が「1,436マルク法」になったわけであるが、今のところこのような呼称はほとんど使われていない。同時に所得税法第19条a項の改正が行われ、使用者が何らかの財産参加価値を労働者に譲渡した場合に生じる差益の課税控除額が300DMから500DMへ引き上げられた。

　上述の1,436DMのうち、生産的資本へ投下される500DMについてはその20％が、単なる貨幣的貯蓄へ向かう残りの936DMについてはその10％が、国家の助成金、すなわち労働者貯蓄手当（Arbeitnehmer-Sparzulage）として支給される。1984年の第4次財産形成法では前者が23％、後者が16％であったから、この改正によってますます助成が資本参加に傾斜するようになった。しかし、前者に対する後者の比率が70％から50％へ後退している。シュヴェッツ

ラーは、「一定の出資形態である貨幣財産に対する助成の撤回こそが最も重要な改正点であることは明らかである[27]」とこれを評している。もっとも住宅建設貯蓄の助成が廃止されたわけではないので、これはやや過剰な反応ともとれるが、労働者の財産形成政策が資本参加を促進する方向へますます大きく傾斜していることは否定できない[28]。

さらに助成対象者の年間最高所得限度額が、従来の単身者 24,000DM、既婚者 48,000DM から単身者 27,000DM、既婚者 54,000DM へ引き上げられた。

2. 第3次財産参加法（1999年）

1999年1月1日に「第3次財産参加法」が施行されたが、以下では、2003年現在の第5次財産形成法の法規によっていくつかの改正点を見ていく。

財産形成政策的優遇措置の対象となる財産効果的給付の最高限度額が 1,436DM からさらに 1,736DM へ引き上げられた。そのうち 800DM が資本参加に投下されるとその 20％が労働者貯蓄手当として国家から助成される。残りの 936DM については助成割合は 10％となる。この割合は第2次財産参加法と変わっていない。

所得税法第19条a項も改正され、資本参加によって生じる労働者の差益に対する課税控除額が 500DM から 1,000DM へ引き上げられた。これは2倍の引き上げであるからきわめて大きい。ここにも助成の資本参加へのますますの傾斜が如実に示されている。

助成を受ける労働者の所得限度については、単身者は 27,000DM から 35,000DM へ、既婚者は 54,000DM から 70,000DM へ引き上げが行われている。

その後、2003年にはかなり大きな改正が行われた。まず、優遇される財産効果的給付の最高限度額をこれまでのように総額で示さずに、資本参加と貨幣

---

(27) Schwetzler, Bernhard: Der finanzielle Effekt ist es nicht, es ist der Geist der Partnerschaft, in; *Arbeitgeber*, 15/24, 1990, S. 600.

(28) Heil, A.Heinrike/Kleinbeck, Uwe/Lezius, Michael: *Partnerschaftsmanagement in unternehmerischen Partnerschaften*, Kassel 1992, S. 92.

的貯蓄に分けて別々に、前者を400EUR、後者を470EURとしている。そして、助成割合は、前者を18％、後者を9％としている[29]。それぞれ20％を18％へ、10％を9％へ切り下げたことになる。労働者の財産形成への財政支出がそれだけ削減されている。

労働者貯蓄手当を受けるための所得制限は、単身者17,900EUR、既婚者は35,800EURとなっている（§13 Abs. 1）。

その他で注目されるのは、2003年現在の第5次財産形成法では、それぞれ条項に表題がつけられるとともに、その条項の改正年月日が表題のあとに明記されていることである。法律の内容自体は一読して容易に理解できるというにはほど遠いものがあるが、少なくとも表題がつけられたことによってこれまでよりもなじみやすいものになっている。例えば、第12条では「出資の選択の自由」（Freie Wahl der Anlage）という表題がつけられている。そのことによって、この法律が強制法ではなく、あくまでも労働者、使用者、労働協約当事者のそれぞれの同意に基づくものであるという、財産形成法のもともとの趣旨が明確に表現されている。また、第11条では「賃金の一部の財産効果的出資」（Vermönswirksame Anlage von Teilen des Arbeitslohns）という表題の下で、すでに第2次財産形成法以来含まれるようになった「投資賃金」の概念を明示している。

Ⅵ. 労働者財産形成法の展開と経営パートナーシャフト

1999年1月1日現在、何らかの形で労働者の資本参加を実施している企業はおよそ2,700社で、その内訳は表7-1のようになっている。企業数による順位では、①匿名社員参加、②従業員貸付、③従業員株式、となっているが、従業員数では、①従業員株式、②匿名社員貸付、③受益証券、資本金額では、①従業員株式、②従業員貸付、③匿名社員参加・間接参加、となっている。参加

---

[29] Fünftes Gesetz zur Förderung der Vermögensbildung der Arbeitnehmer, §13 Abs.2.

表7-1 参加形態別の資本参加の概要 (1999年1月1日現在)

(単位：百万DM)

参加形態	企業数（％）	従業員数（％）	資本金額（％）
従業員貸付（Darlehen）	500（18.5）	100,000（4.3）	800（3.2）
匿名社員参加（Stille Beteiligung）	650（24.1）	200,000（8.7）	355（1.4）
間接参加（Indirekte Beteiligung）	400（14.8）	80,000（3.5）	345（1.4）
受益証券（Genußschein）	300（11.1）	100,000（4.3）	1,500（6.0）
従業員株式（Belegschaftsaktien）	400（14.8）	1,800,000（78.3）	21,900（87.6）
協同組合員（Genossenschaftsanteil）	300（11.1）	15,000（0.7）	45（0.2）
有限会社社員（GmbH-Beteiligung）	150（5.6）	5,000（0.2）	50（0.2）
総　計	2,700（100）	2,300,000（100）	24,995（100）

Quelle: AGP/GIZ・Stand: 1.1.1999 (in; *Betriebliche Beteiligung am Produktivvermögen,* hrsg. von Deutsche Angestellten-Gewerkschaft, Hamburg 1999, S.26.)

している従業員数および資本金額では「従業員株式」が突出している。

ところで、資本参加を実施している、これらの2,700社がそのままパートナーシャフト企業となるわけではない。それらの企業が実際に経営パートナーシャフトを実践しているかどうかは、経営パートナーシャフトの理念に照らして判断していかなければならない。

戦後西ドイツにおける経営パートナーシャフトの中心的な推進者は、1950年に創設され、それ以来経営パートナーシャフトの啓蒙・促進に一貫して取り組んできた「パートナーシャフト協会」(AGP)であった。1950年のAGP定款では経営パートナーシャフトは以下のように定義されている。

「経営パートナーシャフトとは、企業経営者と従業員との間で締結された協定によって確定された協働の形態であり、人間間の関係の恒常的な育成に努めながら、協力と共同責任および経営成果への物的参加を内容とするものである。」

この「パートナーシャフト協会」(AGP)の創設者の一人であったシュピンドラーは、1954年に次のように定義している。

「パートナーシャフトは、経営内的に確定された、企業経営者と従業員との間の協働の形態であり、そこでは、人間間の関係の恒常的な育成とともに、協力と共同責任、ならびに従業員の経営成果への物的参加が契約的に協定される[30]。」

いずれも経営パートナーシャフトの不可欠の構成要素として従業員の経営成果への参加を挙げている。ところが、AGP創設時の定款は、1972年に次のように改定された。

「経営パートナーシャフトとは、企業経営者と従業員との間の、契約によって協定された協働（Zusammenarbeit）の形態である。それは、すべての参加者に最高度の自己啓発（Selbstentfaltung）を可能にし、さまざまの協力（Mitwirkung）により、また適切な共同責任（Mitverantwortung）を伴った共同決定（Mitbestimmung）によって、労働疎外（Fremdbestimmung）を克服しようとするものである。このパートナーシャフトの不可欠の構成要素は、共同で獲得した成果に、または企業の資本に、あるいはこの両者に従業員が参加することである。」

1972年に至って、経営成果への参加以外に従業員の資本参加が加わっている。労働者財産形成政策においてその重要な方向として、労働者の資本参加、すなわち生産的資本への参加が登場してくるのは、1984年の「第4次財産形成法」からであるから、この定款を見るかぎり「パートナーシャフト協会」（AGP）はそのずっと先を進んでいたように思われる。しかしながら、ガウグラーによれば、AGPの創設当初、「パートナーシャフト運動の主導者たちの間では、従業員の経営的"所有参加"（Miteigentum）──1950年代において資本参加ないし財産参加はこう称されていた──は、総じてパートナーシャフト構想の本質的要素としては考えられていなかった[31]」という。

---

[30] Spindler, Gert P.: *Partnerschaft statt Klassenkampf. Zwei Jahre Mitunternehmertum in der Praxis*, Stuttgart/Köln 1954, S. 78.

[31] [32] Gaugler, Eduard: Drei Jahrzehnte AGP, in; *Menschen machen Wirtschaft*, hrsg. von M.Lezius, Grafenau, 1982, S. 40.

1950年当時、西ドイツはまだ経済復興の過程にあり、低水準の賃金をいかに引き上げるかが最大の課題であった。経営パートナーシャフトを導入している企業の中にすでに従業員の資本参加を実践している企業があったとしても、むしろ例外的な存在であった。その後、奇跡の経済復興を果たし、賃金水準と生活水準が向上するに伴って、労働者の財産形成政策のカタログに賃金の投資的利用、さらに生産的資本への参加を組み入れる余地が生まれてきたのである。1972年のAGPの定款改訂は、この20年間の経済成長と労働者財産形成政策の展開を背景として行われたものであり、この改訂によって、「財産形成思考は、パートナーシャフト経営の領域では大きく自己理解へと成長し、雇用されている企業への従業員の資本的参加は、パートナーシャフト的目標の実現にとってとくに適切な手段と見なされるようになった[32]」のである。

　「パートナーシャフト協会」(AGP) 自体の行動は、ガウグラーの指摘する通りであったであろうが、労働者の財産形成の問題それ自体は、経営パートナーシャフトの実践において始めから強く意識されていた。シュピンドラーは、その著『階級闘争に代ってパートナーシャフトを―共同企業者制度実践の2年』(1954年) において次のように述べている。「包括的かつ連邦統一的な大綱的立法によって、労働者が所有参加を通して、資本と労働の真の成果達成共同体 (Errungenschaftsgemeinschaft) の成果としての新たな財産に参加できる可能性が生み出されなければならない。現行の経済法・商法を改正して、簡潔で明確に理解可能な所有参加法規が形成されなければならない。税法にも所有参加形成の税優遇の意味における適切な適用規定が盛り込まれるべきである[33]」と。

　シュピンドラー自身は財産形成法の立法や改正に直接関わった形跡はないが、彼の問題意識は経営パートナーシャフトの唱導者たちによって受け継がれていく。"ピエロト・モデル"といわれる経営パートナーシャフトを導入した、ピエロト社のエルマール・ピエロト (Pieroth, Elmar) は、1965年に連邦議会議員に選出されて以降、「CDUの財産政策的代弁者[34]」として、従業員参加

---

(33) Spindler, Gert P.: a.a.O., S. 82-82.

と労働者財産形成の問題について連邦議会において積極的な活動を展開した。ファルトゥルハウザーは、「生産的資本の分配に対する"異議申し立て"行動としての経営的従業員参加は、"ピエロト・モデル"をもってその最も卓越した代表者を見出す[35]」と述べている。エルマールは、財産分配の不公正の是正と労働者の資本参加の実現を目標にして、自らの企業において"ピエロト・モデル"の展開を試みるとともに、CDU議員として労働者財産形成法の発展に寄与した。連邦議会内に設置された"財産"ワーキング・グループの議長としても活躍した。

"グリューンベック・モデル"を展開した、グリューンベック社のヨーゼフ・グリューンベック（Grünbeck, Josef）も、1983年から1994年まで4期にわたって連邦議会議員に選出され、この間、FDP議員としてとりわけ労働者財産形成法の改革・改正に大きな努力を傾注した。「第4次財産形成法」は、CDU/CSU連合政権の下で制定されるが、労働者の生産的資本への参加という道は、すでに"グリューンベック・モデル"の第3段階において実現されており、法制化に先立ってそこでは資本参加のモデルが展開されていた。ファルトゥルハウザーは、「グリューンベック氏がこれまで氏の企業において実践してきた道がきわめて適切であることが明らかとなった[36]」と述べている。ガウグラーも同じような評価を加えている。「ヨーゼフ・グリューンベックは、バイエルン州および連邦議会において労働者の財産形成の促進に大きな影響を与えてきた。自己の企業における経験の基礎が、彼の政党、連邦議会、多くの団体や組織、またメディアや世論における活動を支えてきた。とりわけ第4次財

---

(34) Faltlhauser, Kurt: *Miteigentum. Das "Pieroth-Modell" in der Praxis*, Düsseldorf/Wien 1971, S. 129.

(35) Faltlhauser, Kurt: Der Pieroth Modell der Mitarbeiterbeteiligung der Firma Weingut Ferdinand Pieroth Weinkellerei GmbH, in; *Die Beteiligung von Mitarbeiter. Unternehmer stellen vor , wie iher Mitarbeiter zu Mitunternehmern wurden. Zwölf Praxisbeispiele mit einer Einleitung von Prof. Dr. Guido Fischer*, Herne 1973, S. 79.

(36) Faltlhauser, Kurt: Diskussionsbeitrag, in; *Partnerschaft: Widrige Wind 1984/85. Eine Dokumentation der AGP*, S. 23.

産形成法(財産参加法)の成立に際して、彼の貢献はきわめて有効であった[37]」と。

　戦後西ドイツにおける経営パートナーシャフトの発展過程をふり返って見ると、当初は一般社会政策としての労働者財産形成政策と「パートナーシャフト協会」(AGP)の提唱する経営パートナーシャフトはそれぞれ別個の道を歩いているが、やがて個別企業レベルにおける労働者の資本参加という方向で二つの道は合流してくる。シュピンドラーがすでにこのような方向を示唆していたが、エルマール・ピエロトやヨーゼフ・グリューンベックの努力が「第4次財産形成法」の成立につながっていく。そして、この「第4次財産形成法」によって示された転換点を軸にして、「パートナーシャフト協会」(AGP)は、経営パートナーシャフトのいっそうの普及・促進に努めていく。全体として見ると、労働者財産形成法と経営パートナーシャフトは、個別企業レベルにおける労働者の生産的資本への参加、すなわち労働者の資本参加という同じ方向をめざして歩いてきたといえるだろう。

Ⅶ. 結　論

　以上において、1961年の「第1次財産形成法」から2003年現在の「第5次財産形成法」に至るまでのおよそ40年間にわたる労働者財産形成法の展開を概観するとともに、それが経営パートナーシャフトとどう結びついてきたかを考察してきた。1984年の「第4次財産形成法」以降、労働者財産形成法の重点が労働者の資本参加へ決定的に移ってきたことを見てきたが、これまでのところそれによって驚くほどの成果がもたらされたとはいえない。表7-1に見たように、1999年1月現在、何らかの形で労働者の資本参加を導入している企業はおよそ2,700社で、これは導入可能な企業のわずか2％を占めているに

---

(37) Gaugler, Eduard: Laudatio, in; *Partnerschaft: Widrige Wind 1984/85. Eine Dokumentation der AGP*, S. 32.

表7-2　従業員参加（Mitarbeiterbeteiligung）の国際比較[注1]

(%)

調査年	1996年（注2）			1999年／2000年（注3）		
調査対象	従業員数50人以上の経営			従業員数200人以上の経営（従業員の50％以上が参加している）		
参加形態	利潤参加	株式参加	全体	利潤参加	株式参加	全体
ベルギー	―	―	―	10	11	20
デンマーク	10	6	15	8	15	21
ドイツ	13	4	16	19	10	25
フィンランド	―	―	―	28	15	38
フランス	57	7	58	82	20	84
ギリシャ	―	―	―	7	7	14
英国	40	23	51	30	30	48
アイルランド	8	4	11	23	15	36
イタリア	5	3	7	7	2	9
オランダ	14	4	17	56	22	60
オーストリア	―	―	―	28	3	28
ポルトガル	7	2	9	17	2	18
スウェーデン	20	2	21	19	13	28
スペイン	8	10	16	13	6	18

（注1）Schnabel, Claus: Mitarbeiterbeteiligung ― ein guter Weg zu höherer Produktivität und Flexibilität, in; *Sozialer Fortschritt*, 4/2004, S.84, より引用。
（注2）E. Poutsma の調査結果。(Poutsma, E.: *Recent trends in employee finacial participation in the European Union*, Luxemburg 2001.)
（注3）Pendleton らの調査結果。(Pendleton, A./Poutsma, E./van Ommeren/Brewster, C.: *Employee Share Ownership and Profit Sharing in the European Union*, Luxemburg 2001.)

すぎない。

　表7-2は、EU諸国における利潤参加と株式参加について国際比較を試みたものである。従業員参加の形態および内容、またそれを取り囲む法的環境はそれぞれ国によって異なっているので、単純に比較することには慎重であらねば

ならないが、表7-2を見るかぎり、14カ国の中でドイツは、1996年のポウツマの調査では第5位、1999年／2000年のペンドゥレトンらの調査では第7位となっている。1位のフランス、2位の英国と比較すると利潤参加・株式参加の普及が著しく立ち遅れている。

このような立ち遅れの原因については、すでに本章においてもいくつかの考察を加えてきたが、シュナーベルは以下のことを強調している。すなわち、「ドイツでは利潤参加に対する法的な刺激がまったく存在せず、資本参加（財産参加法による）についても労働者および企業に対してきわめてわずかの優遇措置が講じられているにすぎない。さらにもうひとつのより重要な原因は、労働組合と使用者に伝統的な懐疑が広く見られることである[38]」と。

これと全く同じような指摘をすでに1980年 *Frankfurter Allgemeine Zeitung* が行っている。「産業界も財産形成を妨害している」(Auch Industrie blockiert die Vermögensbildung) という見出しに「モーン：労働組合のせいだけではない。従業員参加のチャンスが利用されていない」(Mohn: Nicht nur Gewerkschaften schuld/Chancen der Mitarbeiterbeteiligung nicht genutzt) というサブタイトルがつけられている。ベルテルスマン社の最高経営責任者のラインハルト・モーンがAGPの年次大会でそのことについて述べたことが記事として紹介されている。「石油や資本の不足がわれわれの問題なのではない。ドイツの経済においてあまりにもしばしば不足しているのは、必要とされる力の投入と創造性の発揮である[39]。」経営パートナーシャフトによってそれが得られるのに、産業界は認識不足である、というのがモーンの主張であった。

労働者財産形成法に対する労働組合の見解については本章においてもすでに言及してきたが、さらに次章においても考察する予定である。企業者側では、労働者の資本参加に疑念や懐疑があったとしても、労働組合のようにこれを原

---

(38) Schnabel, Claus: Mitarbeiterbeteiligung — ein guter Weg zu höherer Produktivität und Flexibilität, in; *Sozialer Fortschritt*, 4/2004, S.84.

(39) „Auch Industrie blockiert die Vermögensbildung", in; *Frankfurter Allgemeine Zeitung*, Samstag, 29. November 1980, S. 13.

則的に否定するという姿勢は見られない。それにもかかわらずネガティブな態度を変えようとしない。それは何故であろうか。おそらく最も根本的なところで企業観の相違がそのような態度へ導いていきたと考えられる。経営パートナーシャフト思考の根底にある企業観は、人間中心主義的企業観あるいは人間志向的企業観である。しかし、多くの企業は依然として伝統的な資本中心主義的企業観ないし資本志向的企業観に強く囚われたままである。そこから離脱しない限り経営パートナーシャフトへ近づくことはできないであろう。

　労働者財産形成法の展開がそれに寄せられてきた大きな期待に十分応えることができていないとしても、経営パートナーシャフトの唱導者たちの目から見れば、この40年余りの労働者財産形成法の歩みは十二分に実りあるものであったといえよう。「第4次財産形成法」以降、個別企業における労働者の資本参加について特別の法的支援を受けることができるようになったことは、大いに評価されなければならない。他方、資本参加の法的環境が整備されてきたにもかかわらず経営パートナーシャフトの進展が思わしくないとすれば、経営パートナーシャフトの物的基礎だけではなくその精神的基礎が改めて問われなければならない。経営パートナーシャフトの精神的基礎を構築していくことは、その物的基礎の形成よりもはるかに困難な課題であるからである。

第8章　労働組合と経営パートナーシャフト

I. 序　　論

　19世紀後半すでにドイツにおいて労働者の利潤参加が提唱され、それをめぐって論議が展開されるとともに、単発的ではあるが利潤参加を実践する企業も生まれていた。1874年の社会政策学会では講壇社会主義者のシュモーラー（Schmoller, Gustav）やヴァーグナー（Wagner, Adolf）が労働者の利潤参加を労働者問題解決の一施策として主張していた。利潤参加の実践例としては、立憲的工場制度を導入したフレーゼ（Freese, Heinrich）[1]やツァイス財団を創設したアッベ（Abbe, Ernst）[2]の経営政策がよく知られていたが、それらはモデルとして普及することはなくユニークな個別的経営政策に止まった。第1次世界大戦後ワイマール期に入ると、労働者の利潤参加は、社会化に対する防御策として、また生産性向上や資本調達の手段として、あるいは経営における社会的緊張の緩和策として盛んに論議されたが、ほとんど実践的成果をもたらすことなく、大恐慌の時代を経てナチスの支配体制の前に姿を消してしまった。

　利潤参加制度の本格的な展開は第2次世界大戦の終了を待たねばならなかっ

（1）　フレーゼの立憲的工場制度については、永田誠『フレーゼの立憲的工場制度』（大阪府立大学経済研究叢書、第64冊、1986年）。
（2）　アッベの経営政策については、市原季一『ドイツ経営政策』(1957年)「第1章　エルンスト・アッベの経営政策」、野藤忠『ツァイス経営史』(1980年)。

た。戦後しばらく労働者の共同決定の問題が最も焦眉の的となっていた間、労働者の利潤参加の問題はその背後に置かれたままであったが、1951年に「モンタン共同決定法」が成立するあたりから広く社会的論議を呼び起し、これに関して数多くの雑誌記事や論文・研究書が書かれるようになった。その背景には、1950年前後から何らかの形で利潤参加を導入する企業が急速に増えていったという事情があった。その中にはケルンのフォード社（Ford-Werke）やジーメンス社（Siemens）のようによく知られた企業も含まれていたが、とりわけ二つの企業が利潤参加の普及に大きな先導的・模範的役割を果たした。

ひとつは、すでに1946年に成果賃金（Ergebnislohn）制度を導入していたドゥイスブルク銅精錬会社（Duisburger Kupferhütte）のクッス（Kuß, Ernst）の経営政策[3]であり、いまひとつは、すでに本書の第1章において取り上げたところであるが、1951年に共同企業者制度（Mitunternehmertum）を実践に移したシュピンドラー（Spindler, Gert P.）の経営政策[4]であった。クッスは、経営を資本と労働の給付共同体（Leistungsgemeinschaft）として捉え、経営協議会による経営参加を進めるとともに利潤の一部を成果賃金として分配する政策を展開した。シュピンドラーも経営を資本提供者・経営者・労働者の三者から成る成果達成共同体（Errungenschaftsgemeinschaft）として理解し、経営成果と資産増加に労働者が参加する"シュピンドラー・モデル"を提唱しこれを実践に移した。クッスの経営政策もシュピンドラーの経営政策もやがて姿を消していく運命にあったが、シュピンドラーは、「パートナーシャフト協会」（AGP）の創設に指導的役割を果たすことによって、今日までなお連綿とその影響力を残している。

第2次世界大戦後ドイツにおいて労働者の利潤参加が急速に広まったとはい

---

(3) クッスの経営政策については、市原季一『ドイツ経営政策』(1957年)、「第4章　エルンスト・クッスの経営政策」。
(4) シュピンドラーの経営政策については、市原季一『ドイツ経営政策』(1957年)「第3章　ゲルト・シュピンドラーの経営政策」、増田正勝「パウル・シュピンドラー・ヴェルク社の経営パートナーシャフト」『広島経済大学経済研究論集』(第29巻第4号、2007年3月)。

え、ほとんどの企業者や使用者団体はこれに批判的であり、他方、もともと19世紀以来利潤参加を新たな搾取形態として否定してきた労働組合は、これを共同決定に対するアンチテーゼとして激しく攻撃した。

本章では、まず"シュピンドラー・モデル"に対する労働組合の批判とこれに対するシュピンドラーの反論を取り上げる。次に、労働者の資本参加に対する労働組合の見解を、ドイツ労働組合総同盟（DGB）とドイツ職員労働組合（DAG）について聞く。最後に、共同決定法と経営組織法をめぐって労働組合と経営パートナーシャフトの提唱者との間で展開された論争を概観する。これらの考察を通して経営パートナーシャフト思考の特質を明らかにしていくことが本章におけるわれわれの目的である。

II. 労働組合と"シュピンドラー・モデル"

「共同企業者制度」を提唱する"シュピンドラー・モデル"は、労働組合側からも使用者団体側からも激しい批判と攻撃にさらされた。労働者を利潤と資産の正味増加分に参加させるという利潤参加制度それ自体は、他の多くの利潤参加の試みのひとつとしてとくにユニークなものでもないし、また特別に攻撃される性質のものでもなかった。当時、利潤参加に関して大企業300社を対象に連邦政府が実施したアンケート調査の結果によれば[5]、労働者の利潤参加制度を基本的に肯定している企業はわずか32社にすぎなかった。他は条件づきの肯定か否定であった。労働組合はもともと否定的・懐疑的であり、集団的利潤参加を経営的労働者福祉に結合する道をわずかに認めていたにすぎなかった。

とりわけ労働組合をして"シュピンドラー・モデル"に対する強力な反対者たらしめていたものは、モデルそれ自体よりもそれを支えているシュピンドラ

---

(5) Spiegelhalter, Franz: Gewinnbeteiligung. Illusion und Möglichkeiten. (9. Beiheft zu *"Mensch und Arbeit"*, München/Düsseldorf 1951)

ーの経営思想にあった。シュピンドラーは、「共同企業者制度」の実践に前後して以下の三つの著作を刊行している。

> Spindler, Gert P.: *Das Mitunternehmertum. Der dritte Weg zur wirtschaftlichen Mitbestimmung. Denkschrift an die Gesetzgeber*, Hilden 1949.
>
> Spindler, Gert P.: *Das Mitunternehmertum. Vom Klassenkampf zum sozialen Ausgleich*, Lüneburg 1951.
>
> Spindler, Gert P.: *Partnerschaft statt Klassenkampf — Zwei Jahre Mitunternehmertum in der Praxis*, Stuttgart 1954.

いずれも挑戦的な書である。第1の著は、労働組合の要求する経済的共同決定に対して第3の道として"共同企業者制度"を提唱している。第2と第3の著は、労働組合の階級闘争路線に対して"共同企業者制度"、すなわち経営パートナーシャフトを社会的平和へつながる道として主張している。企業者および使用者団体に対する批判も含んでいるが、明らかに意識されているのは当時の労働組合の行動原理に対する批判である。シュピンドラーの一連の著作が労働組合に対するいわば挑戦状ととられたのも当然のことであった。

1. 労働組合のシュピンドラー批判

シュピンドラーやクッスの経営政策と経営思想によって代表される労働者の利潤参加の試みついては、労働組合の側から盛んに批判が加えられていた。とくにDGB(ドイツ労働組合総同盟)の月刊誌 "*Gewerkschaftliche Monatshefte*" には多くの論稿が寄せられていた[6]。これらの中でトゥフトフェルト

---

(6) 例えば、以下のような論稿が寄せられていた。

Tuchtfeldt, Egon: Zur Problematik der Gewinnbeteiligung, in: *Gewerkschaftliche Monatshefte*, Jg. 1, H. 6, 1950.

Tilders, Theo: Mitunternehmertum und gesamtwirtschaftliche Verantwortung, in: *Gewerkschaftliche Monatshefte*, Jg. 2, H. 12, 1951.

Wolff, Walter: Möglichkeiten und Grenzen der Gewinnbeteiligung, in: *Gewerkschaftliche Monatshefte*, Jg. 2, H. 12, 1951.

Tuchtfeldt, Egon: Gewinnbeteiligungsexperimente in Deutschland, in: *Gewerkschaftliche Monatshefte*, Jg. 3, H. 3, 1953.

(Tuchtfeldt, Egon)が最も激越かつ根源的なシュピンドラー批判を展開した。

トゥフトフェルトはいう、「共同決定権と利潤参加は、今日いわばお互いに競合し合っている[7]。」「石炭・鉄鋼産業の共同決定における労働組合の成功がまさに企業者を利潤参加の強力なプロパガンダへ誘ったのである[8]」と。これは"シュピンドラー・モデル"の登場する歴史的脈絡をきわめて的確に捉えている。シュピンドラーに対して批判的とはいうものの企業者のほとんどは、強大化した労働組合の社会的勢力とそれを背景に要求される経済的共同決定をシュピンドラー以上に恐れていたからである。

シュピンドラーは、「共同企業者制度」を労資間の階級的対立を克服し社会的均衡をもたらすことのできる有効な解決策として主張したが、トゥフトフェルトによれば"シュピンドラー・モデル"はむしろ「上からの階級闘争の危険な手段[9]」であり、「決して社会問題の満足的解決可能性ではない[10]」のである。すなわち、利潤参加は、資本の側から発動される階級闘争であり、その目的とするところは労働者を労働組合から離反させ、経営に対する労働組合の影響力を排除するところにあるという。

まず、利潤参加は労働組合の賃金政策と基本的に対立する。1950年代当時、企業者利潤と労働者の賃金水準の格差は拡大化傾向にあり、労働組合はますます「賃金政策におけるこれまでの自制を放棄して、社会的に公平な国民所得の分配を強力に要求する方向へ動機づけられていた[11]。」利潤参加によって賃金を補完しようとする考え方はなかった。

労働者に分配される利潤はもともと何に由来するのかという問題がある。利潤が企業者給付に由来するものであれば、企業者に分配されるべきだし、独占

　　　Tuchtfeldt, Egon: Die gegenwärtige Stand der Gewinnbeteiligungsdiskussion, in: *Gewerkschaftliche Monatshefte*, Jg. 3, H. 3, 1953.
（7）（8）　Tuchtfeldt, Egon: Gewinnbeteiligungsexperimente in Deutschland, in: *Gewerkschaftliche Monatshefte*, Jg. 3, H. 3, 1953, S. 142.
（9）（10）　Tuchtfeldt, Egon: Zur Problematik der Gewinnbeteiligung, in: *Gewerkschaftliche Monatshefte*, Jg. 1, H. 6, 1950, S. 265.
（11）　Ebenda, S. 260.

利潤に由来するのであれば、企業者も労働者もそれを受け取る資格はない。景気変動に基づく場合には利潤に参加するばかりではなく損失にも参加しなければならない。もし正当な利潤参加があるとすれば、それは「労働者の給付上昇に由来するものといえようが、これはこれまであまりにも低い賃金が支払われていたということに他ならない。もともと労働者の搾取によって達成された利潤が、なぜ後になって再び同じ労働者に分配されなければならないのだろうか。全く理解できない。ここでは、適切な賃金引き上げこそ唯一の合理的な解決である(12)」と。

さらに、仮に労働者に帰属すべき正当なる利潤が残ったとしても、減価償却や内部留保のことを考慮すると、この利潤も微々たるものとなろう。「利潤持分額が低いものにしかすぎないことを利潤参加制度の熱心な支持者たちは見過ごしている(13)。」しかも「このような制度を成功に導くことができる企業は、通常の状況において確実に相当の利潤を計算できるような、とくに収益性の高い企業だけであることを、利潤参加思想のほとんどの代表者たちは認めている。かくしてわれわれは再び独占の問題に帰着するのである(14)」と。

トゥフトフェルトはさらに最も根源的な問題を提起する。「いったいどれほどが労働者に帰属し、どれほどが資本に帰属するのかという問題が全く論議されていない。確かに労働と資本の利益は同じ方向に向かってひとつの広い道を歩いているが、しかし、支配的な社会秩序においてはその究極の本質からして労働と資本の利益が共通の分母の上に立つことはない(15)。」すなわち、労働と資本の間には超えることのできない利害の対立が存在するのであり、利潤参加にはこの根本的な認識が欠如しているとする。

"シュピンドラー・モデル"をはじめ利潤参加制度一般に対する労働組合の最も大きな危惧は、それが経営エゴイズムの下に労働者を労働組合から離反させ、労働組合的連帯性（gewerkschaftliche Solidalität）を破壊するのではない

---

(12)　Ebenda, S. 263.
(13)　(14)　Ebenda, S. 264.
(15)　Ebenda, S. 265.

か、というところにあった。労働者の資本参加を導入したことで注目されていたウニオン・ヴェルク社（Union-Werk AG）では、実際に労働者が労働組合から脱退するという事態が生じていた。また、利潤参加の問題をめぐって労働組合と経営協議会との間に意見の相違が生まれ、経営協議会が労働組合の指導方針から離れていくという事態も見られた。労働者全体の利益を代表する労働組合と個別経営の従業員利益を代表する経営協議会の分裂は、まさに労働組合的連帯性に大きな打撃を与えるものであった。

　この点をさらに鋭く問い詰めたのがティルダーズ（Tilders, Theo）であった。彼によれば、"シュピンドラー・モデル"は、「生産的資本を従業員へ移行するもので、その目的とするところは企業者的思考—すなわち収益性思考—を従業員へ移植するものであり[16]、」「被用者を経済的個人主義思想の担い手とするものである[17]。」そこには企業の利潤追求が社会全体の福祉向上につながるという古典的な資本主義思想のルネサンスが見られるという。共同企業者制度は、経営エゴイズムの下に分断された労働者と彼らを雇用している企業者との間に「経営的連帯性」（Betriebssolidalität）を形成しようとするものである。このように「階級的連帯性を経営的連帯性の下に従属させることは、労働協約団体の弱体化、さらにその解体をすらもたらすものである[18]。」ティルダーズは"シュピンドラー・モデル"の背後に強力な反労働組合主義を嗅ぎとっている。

　さらにティルダーズはいう、「われわれは現在新しい企業者像の生成を経験している。現代の企業者は資本だけではなく労働をも代表しているということがすでにいわれている。これは企業者自身が労働組合の書記長になるということである。これが長い間の発展の極みであり、その過程でますます多くの社会生活の機能が経営に包摂されていったのである[19]」と。そこにティルダーズはナチスの全体主義国家にも類似した全体主義経営を見る。そして、家父長主

---

(16)(17) Tilders, Theo: Mitunternehmertum und gesamtwirtschaftliche Verantwortung, in: *Gewerkschaftliche Monatshefte*, Jg. 2, H. 12, 1951, S. 679.

(18)　Ebenda, S. 680.

(19)　Ebenda, S. 682.

義的企業者の庇護の下へ従業員をひたすら幼児的な従属関係へ陥らせていく危険を感知する。

2. シュピンドラーの労働組合批判

このような過激とも思われる、労働組合側からの批判を招いたのは、利潤参加制度としての"シュピンドラー・モデル"それ自体よりもそれを根底から支えているシュピンドラーの経営思想とその労働組合観であったといわなければならない。

シュピンドラーは、1951年の著『共同企業者制度』(Das Mitunternehmertum) には「階級闘争から社会的均衡へ」(Vom Klassenkampf zum sozialen Ausgleich) というサブタイトルをつけ、1954年の著のタイトルは『階級闘争に代わってパートナーシャフトを』(Partnerschaft statt Klassenkampf) であった。明らかに、当時の労働組合、すなわちドイツ労働組合総同盟（DGB）の行動原理を階級闘争思考に見ていたのである。このことがとくに鮮明に見られるのはシュピンドラーの共同決定批判においてであるが、そのことについては本章の第Ⅳ節において考察する。

統一労働組合の象徴であったDGBの初代議長ベックラー（Böckler, Hans）が死去してしばらくすると、アガルツ（Agartz, Viktor）の「労働組合急進主義」が登場して「アガルツ危機」といわれる時期が到来した。とりわけアガルツが所長を務めていたDGBの経済科学研究所（WWI）を中心に著しく階級闘争的傾向を強めていった。その点から見るならば、確かにシュピンドラーの労働組合批判もあながち誤りではなかったが、第2次世界大戦後のドイツ労働組合運動は、労資同権を基軸とする「社会的パートナーシャフトの思考」を底流としており[20]、労働組合の行動原理を一方的に階級闘争思考に求めたシュピンドラーの労働組合観が、資本の側からなされる「上からの階級闘争」として大き

---

[20] 「アガルツ危機」および「社会的パートナーシャフト思考」については、増田正勝『キリスト教経営思想―近代経営体制とドイツ・カトリシズム』(1999年)、「第6章 ネル・ブロイニングの労働組合思想」。

な反感を買ったのも無理からぬところであった。

　トゥフトフェルトの批判に対してシュピンドラーは以下のように反論している。まず、労働者に分配される利潤は結局のところ独占利潤ではないかという批判について、独占的企業はそれほど多くないという理由で、この批判はほとんど問題にされていない。「経営エゴイズム」の批判に対してシュピンドラーはこう答えている。経営エゴイズムは、行き過ぎた奇形を生むこともあるが、「一般的な技術的発展に衝動を与え、国民経済においても健全で不可欠の機能を遂行するものであり、……これをもってパートナーシャフト批判を展開することは不適切である[21]」と。利潤が企業努力の結果ではなく景気変動という外的な要因に起因する場合もあるのではないかという批判については、企業は不景気に備えて利潤から内部留保を形成しなければならないので、これをもって不当利潤とすることはできないと主張する。

　労働組合側からなされた最も大きな批判は、"シュピンドラー・モデル"は労働者を経営的連帯性の下へ従属させることによって労働組合的連帯性を破壊するものであるという批判であった。ウニオン・ヴェルク社において従業員が労働組合から大挙して脱退するという事態が生じ、大きな注目を浴びていたが、パウル・シュピンドラー・ヴェルク社においても同様の動きが見られたとき、シュピンドラーはむしろ労働組合からの脱退を控えるように説得した。労働組合と資本家が労働者の忠誠心をめぐって対立するのは、100年前の労使関係を復活させるものであって、現代の労使関係を十分に理解したものではない。「現代の労働者たちは彼らの組織によってパートナーシャフトが否定されていることを全く理解することができないのである。経営的連帯性と必要不可欠の労働組合的連帯性が結合されるべきかどうかは、この問題に対する労働組合の態度次第である。かつて労使双方の利益団体は今日あるのとは全く別の土壌の上で育ってきたことを認識すべきである。労使双方は、将来においても、

---

(21) Spindler, Gert P.: *Partnerschaft statt Klassenkampf — Zwei Jahre Mitunternehmertum in der Praxis*, Stuttgart 1954, S. 80.

経営内的パートナーシャフトによって狭められないしまた狭められるべきでない多くの課題を抱えている。その課題は、とりわけ経営を超えた段階でしか解決できない問題の中に横たわっている[22]。」

このようなシュピンドラーの労働組合観は、その共同決定批判において最も顕著に表明されるが、労働組合の本来的役割は、経営を超えたレベルにおいて基本的労働条件をめぐって使用者団体と交渉するところにあり、いったん経営空間の中に入るとそこにはもはや労働組合の役割はないというのがシュピンドラーの基本的見解であった。したがって、経営的連帯性と労働組合的連帯性はそれぞれ活動空間を異にするものであって、お互いに競合したり排除しあったりするものではないのである。

「パートナーシャフトは、労働力と給付を代価を支払うべき用具的手段として見なすのではなく、経済的機能—資本の機能と同様の—を果たす"出資"(Einlage) と理解する。……資本はそれ自体として"働く"ことはできず、企業者と従業員によって、つまりパートナーシャフト的経営共同体を通してはじめて機能することができる。こうして企業者と従業員は共同体へ結合され、そこでは権力志向的な抗争ではなく共通の利益と課題をもったひとつの集団が形成される[23]。」「パートナーは同権であり、それを基礎として同じひとつの目的をめざして活動する。中心にあるのは人間であり、この経営共同体における人間の地位は、経済的・金銭的な権力によってではなく、自然が人間に与えてくれたそれぞれの能力によって決まってくるのである[24]。」

シュピンドラーは自らの経営パートナーシャフトの思想についてこのように語っている。企業者の支配権の根拠は、天が与えた企業者としての天賦の才に求められ、従業員の地位・役割も同様に考えられる。経営共同体はいわば職能団体の如きものとして理解され、その指導的地位と役割を企業者が担うのである。経営空間の中に生まれる利害対立は指導者たる企業者によって解決されな

---

(22)　Spindler, Gert P.: a. a. O., S. 80-81.
(23) (24)　Spindler, Gert P.: a. a. O., S. 81.

ければならない。ところがティルダーズは、このような経営観の中に全体主義国家にも類似した全体主義経営を見たのであった。

利潤の算定とその分配の問題が残っている。利潤が正しく算定されたとしてもそれを労働と資本の間でどう分配するかという問題は簡単ではない。帰属主義を前提とすれば、それぞれの貢献度に応じて分配されるべきだろう。しかし、シュピンドラーは現実には帰属計算が不可能に近いことを知っている。"シュピンドラー・モデル"では経営成果と資産増加に25％の割合で参加する仕組みになっている。この比率が適切であるかどうかについて満足のゆく解答はないという。

労働組合はこのような帰結に納得しないであろう。利潤分配の問題を追及していくと賃金決定の問題に至らざるを得ない。ティルダーズはいう、「われわれが最もよく完全なパートナーシャフト経済に出会うのは、労働者において連帯性が生じるところ、すなわち賃金形成において連帯性が生まれてくるところに他ならない[25]。」ところが「パートナーシャフト経営は、労働組合と締結した協定賃金を基準賃金（基準賃金率ないし最低賃金率）として利用しようとする[26]」と。利潤や経営成果の分配においても労働組合は労働者の利益代表としての役割を放棄することはできないのである。シュピンドラーが労働組合を経営を超えた空間に追いやろうとするとき、それは労働組合的連帯性に対する破壊的行動と理解されるのは当然のことであった。労働者財産政策の進展の中でやがて利潤参加も労働協約の一環として捉えられるようになっていく。

III. 労働組合と労働者の資本参加

1. ドイツ労働組合総同盟（DGB）と労働者の資本参加

1961年に最初の「労働者財産形成促進法」、すなわち「第1次財産形成法」が制定されるが、戦後いち早く労働者の財産形成問題に積極的に取り組んだの

---

(25)(26) Tilders, Theo: a. a. O., S. 680.

は、キリスト教的立場に立つ政党や労働者団体、とりわけキリスト教民主同盟（CDU）をはじめとする、キリスト教労働組合（CGD）やカトリック労働者運動（KAB）であった。社会民主党（SPD）やドイツ労働組合総同盟（DGB）において労働者財産形成の問題が大きく論じられるようになるのはむしろ「第1次財産形成法」以後のことであった。

1984年の「第4次財産形成法」は、財産形成政策の方向を個別企業レベルにおける労働者の資本参加へ大きく切り換えていく転換点となっていく。このような方向は、すでに早くから労働者財産形成の推進者たちによって提唱されていたにもかかわらず、1965年の「第2次財産形成法」あたりからようやくこれに対してDGBは警戒の声を上げ始めるようになった。経営レベルにおける労働者の資本参加に反対してDGBが提起した方向が、経営を超えたレベルにおける、労働者の生産財への参加（die überbetriebliche Beteiligung der Arbeitnehmer am Produktivvermögen）、すなわち「社会資本フォンド」（Sozialkapitalfond）の構想であった[27]。

1953年、DGBニーダーザクセン州支部経済部門主幹のヒンケル（Hinkel, Karl）は、「ホィッスラー・プラン[28]」からヒントを得て、戦後生じてきた財産分配の不均衡を事後的に再配分する手段として「投資賃金（Investivlohn）プラン」を提案していた[29]。ホィッスラー・プランとの決定的な違いは、そのために設立される投資会社に全労働者の投資賃金が集められるところにあった。「労働者の所有参加は一般にすべての労働者を包括しなければならない[30]」のである。ヒンケルはまだ「社会資本」という概念に至っていなかったが、その後グライツェ（Gleitze, Bruno）とビュットナー（Büttner, H. W.）が

---

(27) 当時の労働組合の所有参加論については、市原季一『経営学論考』（森山書店、1975年）「第7章 経営を超える成果分配」。

(28) 「ホィッスラー・プラン」については本書第7章の注（8）。

(29) Hinkel, Karl: Wirtschaftliche Probleme am Jahresende. Was Gewinnbeteiligung und Miteigentum für den Arbeitnehmer bedeuten, in; *Gewerkschafter*, 1. Jg., 1953, H. 6/7, S. 41ff.

(30) Hinkel, Karl: Beteiligung der Arbeitnehmer am Produktionsmittel-Eigentum, in; *Gewerkschaftliche Monatshefte*, Jg. 7, 1957, S. 411.

ヒンケルの構想を発展させて、労働者財産形成政策の中に「社会資本」(Sozialkapital) という概念を持ち込んできた。

　DGB 経済科学研究所 (WWI) のグライツェは以下のようなプランを提案した。1千万 DM 以上の財産を有するすべての企業は、毎年その財産増加の一定割合を社会資本として社会資本フォンドに拠出する。この社会資本フォンドに集積された財産は、全労働者の財産として投資的に運用され、各労働者には社会フォンド証書が発行される[31]。ビュットナーも同様のプランを提案しているが、さらに社会資本の概念に考察を加えている。ビュットナーによれば、社会資本とは「社会給付 (Sozialleistung) の結果であって、個別企業の株主や従業員、経営者の事後的に確定可能な給付の結果ではない[32]」のである。これまでに形成されてきた財産増加は、すでになされた大衆所得者の犠牲の上に、すなわち高価格や高税金によって生じた消費断念の結果である。したがってその一部は事後的に大衆所得者、すなわち労働者階層に再配分されるべきだという。各企業から拠出された社会資本は社会資本フォンドに集積される。この社会資本フォンドを管理する機関においては「国民の重要な集団が適切に代表されるべきである[33]。」さらにビュットナーはいう、「目標設定は財産増加分の"再分配"である。社会資本フォンドへの持分の集結は特別の種類の社会化を示すものに他ならない[34]」と。

　このような社会資本フォンドの構想を DGB がはじめて公式に表明したのは、1970年3月の「財産形成についての DGB 指針」(DGB-Leitlinien für die Vermögensbildung) においてであった。そこでは「経営を超える成果参加」(überbetriebliche Ertragsbeteiligung) が提唱されており、企業はその利潤の一部をフォンドへ拠出しなければならない。1972年6月ベルリンで開催された

---

(31) Gleitze, Bruno: Lohnpolitik und Vermögensverteilung, in; *Sozialer Fortschritt*, 6. Jg.,1957, H. 3, S. 53ff.

(32) Büttner, H. W.: Vermögensbildung durch Umverteilung, in; *Gewerkschaftliche Monatshefte*, Jg. 12, 1961, S. 265.

(33) (34) Büttner, H. W.: a. a. O., S. 268.

第9回DGB定例全国会議においても財産形成の問題が議題に取り上げられている。DGB執行部は、そこでも社会資本フォンドの構想を示している。社会資本フォンドは、その課税対象所得が24,000DM（既婚者の場合は48,000DM）を超えない全労働者に対して、同じ額面価額の利子つき持分証書を無償で発行することを提案している[35]。持分証券の保有者に所得制限を設けたのは1970年の「第3次財産形成法」に倣ったものと思われる。

　社会資本の概念によれば、これをどのように算定するかという問題は別として、個別企業の資本提供者（株主）・従業員・企業者（経営者）に帰属しない財産増加分が社会資本の源泉となるべきものであるから、経営レベルにおける利潤参加は本来分配されるべきでない社会資本が従業員に分配されることを意味する。さらに社会資本の構想の根底には、生産的資本を社会資本として大資本や大企業の支配から切り離して労働組合の影響力下に置こうとする意図が横たわっている。ビュットナーが社会資本を「特別の種類の社会化」と特徴づけたのはそのような意味においてであった。このような観点からすれば、個別企業レベルにおける利潤参加や資本参加は、DGBの基本的方向とまっこうから対立してくることになる。

　1978年ハンブルクで開催された第11回DGB定例全国会議において、DGBは、経営的投資賃金の普及に不快感を露わにしながら、「労働者のためのあらゆる財産形成は経営を超えたレベルで、しかも労働協約パートナーによって形成されるように設計されなければならない[36]」と改めて強調した。「経営的投資賃金モデルに対する税制上の優遇措置を利用しながら、ますます多くの企業が利潤参加・資本参加制度を導入している。企業者たちはさらなる税制上の優

---

(35)　Antrag 27. des Bundesvorstandes zur Vermögensbildung an den 9. Ordentlichen Bundeskongreß des DGB 1972, in: Politik und Programmatik des Deutschen Gewerkschaftsbundes, hrsg. von Gerhard Leminsky/Bernd Otto, Köln 1974, S. 168-172.

(36)(37)　Antrag 26 "Vermögenspolitik/Sparförderung" an den 11. Ordentlichen DGB-Bundeskongreß 1978, in; Politik und Programmatik des Deutschen Gewerkschaftsbundes. Zweite, völlig überarbeitete Auflage, hrsg.von Gerhard Leminsky/Bernd Otto, Köln 1984, S. 278-288.

遇措置を要求し、強力な政治的勢力がこれを支援している[37]。」このような状況をDGBは憂えていたのである。やがてDGBの危惧をよそに「第4次財産形成法」(1984年) が登場してくる。

この「第4次財産形成法」の制定とともに所得税法の一部改正が行われ、この二つを合わせて「財産参加法」(Vermögensbeteiligungsgesetz) という呼称が登場してくる。従来の貯蓄型の財産形成方式を維持しつつも、個別企業レベルにおける労働者の資本参加に財産形成政策の比重が大きく移動したのである。経営を超えたレベルにおける資本参加を主張してきたDGBからすれば、それとは逆方向の、経営レベルにおける資本参加がますます前面に出てくる結果となった。金属労働組合 (IG Metall) 執行部のメーレンス (Mehrens, Klaus) がその前年の1983年に以下のような批判を展開している。

メーレンスは、雇用の維持・拡大を最大の課題とする労働組合にとって、経営レベルにおける労働者の資本参加は、果たして有効な解決方向を示すことができるだろうか、という問題を提起する。この問いに対してメーレンスは完全に否定的である。使用者は企業の資本基盤の維持・強化には努めても、労働者の職場の維持を長期的観点から協議することについては積極的ではない。「労働者の生存に本質的に関わる決定に、すなわち職場の存続に関わる決定に労働者が参加する可能性は、企業資本への労働者の参加によって大きく開かれることはない[38]。」その上、企業倒産の場合には職場リスクと資本リスクの二重のリスクを背負い込むことになる。従来DGBが主張してきた社会資本フォンドについては、生産手段に対する支配よりもむしろ労働者財産の「社会的防護」(soziale Absicherung) が前面に置かれるべきだとする。そしていまひとつは労働者の共同決定権を強化・拡大することである。「労働者参加と支配権 (Verfügungsgewelt) との結合、すなわち企業の重要決定、したがって必然的に職場の確保に関わる重要決定に参加する思考[39]」がさらに追求されなけれ

---

(38) Mehrens, Klaus: Probleme der Arbeitnehmerbeteiligung aus die Sicht der IG Metall, in: *Partnerschaft: Fortschritte 1983/84*, Guldental 1984, S. 56.

(39) Mehrens, Klaus: a. aO., S. 54.

ばならないとする。労働者の資本参加については使用者側に大きな躊躇が見られたが、この主張に見られるように、共同決定権の拡大が労働者の資本参加と結びつくことを最も怖れていたのである。

2. ドイツ職員労働組合（DAG）と労働者の資本参加

　ドイツ労働組合総同盟（DGB）が経営レベルにおける労働者の資本参加に原則的に否定的な立場を示してきたのに対して、ドイツ職員労働組合（Deutsche Angestellten-Gewerkschaft DAG）は始めからこれを支持する立場を表明してきた。

　DAG は、1945 年、政党政治的・宗派的に中立の統一職員労働組合として創設された。DAG も他の産業別労働組合と同じように産業別に組織されるべきかどうかについては DGB との間に抗争があったが、結局 DGB からは独立して歩く道を選択した。DGB 傘下の産業別労働組合に組織されている職員層も存在したので、DGB と DAG との間には労働組合の方針をめぐって対立することもあった。労働者の資本参加の問題はその典型的な例であった。1990 年の時点で DAG の組合員はおよそ 50 万人で、組織されている職員 250 万人の約 20％が DAG に所属している。1990 年代には DGB と DAG との間で急速な接近が図られ、2001 年 3 月に郵便、商業・銀行・保険、メディア、公務員、運輸・交通の各労働組合と DAG が合体して「連合サービス業労働組合」(Vereinten Dienstleistungsgewerkschaft) が結成された。組合員は 300 万人で世界最大の労働組合である。こうして今日では DAG は DGB の傘下に入った形になっているが、労働者の資本参加の問題についてはすでに 1950 年代から独自の立場を形成してきた。

　1951 年に労働者の所有参加について基本的見解を表明しているが、さらに 1955 年に『労働者の所有参加―DAG の見解と提案』を発表して、所有参加法の趣旨とその法的枠組みを明らかにした。「労働者は、投資に向けられるべき利潤あるいはすでにこれまで投資された利潤の正味増加に基づいて、事業持分および利潤分配を通して企業に参加できる。労働と資本によって共同の活動

を通して獲得された成果は、共同体を構成する二つの生産パートナーに帰属するからである。生産パートナーの配分額の算定は、賃金との比率についてすでに締結された協定の基準に従って、または経営利潤に関する経営経済的認識に基づいて行われる[40]。」労働者の所有参加は、個別契約または労働組合との集団契約、すなわち労働協約によって形成される。この時点では経営レベルにおける利潤参加が中心で、社会資本の概念はまだ登場していない。

　1965年にDAGは「労働者の財産形成のDAGモデル」を発表している。「労働協約パートナーは、……追加的な財産効果的給付について協定を締結する。その場合、この給付の財産効果的投資は、企業者と経営協議会との間の経営協定もしくは個人との間の個別契約によって規制される、あるいは労働協約の下にある経済領域について資本フォンドが設立される[41]。」こうして社会資本の構想がようやく表明されるに至っている。

　1971年10月、ニュルンベルクで開催された第10回DAG全国会議で可決された「一般社会政策プログラム」では、これまでの路線からの決定的な転換が行われ、社会資本の構想が大きく正面に浮かび上がってくる。「a) 企業は、税引き前の利潤の一定割合を……フォンドに拠出することが法的に義務づけられる。b) すべての労働者は所属する企業や経済部門に関わりなく、フォンド財産から持分証書を受け取る[42]。」ここでは完全にDGBの構想に並走している。もっとも、従来の経営レベルにおける資本参加モデルは依然として維持されている。

　ずっと後になるが、「1991年賃金交渉のためのDAGモデル」では、「生産

---

(40) *Miteigentum der Arbeitnehmer. Eine Stellungnahme der Deutschen Angestellten-Gewerkschaft*, hrsg. von Hauptvorstand der DAG, Hamburg 1955, S. 15.

(41) Der Vorschlag der DAG zur Vermögensbildung der Arbeitnehmer. Denkschrift des Bundesvorstandes der DAG vom Januar 1965, in; *Materialien zur Vermögensbildung in Arbeitmehmerhand — Thesen, Pläne, Gesetz 1945-1965*, Bonn 1965, S. 150.

(42) Deutsche Angestellten-Gewerkschaft. Bundesvorstand (Hrsg.) : Programm der DAG zur Gesellschaftspolitik, in; Mückl, Wolfgang J.: *Vermögenspolitische Konzepte in der Bundesrepublik Deutschland*, Göttingen 1975, S. 81.

的資本への参加は経営的形態および超経営的形態において実現することができる」と明言されている。1999年、DAGは『生産的資本への経営的参加』(*Betriebliche Beteiligung am Produktivvermögen*)と題する小冊子を刊行している。1999年の「第2次財産参加法」に焦点を合わせたものである。その前年の1998年には「第2次財産参加法」の制定に向けてDAG提案を発表している。その一部を見ると以下のようである[43]。

3. 財産形成の歴史が教えるところでは、効果ある普及は労働協約によってのみ達成可能である。それゆえ立法者は労働協約を資本参加の規制手段として護持すべきである。

4. 原則として経営的参加形態と超経営的参加形態が等しく促進されなければならない。労働協約による協定は、多くの部門における超経営的参加可能性がなければ実現できない。労働協約パートナーの規制権限が資本投資会社または協約賃金フォンド(Tariffond)の設立に関する労働協約にまで及ぶことを立法者は明確に規定しなければならない。

労働者の資本参加は、経営的レベルおよび経営を超えたレベルにおいて促進されること、また資本参加は労働協約によってのみ推進されること、この2点がDAGモデルの原則である。

1980年以来「パートナーシャフト協会」(AGP)と密接に連携して活動している財団「企業者的経済への社会変革」(Soziale Wandel in der unternehmerischen Wirtschaft)は、1992年度の「パートナーシャフト賞」をDAGに授与した。このとき審査委員を務めたマンハイム大学教授ガウグラー(Gaugler, Eduard)は、授賞式における賛辞の中で以下のようなことを述べている。

「パートナーシャフト協会(AGP)は二つのレベルにおけるパートナーシャフトにたえず注意を払ってきた。すなわち、経営レベルにおけるパートナーシャフトと経営を超えたレベルにおけるパートナーシャフトである。後者は、社

---

(43) *Betriebliche Beteiligung am Produktivvermögen*, hrsg. von DAG, Bundesvorstand, Ressort Wirtschaftspolitik, Hamburg 1999, S. 8.

会パートナー、労働協約パートナー、社会団体のパートナーシャフトである。この40年間のAGPの活動をふり返って見ると、その活動が経営的パートナーシャフトに大きく集中されてきたことは明らかである。しかし、経営を超えたレベルにおける労働協約パートナーの関係についてもAGP内部ではたえず論議が加えられてきた。労働協約パートナーの関係は、個別企業におけるパートナーシャフトの試みにとって重要な枠条件をなしているからである。パートナーシャフト構想の実現から見て、この二つのレベルの間に相互依存関係があることはいうまでもない[44]。」

DAGもまたAGPと同様の認識をもって労働者の資本参加の問題に関わってきたことが高く評価されたのである。この授賞式における謝辞として、DAGの副議長コニッツァー（Konitzer, Ursula）はこう述べている。「AGPとDAGは労働者の生産的資本への参加を促進するという目的において一致している。この目的達成のためにAGPは経営的参加モデルに重点を置いているが、DAGは労働協約によって規制された経営的参加モデルと超経営的参加モデルを選択している[45]」と。

Ⅳ. 共同決定法と経営組織法

1949年10月に創設されたドイツ労働組合総同盟（DGB）は、その「ミュンヘン基本綱領」において「経済指導と経済形成の人事的・経済的・社会的問題のすべてにおける、組織された労働者の共同決定」を基本的要求のひとつとして掲げ、統一労働組合という強大な組織力を梃子にして、1951年5月21日、「共同決定法」を勝ち取った。同法は、石炭・鉄鋼産業において従業員数1,000

---

(44) Gaugler, Eduard: Laudatio, in; *Eine Dokumentation der AGP. 20 Jahre Betriebsverfassungsgesetz 1972–1992. Vertrauensvolle Zusammenarbeit — Utopie oder Wirklichkeit? 1992/1993*, hrsg. von M. Lezius/G. Dehlinger, Osterholz-Scharmbeck 1993, S. 97.

(45) Konitzer, Ursula: Dankadresse, in: *Eine Dokumentation der AGP. 20 Jahre Betriebsverfassungsgesetz 1972–1992*, S. 103.

人以上の企業に適用されるので、その後「モンタン共同決定法」(Montan-Mitbestimmungsgesetz) と呼ばれるようになった。中立的人物を議長として配し、他の監査役は労資同権原則・労資同数原則に立って、資本側代表と労働側代表を同数で監査役会（Aufsichtsrat）を構成するという、この「モンタン共同決定法」の成立は、ドイツ国内のみならず国際的にも大きな衝撃を与えた。冷戦構造が形成される最中で西ドイツもまた社会主義化されるのではないかと危惧されたのである。

共同決定権を全産業に拡大しようとする労働組合の要求は、使用者側とそれを支える政治勢力の必死の抵抗によって挫折し、1952年、妥協の産物として「経営組織法」（Betriebsverfassungsgesetz）が制定された。監査役会における資本側代表と労働側代表の構成比は2対1の比率となり、労資同権原則が後退し、労働組合にとっては大きな敗退となった。

その後「経営組織法」は1972年に改正されるが、共同決定権を全産業に拡大しようとする労働組合の要求は1976年に至ってようやく「拡大共同決定法」として結実した。しかし、この法律では監査役会の構成については労資同数原則が貫かれたものの、監査役の数を偶数にして議長の選出を資本側に有利になるような工夫が加えられ、「モンタン共同決定法」に比べると労働組合は大きく後退を余儀なくされた。共同決定法と経営組織法をめぐって労使間で長年攻防合戦が行われてきたが、今日ではこの二つの経営参加法によってドイツの企業体制、すなわちコーポレート・ガバナンスは原則的に規定されている。

経営パートナーシャフトの唱導者や推進者は、今日では正面切って共同決定反対を唱えたりすることはなくなったが、かつては労働組合の共同決定法要求を激しく攻撃し、経営組織法を強力に擁護した時期があった。その代表者の一人がすでに本章で取り上げたところのシュピンドラーであった。

1951年の「モンタン共同決定法」によれば、監査役会が11人から構成されると想定した場合、労働側代表5人の監査役のうち2名は労働組合から、他の2名は経営協議会から選出される。しかもこの2名の経営協議会代表については労働組合からの反対があってはならないことになっている。監査役会におい

て労働組合が大きな影響力を発揮できる仕組みになっているところに「モンタン共同決定法」の最大の特徴があった。

　シュピンドラーは、労働組合の共同決定の要求を以下のように理解する。「とくにマルクス主義の側から妥協の道として"共同決定権"が推奨されている。それによれば、それぞれ半数の、生産手段の所有者代表と労働組合代表によって企業の経営権が行使される。かくして所有者の支配権は二つの社会パートナーによって均等に分割されるのである[46]。」問題はこれを法的にどう根拠づけるかということである。

　シュピンドラーは、ヒンケル（Hinkel, Karl）が次のように述べるとき、その社会的正当性を認める。すなわち、「労働組合の見解によれば、労働者は賃金・給与および生活全体を生産手段の所有者に依存しているがゆえに、生産手段は自由奔放に処分されてはならない。生産手段の処分に際して労働者の利益が所有者の利益と同様に考慮されるように所有者の所有権は制約されなければならない。それは労働者が完全な共同決定権を有することによって実現される[47]」と。しかし、そこから直ちに労働組合を労働者の代表とするという結論が導き出されるだろうか、とシュピンドラーはヒンケルに疑問を提起する。

　就労者の4分の1、高々3分の1を組織しているにすぎない労働組合が"労働者全体"を、あるいは"一般"をさえも代表するという要求を掲げることにシュピンドラーは激しく反発する。「本来所有参加によってしか正当化されない権利、すなわち……生産手段の処分権に対する労働者の共同決定権は、大衆組織の権力要求を貫徹するために利用される。そこでは個々の労働者の権利はもはや充足されることはない[48]」と。シュピンドラーによれば、「階級・十字軍イデー」（Klassen-Kreuzzugsidee）の下に労働組合的共同決定権が要求され

---

(46) Spindler, Gert P.: *Mitunternehmertum. Vom Klassenkampf zum sozialen Ausgleich*, Lüneburg 1951, S. 71.

(47) Hinkel, Karl: Mitbestimmung und Eigentumsrecht, in: *Gewerkschaftliche Monatshefte*, Jg. 1, 1950, S. 571.

(48) Spindler, Gert P.: a. a. O., S. 73.

ているのである。すなわち階級闘争の手段として共同決定が要求されていると理解する。「このような過去の時代に由来する古い好戦的イデーへの執着は、われわれを社会的錯誤から脱出させないばかりがかえってその深みにますますはまり込ませるものである[49]。」

シュピンドラーは、「モンタン共同決定法」の根底にある労資同権思考に旧い階級闘争イデオロギーの復活を見る。そこでは企業者の存在が無視されていると批判する。"資本"と"労働"という二つの生産要素から出発した場合、企業者は一体どちらに所属するのかと問う。「カール・マルクスは何のためらいもなく企業者を"資本家"に入れた。しかし、経済的活動をめざす企業者の精神、すなわち"労働"と"資本"の間にあって秩序づける原理を与える企業者の精神は、いったいどちらに所属するのか[50]」と。

1952年7月に施行された「経営組織法」では、監査役会における労働側代表の議席は3分の1になり、労働側代表が2名以上の場合、少なくともその中の2名は当該企業の従業員から選出され、しかも1名は職員代表でなければならない。企業者の支配権が維持されるとともに労働組合の影響力が大きく後退した。この「経営組織法」についてシュピンドラーはほとんど言及していない。「経営組織法」が成立する前年の1951年1月にすでに"シュピンドラー・モデル"、すなわち「共同企業者制度」が導入されているが、その際に締結された経営内的協定が経営組織法の規定を部分的に大きく超えていることを確認しているだけである。そして「この法律は、例えば経済委員会のような組織を企業に義務づけることによって、パートナーシャフト的経営形態を発展させようとする試みをいっそう促進させるだろう[51]」と述べている。

経営組織法は1972年に改正されるが、1952年の経営組織法の基本的精神がそのまま継承されている。「パートナーシャフト協会」（AGP）は、1992年、「経営組織法の20年（1972年～1992年）―信頼ある協働はユーピアか、現実

---

(49) Ebenda, S. 74.
(50) Ebenda, S. 75.
(51) Spindler, Gert P.: *Partnerschaft statt Klassenkampf*, S. 77.

か」というテーマの下でシンポジウムを開催している。そこでマンハイム大学教授ガウグラーは「経営組織法（1972年～1992年）のパートナーシャフト的構想」というテーマで報告を行っている。経営組織法の基本的精神をパーナーシャフト思考に求めているのである。それをとくに以下の3点に見ている。

第1は、信頼ある協働への義務づけ（Pflicht zur vertrauensvollen Zusammenarbeit）である。1952年の「経営組織法」第49条は、公共善（Gemeinwohl）を考慮しつつ経営と労働者の繁栄のために使用者と経営協議会が協働すべきことを求めていた。1972年の改正法第2条第1項ではこの「公共善」が削除されて信頼ある協働のみを義務づける形になっている。

第2に、「交渉の義務」（Verhandlungspflicht）である。改正法の第74条第1項は「双方は、対立する問題については誠意をもって一致へ達するように交渉し、意見の相違を調整するための提案を行わなければならない」と規定している。ここでは使用者と経営協議会に対してパートナーシャフト的な行動が要請されていると理解される。

第3は、「平和義務」（Friedenspflicht）である。改正法の第74条第2項では、「使用者と経営協議会は、それによって労働過程あるいは経営の平和が侵害されるような行為は控えなければならない」と定められている。ガウグラーは「この平和義務もまた経営パートナーの関係にとってパートナーシャフト的構想が自明の構成要素をなしている[52]」と指摘している。

経営組織法のこのような基本構想はユートピアであるのか現実であるのかについては議論の分かたれるところであろうが、少なくとも経営パートナーシャフトを実践している企業ではユーピアではなく現実となっているといえるだろう。

---

(52) Gaugler, Eduard: Das partnerschaftliche Konzept des Betriebsverfassungsgesetzes 1972-1992, in; *Eine Dokumentation der AGP. 20 Jahre Betriebsverfassungsgesetz 1972-1992*, S. 17.

V. 結　　論

　以上において、"シュピンドラー・モデル"に対する労働組合の批判、それに対するシュピンドラーの反論、労働者の資本参加に関するドイツ労働組合総同盟（DGB）とドイツ職員労働組合（DAG）のそれぞれの見解、さらに共同決定法と経営組織法をめぐる労働組合とシュピンドラーの見解の相違について考察を加えてきた。われわれの意図は、経営パートナーシャフトに対する労働組合の批判を聞くことによって、経営パートナーシャフトの特質をいっそう明確にするところにあった。意図するところは一応達成されたのではないかと思う。

　労働組合の主張する共同決定構想を古典的階級闘争の復活と捉えるシュピンドラーの立場は、それ自体資本側からする階級闘争思考の表明ではないかという非難を免れ得ないとしても、労働組合の志向する社会的パートナーシャフトと経営パートナーシャフトとの間には歴史的に形成されてきた大きな隔絶があることを教えてくれる。トゥフトフェルトは、「労働者運動において革命的マルクス主義の後を継いだのは経済民主主義（Wirtschaftsdemokratie）の思想であった。利潤参加の思想はこれとは全く別の源から発している[53]」と述べている。この場合、利潤参加の思想を経営パートナーシャフトの思想と置き換えてもいいであろう。

　1990年12月ボンにおいて、「パートナーシャフト協会」（AGP）の主催で「財産形成政策は何処へ」（Quo vadis Vermögenspolitik）をテーマとする会議が開催された。そこにおいてドイツ労働組合総同盟（DGB）副議長のフィンク（Fink, Ulf）は次のようなことを述べている。

　「労働者の財産形成をめぐる長年の論議において、共同決定と労働者の資本参加の関係という基本問題もまた議論されてきた。そこで明らかとなったこと

---

(53) Tuchtfeldt, Egon: Zur Problematik der Gewinnbeteiligung, S. 259.

は、共同決定権は労働から導き出されるものであり、労働の世界を規制するものであるということである。ところが共同所有者（Miteigentümer）としての労働者の権利は、全く別のレベルにある。すなわち、それは、他のすべての社員の場合と同じように資本所有から導き出されるということである。したがって、経営および企業において共同決定と所有参加（Miteigentum）を置き換えることはできない。どちらか一方を否定して他の一方を行うということはできないのである[54]。」

フィンクは、先に引用した、かつて1950年代にトゥフトフェルトが述べたところを再確認した形になっている。しかし、当時との大きな違いは、今日ではDGBはもはや企業レベルにおける労働者の資本参加を原則的に否定することはなくなったということである。

1990年の時点において、労働者の95％は労働協約を通して財産効果的給付を受け取っている。しかし、そのほとんどは現金預金や住宅建設、保険貯蓄を目的とするもので、資本参加に向けられる財産効果的給付は全体のわずか6％にすぎない。企業数にして1,700社ほどである。これはいかにも少ない。フィンクは、「AGPに集結している企業は労働組合との協働を本当に考えているのだろうか[55]」と疑問を投げかけている。

第7章の「結論」で触れたところであるが、利潤参加および株式参加においてフランスや英国に比較してドイツは大きく立ち遅れている。この立ち遅れの原因には労使双方における不信や懐疑がある。経営パートナーシャフトの唱導者・推進者たちはフィンクの問題提起に応えていかなければならない。

他方、労働組合の要求する共同決定をめぐって労使が対立しているかぎり、経営パートナーシャフトの普及にも限界がある。労働組合の共同決定に内包された企業観と経営パートナーシャフトの根底にある企業観との間には確かに距離があるが、これもかつてのように二者択一的なものではなくなっている。む

---

(54)(55) Fink, Ulf: Partnerschaft bedeutet Gleichgewicht zwischen capital- und arbeitgebenden Menschen. Plädoyer für eine breite Mitarbeiterbeteiligung, in; *Quo vadis Vermögensbildungspolitik 1990/91*, hrsg. von Michael Lezius, Osterholz-Scharmbeck 1991, S. 32.

しろ法制化された共同決定体制に経営パートナーシャフトをどう調和させていくかということが経営パートナーシャフトの今日的課題となってきている。

　次章で見るように、今日、「パートナーシャフト協会」(AGP)では、その理事会や監督機関にDGB代表を加えるようになっている。経営パートナーシャフトの唱導者・推進者たちと労働組合との間には協力的関係が形成されつつあるといえるだろう。

第9章 「パートナーシャフト協会」(AGP) の創設とその活動

I. 序　論

　現在カッセル (Kassel) に本部を置いている「パートナーシャフト協会」(AGP) の存在を抜きにしては、第2次世界大戦後から今日に至るまでの、ドイツにおける経営パートナーシャフトの展開について語ることはできない。1950年に設立されたのでそろそろ創設60周年を迎えようとしている。創設30周年 (1980年)、40周年 (1990年)、50周年 (2000年) とそれぞれ節目の年に歴史的回顧が行われているが、現在までのところ「パートナーシャフト協会」(AGP) の半世紀以上にわたる活動を通史的に総括した著作物は現れていない。できるかぎり関連資料の収集に努めたものの、われわれの手元にある資料は十分とはいえない。しかし、何とかそれらの諸資料を活用して「パートナーシャフト協会」(AGP) の発足から今日に至るまでの歩みを描いてみたいと思う。

　発足当初50名ほどであった会員も、1980年には350名、1990年には600名と順調に成長を遂げてきた。また、1950年当時は数えるほどにしかすぎなかったパートナーシャフト企業も、1980年にはおよそ1,000社、さらに現在では3,000社と大きく発展の過程を示している。しかし、この数字を大と見るか、小と見るかで、評価は分かれてこよう。シュピンドラーが活躍した時代に比べれば、経営パートナーシャフトに対する労働組合および使用者団体の姿勢ははるかに肯定的なものに変化してきたとはいえ、すでに本書の第7章で考察し

たように、とりわけ個別企業レベルにおける労働者の資本参加については労使双方共になお依然として疑念や警戒心が強い。パートナーシャフト企業を3,000社と多く見積もっても会社総数のわずか2％ほどにすぎないから、「パートナーシャフト協会」(AGP) の啓蒙・促進活動は、半世紀を経た今日でもなおそのパイオニア的意義を失っていないといえるだろう。

「パートナーシャフト協会」の正式名称は、社団法人「経済におけるパートナーシャフトの促進のための労働共同体」(Die Arbeitsgemeinschaft zur Förderung der Partnerschaft in der Wirtschaft e.V. AGP) である。本書ではこれを略して「パートナーシャフト協会」(AGP) と称しているが、本来の名称からすれば、同協会のめざすところは、個別企業を含めて広く経済社会一般におけるパートナーシャフトの実現ということになろう。しかし、実際に追求してきたのは、このような社会経済的な改革構想を根底に置きつつも、経営におけるパートナーシャフト、すなわち経営パートナーシャフトの実現であった。そのことは「パートナーシャフト協会」の半世紀を超える活動によって明らかとなるであろう。

以下では、資料の制約もあって、創設期から1990年代までの「経営パートナーシャフト協会」(AGP) の活動を主に概観する。その後の展開については資料の許す範囲で触れていきたい。

II．「パートナーシャフト協会」(AGP) の創設

1950年10月13日、シュピンドラー (Spindler, Gert P.) の呼びかけに応じて、ケルンのアルテンベルク (Altenberg) におよそ60名の人々が集結し、そこで「パートナーシャフト協会」(AGP) の設立が決議された。参加者の大部分は企業者たちであったが、学者や聖職者、いろいろな利益団体の代表者たちも混じっていた。初代の理事長にはシュピンドラーが選ばれた。事務局はヒルデン (Hilden) のパウル・シュピンドラー・ヴェルク社の中に置かれた。シュピンドラーは1969年までおよそ20年間にわたって「パートナーシャフト協

会」(AGP) の理事長を務めるので、創設から最初の 20 年間における「パートナーシャフト協会」(AGP) の活動はもっぱらシュピンドラーのイニシアティフの下に展開されてきたといってもよいであろう。

1951 年 1 月 1 日にはパウル・シュピンドラー・ヴェルク社に「シュピンドラー・モデル」、すなわち「共同企業者制度」(Mitunternehmertum) が導入されている。シュピンドラーは、すでに 1949 年に最初の著『共同企業者制度——経済的共同決定への第三の道』(*Das Mitunternehmertum. Der dritte Weg zur wirtschaftlichen Mitbestimmung.*) を世の問い、1951 年には大きな反響を引き起こした『共同企業者制度——階級闘争から社会的均衡へ』(*Mitunternehmertum. Vom Klassenkampf zum sozialen Ausgleich.*) を著わしている。その間に、シュピンドラーは、自らのパートナーシャフト思想の普及と啓蒙をめざして週刊誌『前進』(*Der Fortschritt*) を創刊している。このような一連の活動の中に「パートナーシャフト協会」(AGP) の創設を位置づけてみると、経営パートナーシャフトの実践を自らの企業の中で完結させるのではなく、これを広く他企業にも浸透させて、それを梃子に徐々に社会的改革を実現していこうとする、シュピンドラーの戦略的意図を明瞭に読み取ることができる。

この創設会議に、シュピンドラーは、とくに「独立企業者協会」(Arbeitsgemeinschaft Selbstständischer Unternehmer ASU) のメンバーの参加を求めていた。1949 年に設立された ASU は、2007 年に名称を「Familienunternehmer — ASU」に改めている。現在会員数は 5,000 名ほどで、家族企業の利益団体として経済政策的課題や秩序政策的問題について政治的発言や政策提言を行ってきている。パウル・シュピンドラー・ヴェルク社もまさに典型的な家族企業であったが、シュピンドラーは、この ASU の企業者たちに経営パートナーシャフトの大きな推進力を期待していたのであった。1990 年現在、「パートナーシャフト協会」(AGP) の法人会員はおよそ 500 社であるが、その構成比は、大規模企業 15％、中規模企業 64％、小規模企業 22％となっている。この中規模・小規模企業の多くは家族企業で、AGP の会員と ASU の会員が重複している場合も多い。ここにも、経営パートナーシャフトの担い手を独立企業者に

求めたシュピンドラーの戦略的意図を見て取ることができる。所有者経営者を経営パートナーシャフトの実践者に変えていくことが AGP の改革運動の最も早い普及につながると確信していたからに他ならない。

　ASU の代表者として創設会議に出席していたヴィスティングハウゼン (Wistinghausen, Jochen) によれば、「参加していた3人の企業者はシュピンドラーのプランを直ちに導入することを決断し、他の多くの企業者たちも自らの企業の役員会の許可を得ようとしていた[1]」という。その後40年を経過した1990年、ASU 議長、ゲールス (Geers, Volker J.) が以下のようなことを述べている。「AGP と ASU において少なからざる数の会員が重複しているという事実がこの"パートナーシャフト"を象徴している。この進歩的な企業者制度こそが二つの組織が追求しようとしてきた目的であったのである[2]」と。

　AGP の創設時、シュピンドラーは、「経営パートナーシャフト」という言葉よりも自ら発想した「共同企業者制度」(Mitunternehmertum) に強く固執していたようである。その方が「"第三の道"によって意図しようとしていたものを最もよく表わしていたからである[3]」と後に回顧している。しかし、「パートナーシャフト協会」(AGP) の創設会議では「経営パートナーシャフト」(betriebliche Partnerschaft) という用語が採用されることとなった。それは次のように定義されていた。

　「経営パートナーシャフトとは、企業経営者と従業員との間で締結された協定によって確定された協働の形態であり、人間間の関係の恒常的な育成に努めながら、協力と共同責任および経営成果への物的参加を内容とするものである。」(Betriebliche Partnerschaft ist jede durch eine Vereinbarung zwischen Unternehmensleitung und Mitarbeiter festgelegte Form der Zusammen-

---

(1)　Spindler, Gert P.: *Das Spindler-Modell. Erinnerungen eines Unternehmers*, München 1994, S. 193.
(2)　Geers, Volker J.: Grußworte zum 40-Jährigen Bestehen der AGP, in; *Menschen machen Wirtschaft. 40 Jahre AGP. Mitarbeiterbeteiligung auf dem Prüfstand*, 1990, S. 22.
(3)　Spindler, Gert P.: a.a.O., S. 192.

arbeit, die außer einer ständischen Pflege der zwischenmenschlichen Beziehung eine Mitwirkung und Mitverantwortung sowie eine materielle Beteiligung am Betriebserfolg zum Inhalt hat.)

　これはもともとシュピンドラーの構想を下敷きにしたものであろう[4]。ここでは、経営パートナーシャフトが「企業経営者と従業員との間で締結された協定」であることが明確に定義されている。経営パートナーシャフトは、「個人的な成り行きに委ねられたり随意に解釈されてはならない[5]」のであり、経営者は、「従業員を同権の協働者（Mitwirkende）と認識し、彼らと共に共同の計画を実行し、従業員はその共同の給付に応じて物的成果に参加する[6]」のである。経営の協働過程に参加しその物的成果に参加するのは、労働共同体の構成員である従業員の権利であると理解される。シュピンドラーは，家父長主義的施策として実行される経営パートナーシャフトを厳しく批判し、新しい経営観に基づく経営パートナーシャフトを主張していた。それが契約による協働の形態を求めたのである。

　AGP が創設されて3か月後の1951年1月1日、パウル・シュピンドラー・ヴェルク社に「共同企業者制度」が導入された。当時すでに"シュピンドラー・プラン"が労働組合側からも使用者団体側からも激しい批判と攻撃にさらされていたことについては、すでに本書の第1章および第8章において明らか

---

(4)　シュピンドラー自身は以下のように定義している。
　　「パートナーシャフトとは、経営内的に確定された、企業経営者と従業員との間の協働の形態であり、そこでは、人間間の関係の恒常的な育成とともに、協力と共同責任、ならびに従業員の経営成果への物的参加が契約的に協定される。」
　　(Partnerschaft ist jede innerbetrieblich festgelegte Form der Zusammenarbeit zwischen Unternehmensleitung und Mitarbeitern, bei der, außer einer ständigen Pflege der zwischenmenschlichen Beziehungen, eine Mitwirkung und Mitverantwortung sowie eine materielle Beteiligung der Belegschaft am Betriebsergebnis vertraglich vereinbart ist.)
　　(Spindler, Gert P.: *Partnerschaft statt Klassenkampf. Zwei Jahre Mitunternehmertum in der Praxis*, Stuttgart/Köln 1954, S. 78.)
(5)　Spindler, Gert P.: *Neue Verantworten im sozialen Raum. Leitbilder für Unternehmer*, Düsseldorf/Wien 1964, S. 331.
(6)　Spindler, Gert P.: a.a.O., S. 329.

にしてきたところであるが、シュピンドラーを初代理事長に迎えた AGP の誕生もまた大いに歓迎を受けるというにはほど遠いものがあった。したがって、創設期における AGP の最重要な課題は、何よりもまず経営パートナーシャフトの思想とその実践について広く啓蒙活動を展開することであった。シュピンドラーは、理事長を辞任する 1969 年までおよそ 20 年間、業務執行責任者のクニュップァー（Knüpffer, Rudolf von）の協力の下で、適正賃金の問題、精神的参加や財産形成の問題と並んで、とくに個々の企業で実践されている経営パートナーシャフトの経験交流に力を入れてきた。

1956 年 10 月 2 日から 3 日にかけて AGP は、ドイツ中西部の山地タウヌス（Taunus）のバート・ゾーデン（Bad Soden）で、「経営パートナーシャフトの経験交流国際会議」（Internationaler Erfahrungsaustausch über betriebliche Partnerschaft）を開催している。これにはドイツ、フランス、英国、米国から経営パートナーシャフトを実践している企業が参加していた。ドイツ側からは、シュピンドラー自身も含めて 4 人の企業家がそれぞれのパートナーシャフト実践について報告を行っている[7]。AGP の理事を引き受けていたミュンヘン大学教授のフィッシャー（Fischer, Guido）も討論に参加している。後にガウグラーは、「この会議によってドイツにおけるパートナーシャフトの試みと AGP が国際的に大きな注目集めるようになった[8]」と述べている。

ちなみに、フィッシャーの著『経営におけるパートナーシャフト』（*Partnerschaft im Betrieb*）[9]が出版されるのが 1955 年である。この著ではドイツ企業 11 社の経営パートナーシャフト実践例が紹介されている。すでに本書で

---

(7) AGP 理事長としてシュピンドラーは、開会の辞を述べるとともに、「パートナーシャフトの前提としての経営内的情報」と題して会議への導入を行っている。
   (Spindler, Gert P.: Einführung zum Thema des Tages: „Innerbetriebliche Information als Voraussetzung der Partnerschaft", in; Protokoll über den Internationalen Erfahrungsaustausch über betriebliche Partnerschaft, veranstaltet von der AGP in Bad Soden (Taunus) von 2. Bis 4. Oktober 1956.)
(8) Gaugler, Eduard: Die AGP in sechs Jahrzehnten, in; *AGP-Forum*, Kassel, Nr.1/2007, S. 5.
(9) フィッシャーのこの著は 1961 年に邦訳されている。ギード・フィッシャー『労使共同経営』（清水敏允訳、1961 年）。

取り上げたパウル・シュピンドラー・ヴェルク社とアルベルト・シュトル社もそこに含まれている。フィッシャーの功績については次章で考察を加えるが、AGPの理事としてまた学識顧問として創設期のAGPの発展に大きく貢献していく。やがてフィッシャー門下のガウグラー（Gaugler, Eduard）がこの学識顧問に加わることになる。ガウグラーはとりわけ季刊誌『AGP通信』（*AGP-Mitteilungen*）の主筆として活躍する。ガウグラーの経営パートナーシャフト思想については第11章で取り上げる。

Ⅲ．「パートナーシャフト協会」（AGP）の活動

1．1970年代の活動

　1970年12月31日をもってパウル・シュピンドラー・ヴェルク社は解散されるが、その前年の1969年にシュピンドラーはAGP理事長の地位から退いている。その後をザックス（Sachs, Ernst）が継ぎ、1974年まで務めている。当時はドイツでもスチューデント・パワーが吹き荒れ、AGPにも一般社会政策的な態度決定が迫られたという。ザックスの時代に、それまで20年間シュピンドラー社のあるヒルデンに置かれてきたAGPの本部がケルンに移された。そして1971年、AGPの業務執行責任者（Geschäftsführer）の地位は、ミハエル・レチウス（Lezius, Michael）によって引き継がれることになった。レチウスは、2007年8月まで37年間の長きにわたって業務執行責任者としてAGPの発展を支えていくことになる。この間次々と8人の理事長が交代していく。その精力的な活動によってやがてレチウスは"Mister AGP"とまで称されるようになる。シュピンドラー以後のAGPの発展は彼の存在を抜きにして語ることはできない。

　1972年にAGPは定款の改定を行っている。そこでは経営パートナーシャフトの定義は次のように改められた。

　　「経営パートナーシャフトとは、企業経営者と従業員との間の、契約によって協定された協働の形態であり、それは、すべての参加者に最高度の自己

啓発を可能にし、さまざまの形態の協力により、また適切な共同責任を伴った共同決定によって、労働疎外を克服しようとするものである。このパートナーシャフトの不可欠の構成要素は、共同で獲得した成果に、または企業の資本に、あるいはこの両者に従業員が参加することである。」(Betriebliche Partnerschaft ist eine vertraglich vereinbarte Form der Zusammenarbeit zwischen Unternehmensleitung und Mitarbeitern. Sie soll allen Beteiligten ein Höchstmaß an Selbstentfaltung ermöglichen und durch verschiedenen Formen der Mitwirkung und Mitbestimmung bei entsprechender Mitverantwortung einer Fremdbestimmung entgegenwirken. Notwendiger Bestandteil dieser Partnerschaft ist die Beteiligung der Mitarbeiter am gemeinsam erwirtschafteten Erfolg, am Kapital der Unternehmen oder am Beiden.)

創設時の定義と比較してみると、基本的な枠組みは変わっていないが、経営パートナーシャフトがその中に内包しようとしている目標が大きく広がっている。

まず第1に、経営パートナーシャフトにおいては、従業員の自己啓発ないし自己実現が可能なかぎり達成されなければならない。そのためには個人目的を企業目的に従属させるのではなく、この両者の一致ないし調和が追求されなければならない。それを基礎として従業員の能力開発とキャリア形成が促進される。その場合、必要適切な情報に従業員が随時接近できる情報システムの構築も必要となるだろう。

第2に、経営パートナーシャフトにおいては、労働疎外 (Fremdbestimmung) が克服されなければならない。しかもそれは従業員の協力および共同決定によって進められなければならない。すなわち、職場における疎外状況の解明と疎外克服のための政策決定には従業員自らが組織的に参加する制度が形成されなければならないのである。

第3に、従業員の資本参加、すなわち雇用されている企業の資本へ何らかの形で従業員が参加する制度が経営パートナーシャフトの重要な柱として提起されている。ここには、従業員をさらに企業資本の担い手にしようとする思想が

表明されている。従業員はもはや協働の成果の単なる参加者に止まらないのである。

　第1点と第2点の背景には、1960年代末から70年代にかけて産業界、政界、学界を巻き込んで大きな論議を引き起こしていた「労働の人間化」（Humanisierung der Arbeit）の問題があった。それはまた「より人間的な労働世界」（humanere Arbeitswelt）あるいは「労働生活の人間化」（Humanisierung der Arbeitslebens）とも称され、近代産業の下で徹底的に疎外された人間労働に再び人間の主体性、人間の尊厳（Menschenwürde）を取り戻すことがその主題であった。

　この「労働の人間化」論議の展開の中で生まれてきた成果のひとつが1972年の「経営組織法」（Betriebsverfassungsgesetz）の改正であった。この「改正経営組織法」の第90条と第91条は、「労働の人間化」戦略を最も明確に規定している。第90条では、職場・労働過程・労働環境の形成に関する計画については情報の提供と経営協議会との協議を使用者に義務づけている。その場合、「人間に適合した労働の形成に関して確認された労働科学的認識を双方は考慮しなければならない」としている。さらに第91条では、この「労働科学的認識に矛盾するような、職場・労働過程・労働環境の変更によって、労働者に特別の負荷が課せられる場合には、経営協議会は、その負荷の回避・緩和・補償について適切な措置を要求することができる」として、経営協議会に共同決定権を認めている。

　第3点の背景にあるのは「労働者財産形成法」の進展である。1970年1月より「第3次財産形成法」が施行されるが、すでに本書の第7章で見たように、「第2次財産形成法」からさらに大きく前進したところはない。労働者の財産形成の方向としての労働者の資本参加はまだ背後に隠れたままである。それが正面に出てくるまでには1984年の「第4次財産形成法」の出現を待たなければならない。しかし、労働者の資本参加の問題はすでに労働者の財産形成をめぐる論議において当初から提起されており、AGPもこれに大きな関心を寄せてきた。1972年の定款変更で「従業員の資本参加」を前面に打ち出して

きたことは、経営パートナーシャフトにおける物的参加の構成要素の拡張を意味するのみならず、労働者の資本参加を求める政策において AGP 自らが先導者の役割を引き受けようとする決意を新たに表明したものと理解される。

1974 年、AGP 理事長がザックスからルックス（Lux, Emil）に代わった。ルックスは、家庭用電動工具・余暇用品関連企業、エミール・ルックス合資会社（Emil Lux KG）の経営者として経営パートナーシャフトの実践に取り組んでいた。1977 年まで理事長を務める。この間、業務執行責任者のレチウスが AGP の活動を支えている。AGP の通常の活動は、年次総会、各地での研修会やシンポジウムの開催、経営パートナーシャフトについての情報提供および助言活動、"*AGP-Mitteilungen*" をはじめとする定期刊行物や関連文献の出版といった活動を包括している。

1976 年にはいわゆる「拡大共同決定法」が制定された。それまで労働者の共同決定権は 1951 年の「モンタン共同決定法」によって石炭・鉄鋼産業の労働者に限定されていたが、この「新共同決定法」によって従業員 2,000 人以上の、モンタン産業以外の企業についても労働者の共同決定権が認められるようになった。「パートナーシャフト協会」（AGP）の出発点では、シュピンドラーの思想に見られたように、「モンタン共同決定法」に対する大きな不信と危惧が横たわっていたが、この時点では、共同決定制度は経営パートナーシャフトを規定する基本的な枠組みとして理解されるようになった。

2. 1980 年代の活動

1978 年、ドゥレーガーヴェルク社取締役、クリスティアン・ドゥレーガー（Dräger, Christian）が AGP の理事長に就任した。ドゥレーガーヴェルク社の経営パートナーシャフトについてはすでに本書の第 6 章で取り上げたところであるが、AGP は経営パートナーシャフトの強力な推進者を獲得したことになる。1984 年には同社の最高経営責任者に就任するので、AGP 理事長の期間は 1982 年までであった。1982 年、ドゥレーガーの後をホペック蓄電池工業有限合資会社（Accumulatorenwerke Hoppeck Carl Zoellner & Sohn GmbH&Co, KG）

のツェールナー（Zoellner, Claus）が引き継いだ。同社は1927年に創設され、1982年の時点で従業員1,000人の企業であったが、従業員貸付制度（Arbeitnehmerdarlehen）と匿名社員として収益・資本に参加する制度を導入することによって従業員の財産形成の促進に取り組んできた。

　1984年からは、C.A. ヴァイトミューラー合資会社（C. A. Weidmüller KG）のシェーケル（Schäkel, Uwe）がAGP理事長に就任した。同社は従業員数2,000人の電子接続技術製品のメーカーで、ヨーロッパ以外に米国や日本などグローバルに経営を展開していた。従業員の利潤参加制度をはじめ多様な経営パートナーシャフト政策を実施していた。1988年からはピットラー機械製造株式会社（Pittler Maschinenfabrik AG）のヴァイデマン（Weidemann, Dieter）が理事長を引き受けた。1995年まで務めている。

　1980年代の大きな出来事としては、まずケルンからカッセルへAGP本部を移したことであった。第7代理事長のヴァイデマンは、ドゥレーガーによってなされたこの決定を高く評価している。「カッセルはちょうど東ドイツと西ドイツの間の蝶つがいのような位置にあり、東西ドイツの企業において従業員参加を推し進めようとするAGPの課題にとって絶好の場所であった[10]」と。

　いまひとつの大きな出来事は、1980年に財団「企業者的経済における社会的変革」（Sozialer Wandel in der unternehmerischen Wirtschaft）が設立されたことである。この財団はAGPの会員およそ40名を中心にして発足し、経営パートナーシャフトの学術的研究および出版活動、さらに国内・国外における経験交流や助言・勧告活動の促進を目的としている。この財団を母体として1980年から「パートナーシャフト賞」（Partnerschaftspreis）が創設された。経営パートナーシャフトを実践している企業の中から模範となるような企業が選ばれ表彰されるようになったのである。経営パートナーシャフトの啓蒙・促進にとって大きな意義をもつ事業であった。これについては節を改めて取り上げ

---

(10) Weidemann, Dieter: Vortrag anläßlich der 40-Jahrfeier der AGP, in; *Menschen machen Wirtschaft. 40 Jahre AGP. Mitarbeiterbeteiligung auf dem Prüfstand*, 1990, S. 42.

る。

　また、AGP 創設 30 周年に当たる 1980 年を期して、雑誌『新しい企業』(*Das Neue Unternehmen*) が創刊されている。これは経営パートナーシャフトに関する包括的な情報を提供することを目的とする定期刊行物であった。

　1980 年 11 月 27 日、デュッセルドルフにおいて開催された AGP の年次大会は、AGP 創設 30 周年を祝うとともに、過去 30 年間の活動を回顧しつつ将来へ向けての基本方針を確認する会議であった。この時点で AGP 会員はおよそ 350 人であったが、この会議には 700 人ほどの参加者があった。また、経営パートナーシャフトを実践している企業 41 社が参加して、パネルディスカッションやワーキンググループにおいてそれぞれ経験が報告された。

　この当時、AGP がとくに従業員の資本参加に力を入れていたことがこの年次大会のプログラムから理解することができる。理事長のドゥレーガーは、開会の辞の中で、労働者財産形成政策について「要求カタログを立法者に提起していくのは AGP のスタイルではない。……むしろ財産参加（Mitbeteiligung）モデルと経営参加（Mitentscheidung）モデルの発展と導入は、つまるところ明白な政治的行動によって推進されるということを立法者に勧告するものである[11]」と述べ、第 3 次財産形成法の改正と労働協約による労働者の資本参加の問題を取り上げている。マンハイム大学教授ガウグラーは「資本参加の新しい展望」(Neue Aspekte der Kapitalbeteiligung) と題して講演を行い、また GiZ (Gesellschaft für innerbetriebliche Zusammenarbeit mbH. 経営内的協働促進協会) のシュナイダー (Schneider, Hans J.) は「従業員資本参加の財務経済的効果」(Finanzwirtschaftliche Auswirkung einer Kapitalbeteiligung der Mitarbeiter) について報告している。1984 年の「第 4 次財産形成法」は、財産形成政策の方向を労働者の資本参加へ大きく転換させていくが、この当時、AGP の関心も労働者の資本参加に大きく傾注されていたことを示している。

---

　(11)　Dräger, Christian: Vortrag zur Eröffnung des Kongresses, in: *Menschen machen Wirtschaft*, hrsg.von Michael Lezius, Grafenau 1982, S. 10.

AGP の年次大会の恒常的なタイトルは „Menschen machen Wirtschaft" となっている。「人間が経済を創造する」あるいは「経済の担い手は人間である」といった意味であろう。1983 年の年次大会は、3 月 16 日、ハンブルクで開催されている。大会のテーマは、「経営的パートナーシャフトの物的要素と精神的要素」(Materielle und immaterielle Elemente betrieblicher Partnerschaft) であった。理事長のツェルナーは、AGP の目標として「従業員、資本、経営者のパートナーシャフトと自律的協働を促進すること[12]」を改めて強調している。1987 年 10 月 27 日・28 日、ハンブルクで開催された AGP 年次大会のテーマは、「失業を克服するイニシアティフ」(Initiativen gegen Arbeitslosigkeit) であった。参加者はおよそ 1,000 人であった。これはこれまでで最大の参加者数であった。1989 年の年次大会は、12 月 4 日・5 日、ベルテルスマン社の所在地、ギューターズロー (Gütersloh) で開催された。シンポジウムのテーマは「パートナーシャフト的企業文化」(Partnerschaftliche Unternehmenskultur) であった。それは、レチウスによれば、「収益参加・財産参加・資本参加を伴った、とりわけ人事開発 (Personalentwicklung)・組織開発・QC サークルとの間の結合である[13]。」それによって「人間にふさわしい労働世界」(menschen-würdige Arbeitswelt) が形成されるのである。

AGP の会員数は、1980 年当初の 350 名から 1990 年には 600 名に増加している。また、従業員参加を実践している企業は、1980 年当初およそ 1,000 社で、約 100 万人の労働者が含まれていた。そのうち 800 社が財産参加を実施しており、200 社は従業員の経営参加モデルを実践している。全体の数は 80 年代の末にはおよそ 3,000 社に達するので、この 80 年代における AGP の活動はきわめて効果的であったといえるだろう。

---

(12) Zoellner, Claus: Eine Erinnerung — aber auch ein Programm, in; *Menschen machen Wirtschaft. Materielle und immaterielle Elemente betrieblicher Partnerschaft*, hrsg. von Michael Lezius, Spardolf 1984, S. 5.

(13) Lezius, Michael: Begrüßung, in; *Partnerschaftliche Unternehmenskultur. Eine Dokumentation der AGP*, Stuttgart 1990, S. 9.

3. 1990年代の活動

　1990年3月10日、AGPはボンにおいて創設40周年を祝っていた。初代理事長のシュピンドラーも出席している。特記されることは、1989年11月9日のベルリンの壁の崩壊に伴って、旧東ドイツからも多数の参加者があったことである。理事長のヴァイデマンは、「東ドイツの人々は、その経済・社会秩序の新たな形成に関して、経営パートナーシャフトおよび従業員の資本参加に対して高い期待を抱いているからである[14]」と述べている。AGPの活動範囲が東ドイツの空間まで広がっていくのである。本部をケルンからカッセルへ移した意味がここに生きてくる。

　1990年の時点において、AGPの会員数は600名で、すでに旧東ドイツから10名が会員に加わり、この時点で近い将来さらに東側から50名が加わると予測されている。法人会員はおよそ500社で、その構成は、従業員1,000人以上の大規模企業70社、従業員50人から1,000人の中規模企業300社、50人以下の小規模企業100社となっている。先に見たようにパートナーシャフト企業も増加している。レチウスは、「創設当時ユートピアに思えていたことが、今日この西ドイツにおいておよそ3,000社で実践されている。来月あるいは数年のうちに東ドイツにおいても実現されるだろう[15]」と述べている。

　1990年12月ボンで開催されたAGP会議のテーマは、「財産形成政策はいずこへ」（Quo vadis Vermögenspolitik）であった[16]。同年1月1日に施行された「第2次財産参加法」が論議の主たる対象になっている。この「第2次財産参加法」は旧東ドイツの五つの州にも適用されるので、AGPも特別の関心を向け、公有企業の私有化に際しての従業員参加モデルの導入やMBO（Management-Buy-Out）による企業取得について啓蒙活動を行っている。

---

(14)　Weidemann, Dieter: a.a.O., S. 41.
(15)　Lezius, Michael: Vorwort, in; *Menschen machen Wirtschaft. 40 Jahre AGP. Mitarbeiterbeteiligung auf dem Prüfstand*, 1990, S. 7.
(16)　*Quo vadis Vermögensbildungspolitik 1990/91. Eine Dokumentation der AGP*, hrsg.von Michael Lezius, Osterholz-Scharmbeck 1991.

第9章 「パートナーシャフト協会」(AGP) の創設とその活動 225

　翌年の1991年のポツダム会議のテーマは、「MBOと従業員参加」(Management-Buy-Out und Mitarbeiterbeteiligung) となっており、「新しい連邦諸州における関心、方法、解決可能性」というサブタイトルがつけられている[17]。従業員の資本参加と結びついたMBOによって私有化の過程を加速するとともに、より有効な所有構造を新たに構築することが強く求められていたのである。旧東ドイツにおいて1991年5月までにすでにおよそ400社がMBOによって私有化されていた。1992年3月フランクフルトで開催されたAGP会議のテーマも「Management-Buy-Out」であった[18]。そこではまだ旧東ドイツの私有化問題が意識されていたが、同じMBOをテーマとする、1993年3月のフランクフルト会議では、一般に中規模企業の存続という観点からMBOの問題が論議されている[19]。

　90年代におけるAGPの活動の大きな変化は、会議やシンポジウム、フォーラムなどを他の団体との共催の形で実施するようになったきたということであろう。例えば、„Handelsblatt" 誌を刊行している、デュセルドルフのHandelsblatt社、「ドイツ企業コンサルタント連盟」(Bundesverband Deutscher Unternehmensberater BDU)、ベルリン商工会議所、あるいはバーデン・ヴュルテンベルク州社会省など、さまざまである。また、そこで取り上げられるテーマも大きく広がっている。テーマだけをいくつか拾い出してみると以下のようである。「より確実な職場への新たな道[20]」(1993年3月、ポツダム)、「イノベーションとファンタジーによる生き残り[21]」(1994年3月、カッセル)、「従業員は企業における成功要因か？[22]」(1995年6月、カッセル)、「従業員資本参

---

(17)　*Management-Buy-Out und Mitarbeiterbeteiligung. Interesse, Wege und Lösungsmöglichkeiten in den neuen Bundesländern*, hrsg. von Michael Lezius, Kassel 1991.
(18)　*Dokumentation: Management-Buy-Out. Finazierung-Management-Recht und Steuern. Forum für Information und Erfahrungsaustausch aus Ost und West*, Kassel 1992.
(19)　*Dokumentation: Management-Buy-Out. Sicherung des Mittelstandes-Nachfolgeregelung-Finazierung-Vorbilder und Vorgehensweise*, Kassel 1993.
(20)　*Dokumentation: Neue Wege zu sicheren Arbeitsplätzen*, Kassel 1993.
(21)　*Dokumentation: Überleben durch Innovation und Phantasie. Neue Ziele in der Welt der Arbeit*, Kassel 1994.

加―社会的市場経済の基盤[23]」(1998年7月、シュトュトガルト)とさまざまである。AGP会員の大多数を占める中・小規模企業がその時々に直面している多様な問題にできるだけ対応しようとしているようである。

1990年時点でのAGPの組織を見ると以下のようになっている。まず、理事会はヴァイデマンを理事長に13名の理事によって構成されている。この中には労働組合の代表も含まれている。監督機関(Kratorium)は10名の委員から成り、ここにもDGB(ドイツ労働組合総同盟)執行部の代表が加わっている。助言活動や研究活動、広報活動を行うグループとして、「財産政策顧問」(Vermögnspolitischer Beirat)(6人)、「参加・コミュニケーション研究グループ」(Arbeitskreis Partizipation und Kommunikation)(7人)、「AGPパートナーシャフト企業者」(Partnerschaftsunternehmer AGP)(12人)、「AGP助言者プール」(AGP-Beraterpool)(14人)、「広報委員会」(Ausschuß für Öffentlichkeitsarbeit)(7人)が組織されている。AGP会員の増加と経営パートナーシャフト企業の増大に伴ってAGPの組織体制も大きく整備されてきた。

AGP理事長は、ヴァイデマンの後をクノップラウヒ(Knoblauch, Jörg)が継ぎ、さらに1999年6月よりホーマック・グループ(Homag-Gruppe)のシューラー(Shuler, Gerhard)が引き継いだ。ホーマック社(Homag AG)は木材加工機械メーカーで、1990年当時で従業員1,100人のうち800人が資本参加している。2003年4月からはシューラーの後をクシェツキ(Kuschetzki, Horst)が継ぎ今日に至っている。

Ⅳ.「パートナーシャフト賞」の創設

AGP創立30周年目の1980年に財団「企業者的経済における社会的変革」(Sozialer Wandel in der unternehmerischen Wirtschaft)が設立され、この財団の

---

(22) *Dokumentation: Mitarbeiter. Erfolgsfaktor im Unternehmen?* Kassel 1995.
(23) *Dokumentation: Mitarbeiterkapitalbeteiligung ― Fundament für die soziale Marktwirtschaft*, Kassel 1998.

主要事業のひとつとして「パートナーシャフト賞」(Partnerschaftspreis) が創設されることになった。経営パートナーシャフトの理念および実践において模範となるような企業を対象にして、1980年から同賞の授与が行われるようになった。この当時の審査委員は4人で、その中には理事長のドゥレーガーとマンハイム大学教授のガウグラーも入っている。以下、1980年の第1回から1992年の第13回までの受賞者を当時の状況において簡単に紹介しておこう。

［第1回パートナーシャフト賞］(1980年)

ハウエンシルト家具製造有限会社 (Hauenschild Möbelfabrik GmbH&Co.)：1913年創設の家具メーカー。所在地、Nordrhein-Westfalen 州の Löhne。従業員250人（94％は労働組合員）。1973年より利潤参加と「ハウエンシルト従業員組合 (Mitarbeiter-Gesellschaft)」による間接的な従業員資本参加を導入。また経営協定 (1973年) および「従業員参加組合定款」(1977年) の中で精神的参加を規定している。AGP の経営パートナーシャフトフト概念を最も理想的に実現した企業として評価された。

［第2回パートナーシャフト賞］(1981年)

ヘトラーゲ株式合資会社 (Hettlage KGaA)：繊維製品小売業。本社、ミュンヘン（支店40）。従業員2,300人。1965年より利潤参加制度（税引き前利潤の3分の1を分配）および従業員資本参加制度（利潤参加分の3分の2を株式投資）を導入。1980年時点で株式資本の44％は従業員が保有。従業員の収益参加・資本参加が法律（「労働者財産形成法」）で規定される以前に模範的なモデルを示したことが評価された。

［第3回パートナーシャフト賞］(1982年)

ベルテルスマン株式会社 (Bertelsmann AG)：出版・メディア事業。所在地、Nordrhein-Westfalen 州の Gütersloh。収益参加、経営老齢扶助制度、従業員への責任の委譲が評価された。（同社の経営パートナーシャフトについては本書の第5章。）

［第4回パートナーシャフト賞］(1983年)

フェルディナント・ピエロトぶどう栽培・ワイン醸造有限会社 (Ferdinand Pieroth・Weingut-Weinkellerei GmbH）：本社、Rheinland-Pfalz 州の Burg Layen。1967 年より導入した成果参加制度を模範的に発展させたことが評価された。（同社の経営パートナーシャフトについては本書の第 3 章。）

［第 5 回パートナーシャフト賞］（1984 年）

　グリューンベック水質浄化有限会社（Grünberck Wasseraufbereitung GmbH）：所在地、Schwaben 州、Höchstädt an der Donau。1968 年より従業員成果参加モデルを導入。1980 年、グリューンベック従業員参加有限会社を設立。（グリューンベック社の経営パートナーシャフトについては本書の第 4 章。）

［第 6 回パートナーシャフト賞］（1985 年）

　ヒューレット・パッカード有限会社（Hewlett-Packard GmbH）：IT 技術事業。所在地、Baden-Württemberg 州の Böblingen. 従業員、4,500 人。同社の企業哲学および模範的な企業・従業員関係の形成が評価された。

［第 7 回パートナーシャフト賞］（1986 年）

　クッパーミューレ陶磁器製造有限会社（Keramik Manufaktur Kupfermühle GmbH）：所在地、Schleswig-Holstein 州の Hohenlockstedt。1948 年、創業。従業員 75 人。1975 年に参加協同組合（Beteiligungs-Genossenschaft）を設立。従業員はこの参加協同組合の構成員として自己資本の 50％に匿名参加。

［第 8 回パートナーシャフト賞］（1987 年）

　ニックスドルフ・コンピュータ株式会社（Nixdorf Computer AG）：本社所在地、Nordrhein-Westfalen 州の Paderborn。従業員 27,000 人。1952 年に創業。1972 年より従業員の資本参加制度を発足。1987 年時点で自己資本の 7.8％が従業員に保有されている。さらに同社の顧客サービス精神の高さと従業員教育への積極的な投資が評価された。

［第 9 回パートナーシャフト賞］（1988 年）

　ローゼンタール株式会社（Rosenthal AG）：セラミック産業。所在地、

Bayern 州の Selb。従業員 8,000 人。1963 年より従業員株式制度を導入。1968 年より投資証書の発行。株式資本の 10％を従業員が保有。

［第 10 回パートナーシャフト賞］（1989 年）

テイロリックス株式会社（Taylorix AG）：情報処理技術・コミュニケーション技術事業。1921 年、創設。所在地、Stuttgart（支店 40）。従業員 1,500 人。管理スタイル、情報政策、従業員再教育に見る優れた企業文化が評価された。

［第 11 回パートナーシャフト賞］（1990 年）

ザックセン車両電化商事有限会社（Fahrzeugelektrik Handels-GmbH）：所在地、Sachsen 州の Niederdolf。旧東ドイツの企業。公有企業の私有化に際しての MBO による企業取得と従業員参加の導入が評価された。

［第 12 回パートナーシャフト賞］（1991 年）

メゲーレ株式会社（Megerle AG）：産業用・事業所用敷地取次業。1974 年、Rainer Megerle によって創設。所在地、Nürnberg。従業員 53 人。「労働天国」（Arbeitsparadies）として称賛される、ドイツで最も小さな株式会社。従業員 1 人当たりの売上高はダイムラー・ベンツの 2 倍。「メゲーレ利潤参加モデル」を導入。

［第 13 回パートナーシャフト賞］（1992 年）

① ヴィルクハーン有限会社（Wilkhahn GmbH）：椅子・机など事務用家具のメーカー。1907 年創業。所在地、Niedersahsen 州の Bad Münder。従業員 450 人。1971 年より資本形成的な成果参加制度の導入および経営陣と経営協議会の間の信頼ある関係の構築を中心にした企業文化の形成が評価された。

② ドイツ職員労働組合（Deutsche Angestellten-Gewerkschaft, DAG）：労働者の生産資本参加の問題に長年積極的に取り組んできたことが評価された。（これについては本書の第 8 章第Ⅲ節。）

以上、1992 年の第 13 回までのパートナーシャフト賞受賞者を紹介してきたが、現在では、2008 年から「AGP パートナーシャフト企業文化賞」（AGP

Sterne Partnerschaftliche Unternehmenskultur) が発足している。これは経営パートナーシャフトの促進とパートナーシャフト企業のさらなる鼓舞を目的とする賞で、応募形式になっている。五つ星を最高にして、2008 年には四つ星が 3 社、三つ星が 2 社、二つ星が 1 社、表彰されている。

V.「パートナーシャフト協会」(AGP) とミハエル・レチウス

　1969 年、AGP の初代理事長シュピンドラーの後をザックスが継ぐが、その翌年に業務執行責任者もクニュッパーからレチウス (Lezius, Michael) にバトンタッチされた。その後、レチウスは、37 年間の長きにわたって、9 人の理事長の下で AGP の活動を実質的に先導していくことになる。80 年代および 90 年代における AGP の発展は、レチウスのイニシアティブを抜きにしては語ることができない。やがてレチウスは"Mister AGP"とまでいわれるようになる。AGP の顔となり声となっていったのである。

　レチウスは、1942 年、バルト海沿岸の牧師館の家系に生まれた。ニュルンベルク大学とケルン大学で経営経済学・政治学・経済教育学を学び、商業学士 (Diplom-Kaufmann) と職業教育教員免許を取得した。1963 年から 1965 年までミュンヘンのジーメンス社で研修生として働き、1970 年、バイエルン州 Salsbach-Rosenberg にあるマキシミリアン精錬所 (Maximilianshütte) の商業教育指導責任者 (Leiter der kaufmännischen Ausbildung) に就任した。当初、レチウスには同社の従業員管理がきわめて理想的に思われていたが、そこで実施されている共同決定制度と彼が構想する従業員参加制度との間に大きな違いのあることに気づき、1 年足らずで同社を退職してしまった。たまたま AGP が業務執行責任者の後継者を求めており、レチウスはそこに理想の活動の場を見出すことになった。

　レチウスは、業務執行責任者として AGP の活動をたえず事務的に支えなければならなかったが、しばらくすると経営パートナーシャフトのエキスパートとして研修指導や講演活動、さらに執筆活動と多忙をきわめるようになった。

レチウスが機会あるごとに表明してきた経営パートナーシャフトの思想は、むしろ AGP の思想ともいうべきものであって彼の独創によるものではない。しかしなおレチウスに独創性を認めるとすれば、シュピンドラー以来の AGP の活動と多様に展開される経営パートナーシャフトの実践を俯瞰しながら、AGP のめざすべき方向をたえず思考しつつ、一定の指導像を描き出そうと努めたところにあったといえるだろう。

1. 経営パートナーシャフトと秩序政策的目標

AGP の業務執行責任者を担ってちょうど 7 年目に当たる 1977 年、レチウスは以下の三つの論稿を書いている。

>Lezius, Michael: Humanität, Produktivität und Partnerschaft. Betriebliche Gesellschaftspolitik in Partnerschaftsunternehmen, in; *Die Neue Ordnung*, Heft 1 1977.

>Lezius, Michael: Neue Formen der Kooperation im Betrieb. Selbstbestimmung und Beteiligung der Mitarbeiter, in; Beilage zur Wochenzeitung „*Das Parlament*", B22/77, 4. Juni 1977.

>Lezius, Michael: Das Konzept der betriebliche Partnerschaft, in; *Handbuch der Mitarbeiter-Kapitalbeteiligung*, hrsg. von Hans J. Schneider, Köln 1977.

第1の論稿は、カトリック社会倫理雑誌 „*Die Neue Ordnung*" に掲載されたもので、短いものであるが、経営パートナーシャフトの思想がきわめて簡潔に描かれている。ここで注目されるのは「パートナーシャフト企業における経営的一般社会政策」というサブタイトルである。「経営的一般社会政策」(Betriebliche Gesellschaftspolitik) とは、経営ないし企業が主体となって展開するところの一般社会政策ないし社会改革政策である。「われわれの努力の中心に人間を置かなければならないということは、ドイツ連邦共和国の基本法第1条に規定されており、経営における人間の尊厳の実現こそが企業者的行動の最高の目的でなければならない[24]」のである。そして、このような経営的一般

社会政策を常に意識して展開されてきたのが経営パートナーシャフトの思想と実践であると主張する。「労働の構造変革、組織開発、エルゴノミーの分野における新しい経験は、企業における人間尊重のための基盤を生み出すとともに、同時に生産性の向上も実現する。それは、双方に存在する偏見から生まれている、社会集団間の対立を緩和し、人間性目標と生産性目標を一致させることに大いに貢献するだろう[25]」と。

　第2の論稿は、AGPの経営パートナーシャフト概念、物的な従業員参加制度および資本参加について詳述しつつ、経営パートナーシャフトの秩序政策的目標とその全体経済的観点に考察を加えている。「パートナーシャフト的努力の主たる関心は、資本と労働の間にある表面的な対立を、企業における二つの要素の接合によって止揚すること、あるいは硬直した戦線を打破することである[26]。」しかも「企業は自己目的として見なされるべきではなく、その存在の正当性を社会的奉仕職能に置かなければならない[27]。」「このような責務によって企業者には特別の要請が求められている。自己の利益ためにも社会の利益のためにも企業者は、経営の日常的仕事に神経をすり減らすのではなく、企業者の社会的存在についてもっと配慮するために、通常の業務から解放された時間的ゆとりをもたなければならない[28]」と。

　第3の論稿もまた同様に経営パートナーシャフトの秩序政策的目標について言及している。「従業員の資本参加は、被用者（Arbeitnehmer）を協働者（Mitarbeiter）へ変えることに成功しなければ、われわれの経済秩序を維持することはできないという思考を基礎にしている。われわれの体制と経済秩序は、企業者的職能を社会に役立つように遂行する自由な空間をどの企業者にも与えている。それゆえこの自由空間を維持し、それを従業員にまで拡大するこ

---

(24)　Lezius, Michael: Humanität, Produktivität und Partnerschaft. Betriebliche Gesellschaftspolitik in Partnerschaftsunternehmen, in; *Die Neue Ordnung*, Heft1, 1977, S. 33.

(25)　Lezius, Michael: a.a.O., S. 40.

(26) (27) (28)　Lezius, Michael: Neue Formen der Kooperation im Betrieb. Selbstbestimmung und Beteiligung der Mitarbeiter, in; Beilage zur Wochenzeitung „*Das Parlament*", B22/77, 4. Juni 1977, S. 7.

とが重要である。かくして従業員もまたこの自由空間を擁護するのである[29]。」

　秩序政策的目標の追求を企業者の責務のひとつとし、しかもその責務を従業員にも担わせようとするところに、かつてシュピンドラーによって提唱された「共同企業者制度」（Mitunternehmertum）の思想が受け継がれている。このような秩序政策的目標を意識した経営思想はシュピンドラーに始まるものではない。フレーゼ（Freese, Heinrich）やアッベ（Abbe, Ernst）、ブランツ（Brandts, Franz）[30]など19世紀の企業者たちにまで遡ることができるし、すでに本書で取り上げてきた経営パートナーシャフトの実践家たちも同様の社会意識をもった企業者であった。しかしながら、もともと秩序政策的目標は、たとえどのように高い意識をもっていたとしても経営空間をはるかに超えた課題であって、独り企業家のみによって追求できる目標ではない。そこで社会的意識ある企業家たちはその思想を社会的に啓蒙し普及させるために一定の運動体を結成しようとする。シュピンドラーがAGPに期待したものもまさにそれであったし、レチウスはそれを忠実に継承しつつAGPの活動を支えてきたのである。

2.「パートナーシャフト協会」（AGP）の指導像

　AGPによって刊行されている雑誌 "Das Neue Unternehmen" の1987年4月号に「AGPの指導像」（Leitbild der AGP）が提示されている[31]。それはAGPの経営パートナーシャフトの思想像であるとともに、レチウスの中に蓄積されてきた思想像でもあろう。きわめて重要であるので、以下に訳出しておく。

---

(29)　Lezius, Michael: Das Konzept der betriebliche Partnerschaft, in; *Handbuch der Mitarbeiter-Kapitalbeteiligung*, hrsg. von Hans J. Schneider, Köln 1977, S. 32.
(30)　フランツ・ブランツの経営思想と経営政策については、増田正勝『キリスト教経営思想―近代経営体制とドイツ・カトリシズム』（森山書店、1999年）「第3章　ブランツの経営思想」。
(31)　Leitbild der AGP, in; *Das Neue Unternehmen*, 4/1987.

[AGP の指導像]
1. 企業と社会

　　企業者的行為はわれわれの社会の基本要素のひとつである。経済における行為は以下のような責任を担うものである。

　　　ⓐ物質的生活基盤の創造。
　　　ⓑ企業の実体維持と成長。
　　　ⓒ企業で働く人間の正当な諸権利の充足。
　　　ⓓ社会的・自然的環境に対する企業の影響。

　　企業者、経営管理層、被用者代表は、かかる意味において人間はますます企業者的共同責任を担うものであることを自ら模範となって考慮しなければならない。

2. 経営パートナーシャフト

　　経営パートナーシャフトは、企業経営者と従業員との間の、契約された協働の形態である。それは、企業現象に従業員が全体的に参加しようとする、従業員の意欲を促進するものでなければならない。

　　従業員が共同責任へ動機づけられ、また職務要求が人間尊重に方向づけられているときのみ、従業員は企業目的に貢献する。

3. AGP の目標

　　AGP は、経営パートナーシャフトを促進し、それによって市場経済とわれわれの自由な社会秩序の発展に貢献するものである。

　　AGP は、企業において、全体経済において、また国家・経済・社会の関連領域において協働の新たな道を開発し促進するものである。

4. AGP の構成員

　　AGP の主たる構成員は、経営パートナーシャフトをすでに自己の企業においてどの程度実践しているかどうかに関わりなく、ともかく AGP の目標に共鳴しそれを促進しようという意志を有する企業者である。それ以外に団体や個人も構成員となることによって AGP を支えている。

5. パートナーシャフトの道

AGPは、個別的には以下のような政策によって経済におけるパートナーシャフトの発展を促進しようとする。

　ⓐ従業員の物的参加によって生産資本の広大な分散を図る：
　　①成果参加。　②財産参加。　③資本参加。
　ⓑ従業員の精神的参加：
　　①職場関連的意思決定への参加。
　　②重要な調整的課題への参加。
　　③企業関連的意思決定への参加。
　ⓒ以下のような社会的課題を引き受ける。
　　①現代的テクノロジーの責任ある応用。
　　②社会における価値変化に対する開放性。
　　③社会における集団間のパートナーシャフト的関係の支援。

経営パートナーシャフトは、すべての参加者に最高度の自己啓発を可能にし、協力および適切な共同責任を伴った共同決定の多様な形態によって労働疎外（Fremdbestimmung）を克服しようとする。

パートナーシャフトの下でAGPは以下のことも理解する。すなわち、社会の勢力領域や企業の中に存在する利害の対立は、否定されたり操作されたりしてはならないということである。むしろ対立を変換して全体の利益に役立つような妥協点を見出すべきである。

最後に、1977年の時点でレツウスによってまとめられた経営パートナーシャフトの構成要素を表9-1に示しておこう[32]。同じ構想は10年後の1988年にも提示されている[33]。なお、表9-1の中の「労働主義的（laboristische）・資本主義的参加」とは、労働の投下による成果参加（Erfolgsbeteiligung）と資本の投下（資本参加）による利子および利潤持分への参加を意味する。

---

(32) Lezius, Michael: Das Konzept der betriebliche Partnerschaft, in; a.a.O., S. 41.
(33) Lezius, Michael: Betriebliche Partnerschaft — die Konzeption, in; *Der Arbeitgeber*, Nr.23/24, 1988, S. 24.

表9-1 経営パートナーシャフトの構成要素

精神的参加			物的参加
行動の変革		構造の変革	
共同決定	組織開発	労働の構造	成果参加 資本参加 財産参加
個人の権利 グループ共同決定 経営協議会の権利 企業共同決定	情報 共同の目標設定 グループ決定への協力（全会一致の原則） 職務満足 多様な管理スタイル 教育活動 社会貸借対照表（環境関連的）	個別職場 グループ労働 職場形成 労働の意味 職務交替 職務拡大 職務充実 半自律的集団 エルゴノミー 社会医学 労災保護	1. 従業員企業 2. 財団企業 3. 参加企業 　①成果参加 　②純粋な資本参加 　③労働主義的・資本主義的参加
共同決定	労働世界の人間化		財産形成

Ⅵ. 結　　論

　1950年に創設された「パートナーシャフト協会」（AGP）はそろそろ60周年を迎えようとしている。はじめはユートピアと思われていた経営パートナーシャフトも今や3,000社以上で実践されるに至っている。この60年間のAGPの活動を資料の許すかぎりでふり返ってきたが、少なく見積もっても豊かな成果に恵まれた60年間であったといえるのではないかと思う。人々の執拗なまでの熱意と強力な意志力がAGPの発展を支えてきたのである。しかしそれにしてもいったい何が人々をしてそこまで駆り立ててきたのであろうか。この問いをたえず思い浮かべながらこの研究を進めてきたが、われわれが到達した結論は至って月並みである。経営パートナーシャフトを志向する企業者たちは、ただ自己完結的に自己の企業の繁栄を達成するだけでは満足できなかったので

ある。自らの企業者活動を通して社会に貢献できることを自己の天職と信じ、より人間的な世界を形成しなければならないという、高い社会的意識が彼らを根底からとらえて離さなかったのである。この理想主義こそが彼らを動機づけていたものに他ならないと理解される。

マンハイム大学名誉教授のガウグラーは、「AGP の 60 年間」（AGP in sechs Jahrzehnten）と題する論稿の中で今後の AGP の課題について以下のような諸点を挙げている[34]。

① 経済的生産力の向上および階級的対立のない社会にとって経営パートナーシャフトが有する意義を、今後ともますます社会に普及させていかなければならない。

② 経済と企業におけるパートナーシャフト的努力の促進に際して、政治家・国家・立法者の支持を得るようにたえず努めなければならない。

④ 経済諸団体および労働協約当事者をパートナーシャフト理念とその実践に対するよき理解者とすべく努めなければならない。

⑤ 経営パートナーシャフトの促進について「経営内的協働促進協会」（Gesellschaft für innerbetriebliche Zusammenarbeit GiZ）[35]との協働をこれからもいっそう進めるべきである。

⑥ 大規模企業よりも中規模企業における経営パートナーシャフトの促進にいっそう力を傾注すべきである。中規模企業の方がその構造においてより有利な前提条件を有しているからである。

最後に、ガウグラーは、常軌を逸した株主価値最大化主義が経営パートナーシャフトによって修正されることを指摘する。「経営パートナーシャフトは、従業員の物的参加という構成要素によって、ステークホルダー主義を志向し

---

[34] Gaugler, Eduard: Die AGP in sechs Jahrzehnten, in: *AGP-Forum*, Kassel, Nr.1, 2007, S. 5.
[35] GiZ は、1969 年、AGP の会員によって設立された。ドイツ語圏において、すべての産業部門および企業規模における経営パートナーシャフト・モデルの開発についての助言活動・研修活動を展開している。従業員参加の専門的研究者ハンス・シュナイダー（Schneider, Hans J.）もこの GiZ の指導者であった。

ていることを示すことができる。また、雇用されている企業の成果と資本への参加によって企業の社会的責任を認識せしめることができる[36]」と。

---

(36) Gaugler, Eduard: a.a.O., S. 5.

第10章　フィッシャー経営学と経営パートナーシャフト

I. 序　論

　物的参加と精神的参加という二つの柱に支えられた経営パートナーシャフトは、その思想史的淵源をたずねて行くと、二つの流れを遡っていくことができる。ひとつは、利潤参加とそれから派生する成果参加および資本参加の流れである。労働者の所有参加の系譜といってよいであろう。いまひとつは、労働者委員会や経営協議会に代表される労働者代表制の流れである。経営参加あるいは共同決定の系譜と称してもよいであろう。この二つの系譜はいずれもその精神的淵源を19世紀前半にまで遡ることができるが、実際に先駆的企業者によってそれが実践され、人々の関心を強く惹き始めるのは、19世紀後半の4分の1世紀以降のことであった。

　この当時、利潤参加を実施した企業はおよそ70社ほどであったといわれているが、資本参加を導入した企業はごくわずかで数えるほどしかなかった。第1次世界大戦後、激化する労働組合運動に対する防御策として、また生産性向上や資本調達の手段として、あるいは労働疎外を克服するための政策として、利潤参加制度を導入する企業が増えたが、これもワイマール時代の終焉とともに消え去っていく。利潤参加が再び注目を浴びるようになるのは第2次世界大戦後のことであった。労働者の財産形成政策および所有参加政策の一環として利潤参加が提唱され、多くの企業で実践に移されるようになった。

労働者代表制の端緒的形態は1870年代前後にいくつかの企業で見ることができたが、19世紀末になると労働者保護政策が進展する中で労働者委員会の設置が広く見られるようになった。その後、1920年の「経営協議会法」によって初めて労働者代表制は一般的な法制化の下に置かれることとなった。第2次世界大戦終了後、1951年の「モンタン共同決定法」に続いて1952年には「経営組織法」が制定された。

この二つの流れを先駆的に統合して、今日の経営パートナーシャフトのモデルを示した企業はきわめてわずかであった。「ツァイス財団」を創設したアッベ（Abbe, Ernst）の経営政策と「立憲的工場制度」の下で利潤参加を導入したフレーゼ（Freese, Heinrich）の経営政策が歴史的に記憶されているが、それらがモデルとなって他の多くの模倣者を見出すところまでは行かなかった。経営パートナーシャフトの本格的な生成・発展は、これまで本書において指摘してきたように、第2次世界大戦の終了を待たなければならなかった。

19世紀後半以降、ドイツの産業界に起こっていた、利潤参加および労働者代表制という歴史的事象を最初に正面から問題にしたのは、歴史学派の、いわゆる講壇社会主義者の教授たちであった。社会政策学会を中心に労働者問題の有力な解決方向として盛んに議論された。ワイマール期に入ると、経営の人間問題を強く意識した社会政策論者や社会学者たちが、所有参加および共同決定の問題を経営社会政策論の問題として把握し、その研究に取り組んだ。それがドイツ経営社会学の成立へ向かわせることになった[1]。

では、ドイツの経営学はどうであったか。商業学の伝統を克服しつつ国民経済学の存在を強烈に意識して成長してきた経営経済学は、ひたすら経営経済の科学として自己を完成する道を歩いてきた。その到達点が第2次世界大戦後に現れるグーテンベルク（Gutenberg, Erich）の経営経済学であった。戦前において、経営の人間問題、経営の社会問題に重大な関心を示し、これを経営学の

（1）　ワイマール期におけるドイツ経営社会学の生成・発展およびその問題意識については、増田正勝『ドイツ経営政策思想』（森山書店、1981年）。

中心問題として捉えようとしたのは、規範学派と称される、わずかの経営学者たちであった。ディートリッヒ（Dietrich, Rudolf）は、経営を「労働共同体」（Arbeit-Gemeinschaft）として捉え、利潤概念を否定して、その肢体である労働者も請求権をもつ「経営成果」（Betriebs-Ertrag）の概念を主張した[2]。さらに規範学派の巨匠とされるニックリッシュ（Nicklisch, Heinrich）は、経営を人間から構成される有機体、すなわち「経営共同体」（Betriebsgemeinschaft）と理解し、「資本ではなく労働の精神こそが企業の神髄（Seele）である[3]」と主張し、「経営共同体」が獲得した「経営成果」（Betriebsertrag）は、労働給付に応じて労働者に分配されなければならないとした[4]。

　第2次世界大戦後も事情はあまり変わらなかった。グーテンベルク学派の経営経済学が盛隆を極めていく中で、経営の人間問題を経営学体系化の基礎にしようと試みた経営学者たちもまた規範学派、価値判断学派と称される人々であった。その中で、経営パートナーシャフトの問題を経営学の中心問題のひとつとして捉え、それに一貫して取り組んでいった、最も代表的な経営学者にフィッシャー（Fischer, Guido）とガウグラー（Gaugler, Eduard）がいる。戦後における経営パートナーシャフトの展開を語る場合、この二人を抜きにして語ることはできない[5]。まず本章では、フィッシャーを取り上げる。いったい何がフィッシャーをして経営パートナーシャフトの研究と実践へ立ち向かわせていったのだろうか。フィッシャーの問題意識が明らかにされなければならない。

（2）　Dietrich, Rudolf: *Betrieb-Wissenschaft*, München/ Leipzig 1914, S. 394.
（3）　Nicklisch, Heinrich: *Die Betriebswirtschaft*, 7.Aufl., Stuttgart 1932, S. 296.
（4）　ニックリッシュの経営共同体論と経営パートナーシャフト思想との関連については、Gaugler, Eduard: *Heinrich Nicklischs Konzept der Betriebsgemeinschaft*, Mannheim 1999.（森哲彦・柴田明訳「ニックリシュ経営共同体構想」『名古屋市立大学人文社会学部研究紀要』第12号、2002年3月）
（5）　ガウグラーと並んで同じくフィッシャーの門下生の一人であった、マイアー（Maier, Kurt）も経営パートナーシャフトの問題に取り組んだ学徒である。「パートナーシャフト協会」（AGP）の活動に参加するとともに多くの著作を書いている。中でも重要な文献は以下である。Maier, Kurt: *Interdependenz zwischen Mitbestimmung und betriebliche Partnerschaft*, Berlin 1969.

II. フィッシャー経営学とカトリック社会論

1. 倫理的・規範的経営学の提唱

1929年、フィッシャーは、ミュンヘン大学における講義録をもとにして『人間と労働—近代経営におけるその意義』(Mensch und Arbeit — Ihre Bedeutung im modernen Betrieb) をチューリッヒで出版している。彼の最初の著作であった。その「序」でこう述べている。「本書の全10章は、今日、経済における人間と労働を充たしている精神というものがどのようなものであり、またどのように変わり得るかを示そうとするものである。著者の述べるところに賛否両論はあろうが、人間を再び経済的現象の中心において捉えようとすることについては異論はないであろう[6]」と。

この著の第2版は戦後になって1948年にシュトゥトガルトで出版された。サブタイトルが変わって「社会的経営形成に寄せて」(Ein Beitrage zur sozialen Betriebsgestaltung) となっている。時代状況の変化に合わせて若干の変更が加えられているが、基本的な構想はそのままである。この第2版の「序」で次のように述べている。「本著は、人間と人間労働が経済および経営においてどのような地位を占めているか、またわれわれは人間労働に対してどのような態度をもたなければならないかを明らかにしようとするものである。なぜならば、経済生活と経営労働がそもそも可能であることの前提には、労働する人間が存在するからである。その場合に忘れてはならないことは、人間は、神の似姿として、この地上を治めることを神から委託されているということである。この神からの委託を受けているのは資本ではなく人間である。したがって、人間こそが経済的現象の中心点なのである[7]」と。

---

(6) Fischer, Guido: *Mensch und Arbeit im Betrieb. Ihre Bedeutung im modernen Betrieb*, 1. Aufl., Zürich/ Frankfurt a.M. 1929.

(7) Fischer, Guido: *Mensch und Arbeit im Betrieb. Ein Beitrag zur sozialen Betriebsführung*, 2. Aufl., Stuttgart 1948.

フィッシャーは1899年の生まれであるから、この『経営における人間と労働』の第1版が出版されたときはまだ30歳であった。このときの問題意識が戦争を跨いで第2版にも持続されていく。人間を経済的現象の中心に据えた経営学を樹立したいという、経営学の学徒としての熱望と、経済および経営において人間に主体的地位を取り戻さなければならないという、カトリック信仰に基づく使徒的熱意がフィッシャーの基本的問題意識を形成し、その後の経営学者としての活動を根底的に規定していくのである。フィッシャー経営学における、この二つの欲求を、われわれは「人間中心主義の経営学」および「人間性回復の経営学」と呼んでおこう。前者は、経営を人間の共同体、有機体として認識する経営学の形成へ導き、後者は、人間中心原理を具現化する経営パートナーシャフトの実践へ導いていくのである。

フィッシャーのこのような問題意識は、いずれにしろ没価値的理論アプローチや記述的・因果論理的説明理論の枠内に経営学を止まらせることを許さない。自ずと一定の規範的命題から出発する倫理的・規範的な経営学の形成へと導いてく。フィッシャーのこうした問題意識が最も明確な形で現れたのが、1950年ダルムシュタット工科大学で開催された、「経営における人間」を統一テーマとする学会においてであった。

この学会において、経営経済学は経済科学として純化すべきであるという、グーテンベルクに代表される、当時主流を形成しつつあった方法論に対抗して、これを「経済的経営論」と批判し、経営の社会的・人間的側面を考察の中心に据えた「社会的経営論」が別個に企てられるべきだという主張がなされた[8]。レーマン（Lehmann, Max Rudolf）やシェーファー（Schäfer, Erich）、シュミット（Schmitt, Arnold）と並んでフィッシャーもこの立場に立って、「経営における人間―経営経済学・社会学・心理学の境界」と題する報告を行った。

フィッシャーも経営経済学が経済的経営論に偏重してきたことに不満を表明

---

(8) Der Mensch im Betrieb. Mitteilungen, in; *Zeitschrift für handelswissenschaftliche Forschung*, 2.Jg., 1950, S. 355ff.

し、「人間労働・財産・資本が同時にしかも等しく研究・解明されなければならない[9]。」「経営経済学はその理論においてすでに経営に存在する人間そのものと対決しているのである[10]」と主張した。

では、経営経済学はどのように形成されなければならないのか。ここで、フィッシャーの構想は、いわゆる経営諸学の学際的協働が行われるべきだという提唱へ導かれていく。経営の人間問題を解明するためには経済的経営論のみをもってしては不十分であるという主張である。例えば、社会学との協働について次のように述べている。「経営経済学と社会学は相互に補完し合うものであって、双方はそれぞれ固有の研究対象をもつものの、しかし、同時に、姉妹科学の研究成果に基づいてそれを組み立て改造していくものである[11]」と。経営経済学の隣接科学としてとくに経営社会学と経営心理学の発展が待たれるとする。

ところで、ここでフィッシャーのいう経営社会学は独特の内容をもつものである。彼によれば、一般に社会学とは、「社会構造を存在論的に（ontologisch）解明するもの[12]」であって、「社会形成とゲゼルシャフト的・ゲマインシャフト的人間生活の本質・形態・法則を研究するもの[13]」である。そして、経営社会学は、「経営における人間共同体の本質と形態を研究する[14]」ものであり、経営社会学は二つの課題をもっている。ひとつは、「存在論的社会学の一般的認識を経営の特殊な関係に応じて変更・拡張し、そこに適用する[15]」という課題であり、いまひとつには、「経営共同体に固有な問題、その生成の原因、その形態と変化、経営における人間の集団の特殊な相互作用を研究する[16]」という課題である。この二つの課題からすると、経営社会学は、存在論的社会学として営まれる側面と実証的な経験科学として営まれる側面をもっ

---

(9) (10) (11) Fischer, Guido: Mensch im Betrieb. Die Grenzen zwischen Betriebswirtchafts-lehre, Soziologie und Psychologie, in; *Zeitschrift für Betriebswirtschaft*, 22.Jg., 1952, S. 254.

(12) Ebenda, S. 261.

(13) (14) Ebenda, S. 254.

(15) (16) (17) Ebebda, S. 261.

ていることになる。

「存在論的社会学」から四つの社会原理が導出される。すなわち、①独立性原理（Eigenständigkeitsprinzip）、②肢体性原理（Gliedprinzip）、③補完性原理（Subsidiaritätsprinzip）、④連帯性原理（Solidaritätsprinzip）、である。経営社会学は、これらの社会原理が経営の組織原理となるように、「その可能性と効果を研究・解明し、経営組織論がそれを組織原理として応用できるようにする[17]」のである。フィッシャーが挙げた、これら四つの社会原理は、いずれも「カトリック社会論」（katholische Gesellschaftslehre）から引き出されたものである。この四つの社会原理の中の①と②は、カトリック社会論者のクリューバー（Klüber, Franz）においては「人格原理」（Personprinzip）として[18]、またヘフナー（Höffner, Joseph）においては「人間の社会的本質」として論じられている[19]。いずれにしてもフィッシャーのいう「存在論的社会学」は、人間社会の問題を社会哲学的に考察し、そこから社会倫理的・規範的社会原理を導き出そうとする「カトリック社会論」を基礎としているのである。

フィッシャー経営学において、その一つひとつの言明がどのような批判的研究に支えられているのかを、彼の論文・著作から伺い知ることはきわめて難しい。多くの場合、ほとんど注が施されていないし、参考文献のリストも付けられていないからである。これは全く研究者泣かせであるが、以上のようなフィッシャーの主張もダルムシュタット工科大学の学会において突如として提起されたわけではない。それまでにもいくつかの論文が発表されているし[20]、この学会と同じ年の1950年には『キリスト教的社会秩序と経営の社会的実践』

---

(18) Klüber, Franz: *Naturrecht als Ordnung der Gesellschaft. Der Weg der katholischen Gesellschaftslehre*, Köln 1966, S. 54ff.

(19) Höffner, Joseph: *Christliche Gesellschaftslehre*, Kevelaer 1962, S. 38ff. 坂本康実訳『ヘフナー社会・経済倫理』（1967年）28頁以下。

(20) 例えば、以下のような文献がある。
Fischer, Guido: Positives und Naturrecht im Wirtschaftsleben, in; *Der Organisator*, 1930, S. 262-266.
Fischer, Guido: Christliche Wirtschaftsethik, in; *Stimmen der Zeit*, Bd. 142, 1948, S. 112-124.

(*Christliche Gesellschaftsordnung und Sozialpraxis des Betriebes*) を出版している。さらに注目すべきことは、1948年と1949年に開催されたカトリック会議において、経営秩序の刷新について経営学者として発言を行っていることである。フィッシャーがカトリック社会論を基礎にして「人間中心主義の経営学」と「人間性回復の経営学」を企てようとしていたことがよく理解される。

2. カトリック会議とフィッシャー
2－1. マインツ・カトリック会議（1948年）

1848年の三月革命を起源とする「カトリック会議[21]」は、1932年の「第71回エッセン会議」を最後にナチス体制下で中断を余儀なくされていたが、「カトリック会議」創設100周年に当たる1948年に、第1回と同じマインツで再開された。メインテーマは「時の苦しみの中にあるキリスト者」(Der Christ in der Not der Zeit) であった。敗戦後ドイツの抱えるさまざまの社会問題が12の部門に分かれて討議された。フィッシャーは「新しい社会的経営体制」をテーマとする部会で基調報告を行った。労働者の共同決定を求める労働組合の要求が急激に高まる中で、これはまさに時代の焦眉のテーマであった。フィッシャーは「新しい社会的経営体制の要求とその基礎」と題して報告を行った。

まず出発点に次のような基本的見解が置かれている。「経済において人間にふさわしい地位を人間に再び与えることは、自然法それ自体の要求であるとともに、とりわけ現代の要求である。経営経済学は、人間労働が資本と協働して

---

(21) 「ドイツ・カトリック信徒総会」(Generalversammlung der deutschen Katholiken) の総称である。19世紀前半のドイツ・カトリック教会は、プロイセンの国教会主義によって破滅に瀕し、カトリック教徒は政治的・社会的に無権利状態に置かれていた。三月革命はカトリック教徒の復権を求める運動に決定的な機会をもたらした。反カトリック的国家主義に対してカトリック的文化を保持しようとする抗議的・防衛的組織としての性格を強めていくが、1848年の第1回カトリック会議が「社会的不正と弊害の除去に全力を傾けること」を宣言して以来、ドイツにおけるキリスト教社会運動の生成・発展に多大な影響を与えていくことになる。(Filthaut, E.: *Deutschen Katholikentage 1848-1958 und soziale Frage*, Essen 1960. Buchheim, K.: Katholikentage, in; *Lexikon für Theologie und Kirche*, Freiburg 1961, Sp. 62-72. Wodka, J.: Katholikentage, in; *Katholisches Soziallexikon*, Innsbruck 1964, Sp.491-492.)

経営給付を生産することを認識してきた。しかし、経済科学も経済実践もそこから何ら必然的結論を引き出していない。単に社会的正義の観点からのみならず、キリスト教的愛の実現においてもかかる自然法的かつ科学的認識が実行されることを要求する。これがキリスト教的立場である[22]」と。

したがって、経営は、経済的職分と並んで社会的職分を果たさなければならない。経営は、労働する人間が過ごす「仕事場」（Arbeitsstätte）である。そこでは、人間は、単なる労働要素・労働対象としてではなく、主体として、「全体的人間」（ein ganzer Mensch）として取り扱われなければならない。この「新しい社会的職分」は、経営を人間共同体として、社会的共同体として形成する課題を企業者に命じる。そのために企業者は、組織を「生き生きとした人間的共感で満たし、……従業員全体にとってまた個々人にとって仕事と経営の全体的現象がもつ機能と意味が理解されるように[23]」形成し、さらに公正賃金の実現に努めなければならない。他方、労働者にも「新しい社会的職分」が課せられる。労働者は「給付生産の経済性と個々の労働および全体としての経営労働の給付上昇に努力し、またそれに対する責任を意識しなければならない。……このような関係から、労働者と職員の、経営において協力し共同決定する権利が生まれてくる。この権利は、政治的要求としてではなく、自然法上の要請（naturrechtliche Forderung）として見なされなければならない[24]。」こうして「新しい社会的職分」が遂行されるとき、経営の中には「真の協働者関係」（Mitarbeiterverhältnis）が形成される。

次に、フィッシャーは、経営における労働者の「協力権」（Mitwirkungsrecht）と共同決定権について語る。それには経営協議会と経営給付共同体という、二つの実現形態がある。

---

(22) Fischer, Guido: Forderung und Grundlagen einer neuen sozialen Betriebsverfassung, in; *Der Christ in der Not der Zeit. Der 72. Deutsche Katholikentag vom 1. bis 5. September 1948 in Mainz*, hrsg. von Generalsekretariat des Zentralkomittees der Katholischen Deutschlands zur Vorbereitung der Katholikentage, Paderborn 1949, S. 55.
(23) Ebenda, S. 56.
(24) Ebenda, S. 57.

経営協議会の共同決定権は、経営全体の社会的労働領域に適用されるだけで、経済的領域では企業者の単独責任が要求され、経営協議会には協力権だけが認められる。この協力権の形態としては、①経済的重要問題についての企業者の報告義務、②企業者に情報提供を請求する経営協議会の権利、③勧告・提案によって経営の経済的職分に協力する経営協議会の協力義務、がある。ここには、社会的事項については共同決定権、経済的事項については協力権という「経営組織法モデル」が先取りされている。

　協力権・共同決定権の第2の実現形態である「経営給付共同体」(betriebliche Leistungsgemeinschaft) とは、経営の職場共同体のことである。「経営の最小の労働共同体に至るまで共同協議 (gemeinsame Besprechung) の原理が実現されなければならない[25]。」そして、職場における共同協議の原理は、「経営規則に盛り込まれ、労働者と職員が職場の給付協議の実行を要求できるようにしておかなければならない[26]」とする。

　このような協力権・共同決定権をめぐって労使間に紛争が生じた場合、労使双方の代表と中立的議長によって構成された仲裁裁判所が問題解決に当たる。しかし、この制度だけでは企業者によって経営の社会的職分が無視される恐れがあるので、フィッシャーは、破産法に類似して不適格な企業者を排除できる特別の「経営法」(Betriebsrecht) の制定を提案している。そして、この「経営法」を施行するために特別の経済裁判所が設立されなければならないとする。

　このマインツ・カトリック会議における報告には、戦前からフィッシャーの中に流れている問題意識がきわめて鮮明に表明されていると同時に、フィッシャー経営学の基本的な骨組みが簡潔に示されている。さらにそれだけではなく、すでに経営パートナーシャフトの構想も見て取ることができる。

---

[25] [26]　Ebenda, S. 59.

2—2. ボーフム・カトリック会議（1949年）

　この第73回カトリック会議は、労働者の共同決定権に関して、いわゆる「ボーフム宣言」と称される重大な決議を行った会議として有名である。「カトリック労働者と企業者は、社会的・人事的・経済的問題に関する、すべての協働者の共同決定権は、神の望まれる秩序に合致した自然権（ein natürliches Recht）であり、それには共同責任が伴っていることを、ここに一致して確認する。われわれは、その法制化を要求する[27]」と決議した。この「ボーフム宣言」が当時の世論に与えた影響は絶大で、共同決定反対論者をして「ボーフム経営災害」（Bochumer Betriebsfall）と嘆かしめたほどであった。

　フィッシャーは、「労働者と企業者」をテーマとする部門に参加し、そこで「キリスト教的社会秩序原理による経営の社会的共同体」というタイトルで基調報告を行った。フィッシャーによれば、キリスト教的社会観および社会秩序原理から経済生活・経営生活に対して三つの基本的要請が生じてくる[28]。

　① 経営を独立した有機体として理解しかつ承認すること。
　② 補完性の原理と連帯性の原理が組織原理として適用されること。
　③ 人間の地位と意義を再びあらゆる経済的・経営的行動の中心とすること。

　この三つの要請に応えることが経営を「社会的共同体」として形成していくことであり、また経営を「人間の仕事場」として秩序づけていくことに他ならない。この「社会的職分」を企業者に遂行させるために、ここでもフィッシャーは特別の「経営法」の制定を主張している。外部に対しては有機体としての経営の権利を、内部については労働者・企業者・資本提供者の権利・義務を規定する。マインツ会議では労働者の協力権と共同決定権について言及していたが、ここでは直接に共同決定権の問題に立ち入っていないが、「経営法」の構

---

(27) Die Entschließung des 73. Deutschen Katholikentages, in; *Gerechtigkeit schafft Frieden. Der 73. Deutschen Katholikentag vom 31. August bis 4. September 1949 in Bochum*, Paderborn 1950.

(28) Fischer, Guido: Die Sozialgemeinschaft des Betriebes nach den Grundsätzen der christlichen Gesellschaftsordnung, in; *Gerechtigkeit schafft Frieden*, Paderborn 1950, S. 176.

想はそれにつながるものを内包している。

　経営の組織原理として「補完性原理」と「連帯性原理」を指摘している。「補完性原理」は「経営全体を有機的部分へ分割すること[29]」を命じる。分権の原理である。それによって各人のイニシアティフを尊重する職場集団が形成される。フィッシャーはそれを「経営労働集団」あるいは「労働共同体」と称している。「連帯性原理」は、「経営で働くすべての人々相互間の人間的連繋・関係および相互的な人間的責任・義務の原則[30]」であり、人格的存在として相互に尊重することを要請する。この二つの組織原理によって経営は真の「人間の仕事場」として有機的に形成されることになる。

　経営は人間社会の器官（Organ）である。この器官は、人間労働と資本が共同で生産する経営給付によって維持されている。したがって、「経営の目標と任務は人間労働と資本である。企業者はこの両者に対して同等に配慮しなければならない。企業者は、単に所有者ないし資本の利益代表として見なされるべきではなく、労働者および人間一般の福祉に対して企業者責任を負うものである[31]。」このような認識は、キリスト教的社会秩序観からの帰結であるばかりではなく、経営経済学の新しい認識でもあることを強調している。

　ボーフム・カトリック会議における、フィッシャーの基調報告からも、フィッシャー経営学がカトリック社会論と根底において結びついていることが理解される。1950年に出版される『キリスト教的社会秩序と経営の社会的実践』の基本的構想がすでにここに示されている。

　フィッシャーがカトリック社会論の思想財を経営経済学に導入することについては、ネル・ブロイニング（Nell-Breuning, Oswald von）やグントラッハ（Gundlach, Gustav）などカトリック社会論者との論争を招いたところもあったが、むしろ経営経済学とカトリック社会論を橋渡しした功績が評価されるべきであろう。その点についてレーヘルマンは以下のように述べている。「フィッシャーは、人間の人格的・社会的存在の価値・規範の総括概念としての……社

---

(29) (30) (31) Ebenda, S. 177.

会原理を経営経済的形成課題の倫理的・規範的理論へ統合する理論構想を提起した。没価値的経営経済学がその学科の認識対象を経済という形式対象に限定するのに対して、フィッシャーは、その認識対象を質料としての経済にまで拡張した。このことがフィッシャーをして、企業者的行動の理論や倫理的・規範的形成理論を提起することを可能にしたのである[32]」と。

III. フィッシャー経営学と経営パートナーシャフト

1.「パートナーシャフト協会」(AGP) の創設

　1950年10月、シュピンドラーの呼びかけに応じて、およそ60人の人々がケルンのアルテンベルクに集合した。ほとんどは企業者たちであったが、大学教授や聖職者、諸団体の代表者も含まれていた。その中の大学教授の一人がフィッシャーであった。この会議で「パートナーシャフト協会」(AGP) の創設が決議された。フィッシャーは、「AGP を設立しようとするシュピンドラーの努力を積極的に支援し、AGP の社団法人化が整うとすぐに理事会の理事として、パートナーシャフトを制度的に維持し拡大する活動に協力した[33]」のである。どのような経緯からフィッシャーがシュピンドラーの企図に関わるようになったのか、フィッシャー自身も語ってくれないし、シュピンドラーの回想録をめくってもそのことに触れた個所は見当たらない。AGP の創設以前から両者の間には何らかの接点があったのではないかという推測ができるだけである。

　1953年から1956年までミュンヘン大学で経営経済学を学び、フィッシャーのゼミナールに所属したフィーレッグ (Vieregg, Josef) は、その時代のことを

---

(32) Rehermann, Thomas: Die Rezeption der Sozialprinzipien der katholischen Soziallehre in die Betriebswirtschaftslehre durch Guido Fischer, in; *Guido Fischer 1899-1983*, hrsg. von Eduard Gaugler, Mannheim 1999, S. 171.

(33) Wunderer, Rolf: Guido Fischer — Zur Person, in; *Verantwortliche Betriebsführung. Professor Dr. Guido Fischer zum 70. Geburtstag*, hrsg.von Eduard Gaugler, Stuttgart 1969, S. 307.

次のように回想している。「フィッシャー教授は、実践との触れ合いに大きな価値を置き、とりわけいろいろな部門の企業への研修旅行によってそのことを学生たちに教えようとした。経営者や経営幹部との会談の中で学生たちは、企業管理および企業政策の一般問題と特殊問題について深い認識をもつことができた。このような研修旅行がとくに有意義であったのは、それがゼミナールの特殊テーマと結びつけて組織されていたことであった。ゼミナールで得た理論的知識を訪問企業での討論においてさらに実践的に深めることができた[34]」と。そして、「ギード・フィッシャーはパートナーシャフト運動の共同創設者となった。学生たちはゼミナールにおいてパートナーシャフトの問題を熟知することができ、パートナーシャフト企業の経営者や経営幹部とも議論することができた[35]」と語っている。

経営パートナーシャフトに関する、多くの著書・論文において、フィッシャーは、AGP創設の経緯やAGPにおける彼自身の活動についてほとんど何も語ってくれない。1955年の著『経営におけるパートナーシャフト』でもAGPについては全く言及していない。ただこの著の邦訳（1962年）の「日本版への序文」においてAGPの設立とその活動を紹介している。これはほとんど例外ともいえるものである。上に引用したフィーレッグの回想からわれわれが推測することができるのは、おそらくフィッシャーはかねてより経営パートナーシャフトに関心を寄せ、いろいろなパートナーシャフト企業と接触し、その実態について熟知していたであろうということである。『経営におけるパートナーシャフト』では10社の経営パートナーシャフト実践例が考察されているが、このこともわれわれの推測を裏付けるものであろう。

2. 経営パートナーシャフトの精神的基礎

1950年代の半ばにミュンヘン大学に学び、後にドゥレーガー・ヴェルク社

---

(34) Vieregg, Josef: Begegnung mit Studierenden, in; *Guido Fischer 1899-1983*, S. 30.
(35) Vieregg, Josef: a.a.O., S. 33.

の経営責任者となり、またAGPの理事長を務めることになるクリスティアン・ドゥレーガー（Dräger, Christian）は、学生時代のことを次のように回想している。「経営パートナーシャフトの理念、企業の成果と資本へ従業員を参加させるという思想は、私の祖父と父がすでに取り組んでいたものであったが、アットホームな議論を通してさらに多くのことを学ぶことができたのがこの場であった[36]」と。また、ピエロト社で"ピエロト・モデル"を実践したエルマール・ピエロト（Pieroth, Elmar）も、同じ頃フィッシャーの助手を務めていたガウグラーから経営パートナーシャフトについて学んだことを回想している[37]。講義やゼミナールを通して学生たちに経営パートナーシャフトについて啓蒙を与えたことは、その後の経営パートナーシャフトの普及・促進にとってきわめて重要であった。しかし、さらに大学の枠を超えて社会一般に大きな影響を与えたのがフィッシャーの著述活動であった。

　経営パートナーシャフトに関する最初の著作が1955年に出版された『経営におけるパートナーシャフト』（*Partnerschaft im Betrieb*）であった。200頁近い著作で、経営パートナーシャフトの決定版ともいえるものである。その後に書かれた、経営パートナーシャフトに関する著書・論文はすべてこの著が基礎となっている

　この『経営におけるパートナーシャフト』は、いわゆる学術的な研究書ではない。経営パートナーシャフトの実態を分析してそこから一定の結論を導き出したり、あるいは体系的な理論構築をめざそうとする意図はフィッシャーには全くない。経営パートナーシャフトについての啓蒙書あるいは実践ガイドブックという印象も受けるが、われわれはむしろこの書は経営パートナーシャフトの思想を説いたものであると理解する。「序」の中で以下のように述べている。

　「経営パートナーシャフトはすでに多くの企業でいろいろな形において実現されている。しかしながら、経営パートナーシャフトに関する一般的見解や講

---

(36)　Dräger, Christian: Ein planmäßiger außerordentlicher Professor, in; *Guido Fischer 1899–1983*, S. 40.
(37)　本書、第3章、67頁。

義・論文における叙述も種々様々で、部分的には誤っているところもある。したがって、本書は、経営パートナーシャフトの本質とは何か、またそれはどのような形において実現されているか、ということについて明らかにしたい。

　経営パートナーシャフトとは、何よりもまず、経営者側および従業員側双方のパートナー全員の新しい精神的基本態度である。経営パートナーシャフトは、経営組織の理念とその実践的適用の中にその沈殿を見出すのである。それによって可能となった、パートナーの信頼ある協働が経営的給付の増大をもたらし、そこから経営だけではなく、パートナー自身も成果参加などの形態によって金銭的な利益を得るのである[38]。」

　「序」の最初に書かれたこの一文の中に、フィッシャーの経営パートナーシャフトの構想がすべて凝縮されている。「初めに言葉ありき」(ヨハネ福音書1：1) ではないが、経営パートナーシャフトの初めには「新しい精神的基本態度」(eine neue geistige Grundhaltung) がなければならないのである。全体で五つの章から構成される『経営におけるパートナーシャフト』は、そのような意図によって貫かれている。章立てを見ると以下のようである。

　　第1章　経営パートナーシャフトの理念
　　第2章　経営パートナーシャフトの精神的基礎
　　第3章　経営パートナーシャフトを実現するための組織的施策
　　第4章　成果参加と資産参加
　　第5章　経営パートナーシャフトの実践例

　まず第1章では、経営パートナーシャフトは、個人主義と集産主義 (Kollektivismus) の両極端を否定して、個人と社会を共に尊重する「二元主義」(Dualismus) の社会観に立つものであることを明らかにする。次に、経営パートナーシャフトの目標として、①精神的基礎、②組織的施策、③成果参加と資産参加の形態、が挙げられている。この三つの柱の中で最も重要な柱が①の精神的基礎であり、「新しい精神的基本態度」を形成するものである。

---

(38)　Fischer, Guido: *Partnerschaft im Betrieb*, Heiderberg 1955, S. 3.

「精神的基礎」には、①経営の必要条件（Erfordernisse des Betriebes）と②従業員の必要条件（Erfordernisse der Mitarbeiter）がある。①は経営に要請されるもので、②は従業員に要請されるものである。

まず、「経営パートナーシャフトの基礎としての経営共同体の精神的きずなが、社会的有機体としての経営の共同体によって、またこの共同体を構成する個々人によって創造され維持されなければならない[39]」という。このことを「精神的基礎」の基本条件としつつ、「経営の必要条件」として、①生活の安定、②人間性の尊重、③公正賃金、④社会的正義、が実現されなければならない。他方、「従業員の必要条件」としては、①個人の労働給付、②個人の責任、③専門的・人格的に立派な人間、④親しい同僚関係、が形成されなければならない。ここでは前者の「経営の必要条件」の中の「③公正賃金」と「④社会的正義」を見てみよう。

「公正賃金」（gerechter Lohn）について以下のように述べている。「ここでまず注意しなければならないことは、労働は商品ではないということである。賃金の高さが商品の市場法則に従って需要と供給で決定されてはならないのである。労働は、たとえ労働組織的に大規模な労働集団の中へ組み入れられていたとしても、それぞれの人間の個人的労働給付である。それゆえ賃金はすべて公正賃金の要求に合致しなければならない[40]。」

公正賃金は、どのような賃金形態であれ、まず各人の実際の労働給付に正しく対応した賃金を支払うことを経営に命じる。賃金が労働協約で締結された場合、これは最低賃金となるが、決して最高賃金ではないということを忘れてはならない。個人的労働給付に帰属させることが困難な経営成果については、公正賃金を実現するために、別途、成果参加（Erfolgsbeteiligung）が考えられなければならない。公正賃金はさらに社会賃金（Soziallohn）を要求する。この中でとくに重要なものは家族賃金（Familienlohn）である。労働者が家族と共に

---

(39) Ebenda, S. 33.
(40) Ebenda, S. 41.

平均的な生活を維持できることが必要である。家族手当の支給が困難な経営のためには何らかの形の調整金庫（Ausgleichskassen）の設立が要請される。公正賃金は、さらに財産形成のための貯蓄や病気・災害のための貯蓄などに必要な賃金部分も要求する[41]。

以上のようなフィッシャーの公正賃金を図式化すると、公正賃金＝①給付賃金＋②成果参加＋③社会賃金＋④貯蓄手当、ということになる。①と②は労働給付に対応した賃金で最も本来的な賃金であり、経営は公正賃金の要求に合致すべく努力するだろう。しかし、③と④は社会政策的・経済政策的要請を含むものであって、経営自体としては自律的に決定することはできない。自主的にこれを実現している企業も存在するであろうが、実際には③については社会政策や労働政策によって、④については財産形成政策によって推進されていく。公正賃金の主張の中に、フィッシャー経営学の倫理的・規範的特質が最も鮮明に現われている。

このことは、次の「経営の必要条件」の「④社会的正義」についてはいうまでもない。「公正賃金の原則と経営における人間性尊重の努力は、社会的正義の問題へ導く[42]」として、「人間価値の同等性」（Gleichwertigkeit der Menschen）と「社会的愛」（soziale Liebe）について述べている。人間はそれぞれ才能や能力を異にし、経営における職務や階層もさまざまであるが、各人の人間としての価値に上下はない。客体ではなく主体として人間を取り扱うということは、各自の人間性、人間価値の同等性を尊重することに他ならない。社会的愛は、社会的正義を補うものであって、何らかの理由で職務遂行能力において劣っている、弱い立場の職場仲間を互いに助け支え合うものであり、エゴイズムと物質主義に起因する人間性の無視に対抗するものである。こうして経営において社会的正義が実現されるならば、「労働するすべての人間のパートナーシャフトが達成される。人間は、もはや相互的不信の中に閉じ込められて互いに反目

---

(41) Ebenda, SS. 41-44.
(42) Ebenda, S. 44.

し合うことはなく、共通の全体の、すなわちパートナーシャフト経営の部分となり肢体となるのであり、こうしてパートナーシャフト経営がそのすべてのパートナーにとって社会的有機体となるのである[43]。」

以上、フィッシャーの著『経営におけるパートナーシャフト』の第2章で描かれている「経営パートナーシャフトの精神的基礎」を概観してきたが、先に指摘したように、この書は、経験的・実証的な研究書ではない。求むべき経営パートナーシャフトの姿はどのようなものであるかについて、すなわち経営パートナーシャフトの理想像を描こうとしたものである。ここで示された諸命題は、倫理的・規範的命題として、経営パートナーシャフトを志す人々の目標となり、その行動を指導するのである。ここにフィッシャー経営学の最も基本的な特質を理解することができる。

なお、1964年に出版された『一般経営経済学』(Allgemeine Betriebswirtschaftslehre) では、「第1部　経営とその二つの要素：労働と資本」、「第Ⅳ章　経営における人間」、「第2節　経営共同体」の「a）経営における人間関係」の中で経営パートナーシャフトが取り上げられているが、成果参加は第3節の「賃金」の中で考察されている。ここでも、「経営パートナーシャフトの意味における真の経営共同体は、共同体それ自体の精神的基本態度の中で、またこの共同体を構成する各人の基本的精神態度の中で、創造され維持されなければならない[44]」として、経営パートナーシャフトの精神的基礎が最大に重視されている。

Ⅳ. 経営パートナーシャフトと共同決定

フィッシャーによれば、ドイツ語圏における経営パートナーシャフトは、以下の二点において他から区別される独自のものである。

---

(43) Ebenda, S. 47.
(44) Fischer, Guido: *Allgemeine Betriebswirtschaftslehre*, Heidelberg 1964, S. 223.『経営経済学』(清水敏允訳、1962年)

まず第1に、アングロサクソン諸国における、いわゆるパートナーシップ(Partnership) から区別される。ここでも従業員株式や持分証券の発行による資本参加あるいはドイツに類似した成果参加が行われている。「アングロサクソン的"パートナーシップ"は、……何よりも従業員の金銭的向上をめざすものである。……こうした金銭的成果はドイツ的特徴をもった経営パートナーシャフトにも確かにないわけではない。しかし、ドイツでは、それは、企業者と従業員との間の、人間的信頼に満ちた一致協力という全く別のものから生じるのであって、この一致協力が生産性の向上をもたらすのである。ところが、アングロサクソン的制度では、金銭的向上の形態によって経営給付に対する従業員の関心を高め、それによって従来あった従業員の労働抑制 (Arbeitsreserve) を止めさせることができると信じられているのである[45]。」フィッシャーにおいては、人間中心原理に立った経営共同体を形成すること自体が経営パートナーシャフトの目的であって、生産性向上や能率増進はその結果であるにすぎない。そのことは、すでに見たように、経営パートナーシャフトの精神的基礎を第一義とするところに表明されている。

次に、第二点について以下のように述べている。ドイツ語圏では、「資本会社の統治機関における労働者の支配力を高めようとする努力が労働組合によって行われている。モンタン共同決定法に見られるように、監査役会の労資同権的構成をできるだけ一般化しようとしているのである。ここにおいては、経営者側と従業員との間の信頼ある協力に基づいた経営内的パートナーシャフトは形成されず、……ただ経営の統治機関における資本と労働のパートナーシャフト的支配関係が形成されるだけである[46]」と。フィッシャーによれば、これは「経営を超えたパートナーシャフト関係」(überbetriebliche Partnerschaftsverhältnis) である。いわゆる「社会的パートナーシャフト」といわれるものである。その典型的なものは労資同権的に構成された商業会議所や労働会

---

[45] [46] Fischer, Guido: Theorie und Praxis der betrieblichen Partnerschaft, in; *Betrieb und Gesellschaft. Soziale Betriebsführung*, hrsg. von Josef Kolbinger, Berlin 1966, S. 123.

議所（Arbeitskammer）であって、そこでは「経営を超えた共同決定」が志向されている。「中心にあるのは、経営における信頼ある協力という人間原理ではなく、経済的・社会政治的な権力関係の新しい秩序である[47]」という。

以上は、1966年の論文「経営パートナーシャフトの理論と実践」から引用したものであるが、われわれはこれによって、フィッシャーの経営パートナーシャフト思考と共同決定思考をよく理解することができる。労働組合の要求する共同決定とフィッシャーのいう共同決定の構想とは根本的に異なっているのである。フィッシャーの理解によれば、「モンタン共同決定法」は「経営を超えた共同決定」が経営の空間へ侵入してきたもので、これは経営の本質とは相容れないものである。経営の空間では「経営的共同決定」（betriebliche Mitbestimmung）が形成されなければならないのである。

すでに1955年の著『経営におけるパートナーシャフト』で「経営的共同決定」について考察が行われている。企業者の単独支配に対して、集産主義的共同決定観が対立している。「集産主義の意味においては、共同決定の権利は全体としての従業員に属しており、従業員は、選出された機関、すなわち代表者を通して、つまり従業員の間接的共同決定の形態を通してその共同決定権を行使するのである。……共同決定は、信頼ある協働を実現する代わりに経営的対立の権力闘争へ必然的に変化してしまう[48]」のである。これに対して協力参加（Mitwirkung）や共同決定においては、「経営およびその機関の意思決定の自由が妨げられてはならない[49]」のである。

ここには、労資同権原則に立った「モンタン共同決定法」に対する、フィッシャーの批判を聞くことができる。企業者の意思決定自由を維持し、労使間に信頼ある協力関係を形成する共同決定がフィッシャーのいう「経営的共同決定」ということになる。すでに本書の第8章で、経営パートナーシャフトに対する労働組合の見解を考察したが、この点においてはフィッシャーも労働組合

---

(47) Ebenda, S. 124.
(48) (49) Fischer, Guido: *Partnerschaft im Betrieb*, S. 53.

の立場と対立してくることになる。

　こうした過激とも思える「モンタン共同決定法」批判は、1967年の『一般経営経済学』では影を潜めている。まず、共同決定の概念の整理を行っている。「経営内的共同決定」（経営的共同決定）と「経営を超えた共同決定」の区別、経営的共同決定における「協議参加」（Mitsprache）、「協力権」（Mitwirkungsrecht）、共同決定権（Mitbestimmungsrecht）の区別、共同決定における「直接的共同決定」と「間接的共同決定」の区別、人事的事項・社会的事項・経済的事項に関する、経営協議会による経営的共同決定、などについてである。そして、「法的共同決定」を1951年の「モンタン共同決定法」と1952年の「経営組織法」について説明している。ここには、先に見られたような激しい「モンタン共同決定法」批判は行われていないが、共同決定の本質について以下のように述べている。

　「共同決定は、従業員に対して経営現象に関して規則的な展望を与えて、経営生活について何も知らされていない、全く参加していないという感情を抱かせないようにするばかりではなく、同時に経営生活の意識的形成に従業員を参加させるものである[50]。」すなわち、共同決定の本質は、労使間に信頼ある協働関係を築くところに求められなくてはならないのである。この観点からすれば、自ずと「モンタン共同決定法」よりも「経営組織法」の方がフィッシャーの意図するところに適うことになろう。

　フィッシャーの共同決定思考については、すでにネル・ブロイニングのそれと対決させる形で批判的に考察を加えたことがある。フィッシャーは、「モンタン共同決定法」を「経営を超えた共同決定」に分類して、「経営的共同決定」の範疇に入れていない。さらにまた、それを「集産主義的共同決定」に分類している。このことは果たして適切であろうか。確かに労資同権的共同決定は権力闘争へ導くかもしれない。その可能性をだれも否定することはできないであろう。しかし、フィッシャーのいう「経営生活の意識的形成」は決して利害対

---

(50) Fischer, Guido: *Allgemeine Betriebswirtschaftslehre*, S. 232.

立に縁のない過程ではない。労働者の利益代表としての労働組合を経営空間から完全に排除することはできないし、そのような排他性はかえってさらに重大な権力闘争を引き起こすであろう。むしろ労資同権的共同決定は経営空間における利害対立を緩和・制御する制度として理解されるべきではないか。「フィッシャーのパートナーシャフト経営論も、……社会的パートナーシャフト思考を基礎としてはじめて成立し得る(51)」というのがわれわれの立場である。

V. 結　論

　フィッシャーの80歳記念論文集『人間主義的人事・組織開発』の中に、1979年に行われた、フィッシャーとのインタビューが掲載されている。そこでは経営パートナーシャフトについて多くの質疑応答がなされている(52)。
　質問：「パートナーシャフトによって資本と労働の対立を解消できるのか？」
　フィッシャー：「労資双方が同じ倫理的原則を認め、実業生活と個人生活に
　　二重の道徳が存在しないならば、それは可能である。」
　質問：「そのようなヴィジョンはどの程度まで現実のものとなっているか？」
　フィッシャー：「イエスでもありノーでもある。イエスというのは、ドイツ
　　で、とりわけ日本で一連のパートナーシャフト経営がすでに存在するから
　　だ。ノーというのは、これらのパートナーシャフト経営が今なお例外にす
　　ぎないことが問題だからだ。パートナーシャフトの思想は、大多数の企業
　　者や労働者の考え方にまだ大きな影響を与えるに至っていない。ほとんど
　　の労働者は、ごく最近の鉄鋼ストライキに見るように、未だに企業者を元
　　来の敵対者と見なしている。現実の状況は、パートナーシャフトよりも労
　　資の対立によって特徴づけられる。」

---

(51) 増田正勝『キリスト教経営思想―近代経営体制とドイツ・カトリシズム』(1999年)、294頁。

(52) Fiedrichs, Hans/ Reichvilser, Helmut: Interview mit Guido Fischer (1979), in; *Humane Personal- und Organisationsentwicklung*, herg. von Rolf Wunderer, Berlin 1979, S. 445-451.

質問:「しかし、抗争は、社会的進歩にとって必要なものと見なされないだろうか？」

フィッシャー:「もし抗争から進歩が生まれるべきだとしたら、抗争は解決されなければならない。その場合、こうした抗争が平和的に解決されることが確かに望ましい。議論を尽くして共同で解決の道を追求することによってこのような紛争を平和的に調停するのに、パートナーシャフトは優れて適切であると思っている。闘争的対立によって生じる社会的コストを回避し、しかも進歩を達成することができる。」

質問:「経営組織法は、労働者代表と企業者代表との間の信頼ある協働を規定しているが……？」

フィッシャー:「私は、パートナーシャフト的思想を強制できるものとは思わない。」

質問:「あなたは、パートナーシャフト理念の普及のために、ドイツおよび日本の"パートナーシャフト協会"に積極的に関わってきたが？」

フィッシャー:「ここドイツではいくつかの成功したパートナーシャフト経営が存在するにもかかわらず、協働についての考え方はまだ広く確立されるに至っていない。物質主義的刻印をもった、きわめて強固な個人主義がドイツでは未だに支配的である。残念ながら、人間中心主義をもってしても急速な成功を達成することはできないのだ。」

質問者のフリードリッヒス (Friedrichs, Hans) とライヒフィルザー (Reichvilser, Helmut) がフィッシャーに労資対立について質問しているところに興味を惹かれる。フィッシャーは労資対立の根源をつまるところ価値観の問題に帰せしめているように思われる。労資対立および労資紛争は、社会経済過程の構成要素であって、たとえ価値観を共通にしてもそれ自体は解消できない、というのがわれわれの立場である。経営の空間においても対立と統合の過程があり、この過程を円滑に処理して経営目的を達成しようとすれば、フィッシャーのいう経営的共同決定は、経営を超えた共同決定、すなわちわれわれのいう「社会的パートナーシャフト」によって補完されなければならないのである。

第10章　フィッシャー経営学と経営パートナーシャフト　*263*

　このインタビューは1979年に行われているが、経営パートナーシャフトの現状と将来についてフィッシャーはやや悲観しているような印象を受ける。「パートナーシャフト協会」（AGP）が発足して30年が経とうとしている。この当時、ドゥレーガー・ヴェルク社のクリスティアン・ドゥレーガーがAGPの理事長を務めている。1980年にはおよそ1,000社において経営パートナーシャフトが実践されている。この数はフィッシャーにとってはあまりにも少ないのか、あるいはフィッシャーの理想とするパートナーシャフト企業はそれよりもはるかに少ないのか。フィッシャーにはやや厳しいところがあったのかも知れない。

　フィッシャーは、日本におけるパートナーシャフト運動について触れている。日本における経営パートナーシャフトの展開については、本書の性格上これに言及してこなかったが、1966年9月、フィッシャーの来日を機会に「パートナーシャフト研究会」が設立され、これが後に「日本パートナーシャフト協会」に発展している[53]。ここにもフィッシャーの貢献を見出すことができる。

---

(53)　この「パートナーシャフト研究会」は、代表幹事を田中慎一郎氏（十条キンバリー株式会社代表取締役）、事務局長を篠田雄次郎氏（上智大学社会経済研究所教授）が務め、1967年1月より季刊誌『人間と労働』（1973年より『ぱあとなお』と改題）を発行するとともに、研究会・研修会やドイツへの研修旅行などを行っている。日本におけるパートナーシャフトの実践については、篠田雄次郎『パートナー宣言』（1974年）。また、2003年には、*Betriebliche Partnerschaft in Japanischen Unternehmen（Co-Partnership Management in Japan）*, hrsg. von Eduard Gaugler/ Toshio A. Suzuki, Mannheim 2003、が出版されている。

第11章 ガウグラー経営学と
　　　　経営パートナーシャフト

Ⅰ. 序　　論

　今日「従業員参加の老大家」(Nestor der Mitarbeiterbeteiligung) と称されている[1]ガウグラー (Gaugler, Eduard) の経営パートナーシャフト思想を最後に取り上げて、本書を締めくくることにしよう。この場合、従業員参加はほぼ経営パートナーシャフトと同義語なので「経営パートナーシャフトの老大家」といってもいいであろう。このように呼ばれるようになったのは、何よりもフィッシャーの後を継いで「パートナーシャフト協会」(AGP) の活動に積極的に参加しこれを精神的に支えてきたということばかりではなく、経営経済学者として経営パートナーシャフトの問題に取り組み、問題状況の解明と解決方向の探求にたえず学術的に貢献を果たしてきたからに他ならない。さらに1977年より、1949年フィッシャーによって創刊された人事労務専門誌『経営における人間と労働』(*Mensch und Arbeit im Betrieb*) (1968年に "*Personal*" と改題) の共同編集者に加わり、そのことによって経営パートナーシャフトの理論と実践をめぐる論議に大きな鼓舞を与えるとともに、自らもそれに参加してきたからであろう。

　ミュンヘン大学でフィッシャーの指導の下に1966年に教授資格を取得し、

---

(1) Prof. Dr. Dre. h.c. Eduard Gaugler, in; *AGP-Mitteilungen*, 25.Jg., Nr. 307, 15. Mai 2000, S. 6.

1967年からレーゲンスブルク大学の経営経済学の教授に就任した。それまではフィッシャーの助手を務め、フィッシャーの『経営におけるパートナーシャフト』(1955年) や『一般経営経済学』(1964年) ではその「序」において助手のガウグラーに対して謝辞が述べられている。1972年にマンハイム大学に移った。その前身のマンハイム商科大学にはかつてニックリッシュ (Nicklisch, Heinrich) もいた伝統ある経営経済学部である。そこでアウグスト・マルクス (Marx, August) の講座を引き継ぐことになった。人事労務論 (Personalwesen) の講座で、正式名称は「一般経営経済学・人事労務論・労働科学講座」であった。これは1972年マルクスのよって創設された、ドイツ語圏における最初の人事労務論の講座であった。その後、このマンハイム大学を拠点として、とりわけ人事労務論の領域においてたえず指導的役割を果たしてきた。『人事労務事典』(*Handwörterbuch des Personalwesens*, 1. Aufl., Stuttgart 1975, 2.Aufl., 1992, 3. Aufl., 2004.) および『ドイツ経営管理事典』(*Handbook of German Business Management*, Stuttgart 1990.) の編集責任者を務め、また『経営経済学の発展。専門学科の100年—同時にポエッシェル出版社の歴史』(*Entwicklungen der Betriebswirtschaftslehre. 100 Jahre Fachdisziplin — zugleich eine Verlagsgeschichte*, Stuttgart 2002.) では編纂とともに人事労務論の学史を担当している。まさに「ドイツにおける人事労務論の老大家」と称されてもいいであろう。

ヴンデーラー (Wunderer, Rudolf) は、戦後西ドイツにおける人事労務論の発展を五つの方向に求め[2]、そのひとつに「責任ある経営管理・人事管理論」(Verantwortliche Betriebsführung bzw. Personalführung) の方向を設定し、そこに属する経営経済学者として、ニックリッシュ、フィッシャー、コルビンガー (Kolbinger, Josef)[3]、マルクス[4]、ガウグラーなどを挙げている。これは倫理

---

(2) Wunderer, Rudolf: Personalwesen als Wissenschaft, in; *Personal*, 27. Jg., H.8, 1975, S.34. 他の四つの立場は、「実践主義的人事管理論」「システム・アプローチ的人事管理論」「意思決定論的人事管理論」「人事マーケティング論」である。

(3) コルビンガーの経営学説については、増田正勝「コルビンガーの経営社会論」『山口経済学雑誌』第23巻第3・4号、1974年7月。

的・規範的な方向である。フィッシャー、マルクス、ガウグラーの3人はカトリシズムという共通の基盤でつながっており、さらにこれにカルフェラム(Kalveram, Wilhelm)[5]を加えると、ドイツ経営経済学におけるカトリック学派について語ることができよう[6]。ガウグラーの場合は、他の3人ほどにはそれを示す際立った著作はないが、本章で取り上げる文献以外にも明らかにそのカトリック的立場を示すいくつかの論稿がある[7]。

1983年ローマにおいて社会回勅『ラボレーム・エギゼルチェンズ』に関する国際会議が開催された。ガウグラーは、この会議において「経営経済的要請と人間主義的要請の緊張領域に立つ企業」(Das Unternehmen im Spannungsfeld betriebswirtschaftlicher und humanitärer Erfordernisse) というテーマで報告を行っている。そこにはカトリシズムに立つガウグラー経営学の基本的問題意識がきわめて鮮明に表明されている。まず、この論稿を考察することから始めよう。

---

(4) Marx, August: *Zur Theologie der Wirtschaft*, Wien 1961. マルクスの経営学説については、増田正勝「A. マルクスの経営学説―経営経済学・人事労務論・経済倫理学」『山口経済学雑誌』第43巻第3・4号、1995年5月。

(5) Kalveram, Wilhelm: *Der christliche Gedanke in der Wirtschaft*, Köln 1949. カルフェラムの経営学説については、増田正勝『カルフェラムの経営学説』『山口経済学雑誌』第45巻第6号、1997年9月。

(6) ドイツ経営経済学におけるカトリック学派については、増田正勝「キリスト教経営思想と経営経済学」『現代ドイツ経営経済学』(海道進・吉田和夫・大橋昭一編著) 税務経理協会、1997年。

(7) 本章で考察する文献以外に、例えば以下のようなものがある。

Gaugler, Eduard: Katholischer Menschenbild und Mitarbeiterführung im Betrieb, in; *Die Sendung*, 4/1965.

Gaugler, Eduard: Der katholischer Akademiker im Wirtschaftsbetrieb, in; *Die Sendung*, 2a/1966.

Gaugler, Eduard: Ethos und Religion bei Führungskräften, in; *MBF-Information*, 3/1988.

Gaugler, Eduard: Führung im Kontext zwischen Ethos und Religion, in; *MBF-Information*, 3/1988.

II. 企業をめぐる人間主義的要請

1. 経営経済的要請と人間主義的要請

　1981年、前ローマ教皇ヨハネ・パウロ二世によって発布された社会回勅『ラボレーム・エギゼルチェンズ』(Laborem exercens) は、「第1の能動因は常に労働であって、生産手段の体系である資本は単なる用具もしくは用具的要因に止まる[8]」として、「資本に対する労働の優位という原理[9]」を提示した。そして「労働の主体は人格としての人間である[10]」という基本的観点に立って、とりわけ資本主義的経済体制に対する批判を展開した。ネル・ブロイニングは、資本主義に対して「労働主義」(Laborismus) が主張されているという解釈を示したが、その場合、資本主義とは何か、労働主義とは何か、という問題をめぐってカトリック社会論者たちの間で論争が展開された[11]。ガウグラーは、この論争からは距離を置いて、社会回勅の別の面に注目した。

　「『レールム・ノヴァルム』『クワドラジェジモ・アンノ』以来、カトリック社会論は企業と企業者に注意を払ってこなかった[12]」とガウグラーは批判する。ほとんどの労働者が個別企業に雇用されている現状を見るとき、カトリック社会論は、企業および企業者の問題を視野に収め、これを体系的・総合的に考察する必要があると主張する。

　ヨハネ・パウロ二世が「人間は、生産手段の全体を利用しながら労働を遂行

---

(8)(9)　Johannes Paul II: *Laborem Exercens*, 1981, III, 12-1. (ドイツ語訳) *Über die menschliche Arbeit. Mit Kommentar von Oswald von Nell-Breuning*, Freiburg i. Br. 1981. (日本語訳)『働くことについて』(沢田和夫訳) カトリック中央協議会、1982年。ここではドイツ語訳を使用している。ただし、引用箇所の記号は日本語訳のものである。

(10)　Johannes Paul II: *Laborem Exercens*, II, 6-2.

(11)　それについては、増田正勝「社会回勅『ラボレーム・エギゼルチェンズ』と労資共同決定」『山口経済学雑誌』第32巻第5・6号、1983年5月。

(12)　Gaugler, Eduard: Das Unternehmen im Spannungsfeld betriebswirtschaftlicher und humanitärer Erfodernisse, in; *Arbeit. Ihre Wert, Ihre Ordnung. Mit einer Ansprache von Papst Johannes Paul II.*, hrsg. von Bruno Heck, Mainz 1984, S. 76.

するとき、同時に労働の成果が自分と他人に役立てられ、また自分が働いている仕事場において生産過程に対する共同責任者（Mitverantwortlicher）・共同形成者（Mitgestalter）であろうとする[13]」と述べるとき、労働の概念はきわめて広く把握されており、資本提供者や企業者、企業管理層の労働もまた人間労働として理解されている。『ラボレーム・エギゼルチェンズ』は企業および企業者の問題にカトリック社会論の目を向けさせたと、ガウグラーはこれを高く評価する。

労働の範疇が広く捉えられることによって、企業は、従業員（Mitarbeiter）・管理職（Führungskräfte）、企業者、資本提供者から構成された「労働共同体」として理解される。これをさらに総括すると、企業は、従業員・企業者・資本提供者の三者から構成された「労働共同体」として把握される。

『ラボレーム・エギゼルチェンズ』は、企業および企業者の問題領域に視野を拡げたとはいえ、これを体系的・理論的に取り扱おうとする意図はもともともっていない。そこで、ガウグラーは、経営経済学の立場から、労働共同体としての企業はどのような人間主義的要請の前に立たされているかを考察しようとする。この場合、「人間主義的要請」（humanitäre Erfordernisse）とは、人間労働の本質に由来するところの倫理的・規範的要請である。「労働は、人間と人間性の特別のメルクマール、すなわち人格（Person）という特徴をもっており、労働は、この人格としての人間から成る共同体において行われる。このメルクマールが労働の内的特質を規定し、ある意味で労働の本質を形成している[14]」のである。

ガウグラーによれば、企業は、以下の三つの事実から由来する人間主義的要請の前に立たされている[15]。

第1は、経営の給付過程に人間労働が投入されているという事実である。この事実は直ちに、経営の生産過程および分配過程を人間主義的要請にどのよう

---

(13) Johannes Paul Ⅱ: *Laborem Exercens*, Ⅲ, 15-1.
(14) Johannes Paul Ⅱ: *Über die menschliche Arbeit*, S. 10.
(15) Gaugler, Eduard: a.a.O., S. 86.

に適応させ、またこれにふさわしく形成していくかという課題を提起する。

第2は、企業が経済社会の全体的秩序の中に組み込まれているという事実に由来する。企業は、経済社会の全体的秩序の維持・形成という課題から逃れることはできない。

第3は、企業は、自由な経済社会秩序の中で活動する営利経済的制度であるという事実である。この事実からどのような人間主義的要請が導き出されてくるのだろうか。

第1の事実に由来する人間主義的要請については、これを労働の人間化の問題として捉え、別に改めて取り上げることにしよう。ここでは、第2と第3の事実から導き出される人間主義的要請を見ていこう。

上述の第2の事実に関しては、ガウグラーには別に「企業体制に対する市場経済的要請」という論稿がある。社会的市場経済は、その倫理的根拠づけにより、またその経済的有効性から見て、適切な経済体制として肯定されている。そして、マクロシステムのミクロシステムとしての企業には、以下のような基本的要請が生まれてくる。①市場経済秩序の肯定と維持、②市場に生起する需要の充足、③市場における危険負担と危険負担能力、④費用経済性（Kostenwirtschaftlichkeit）、⑤仮借なき市場支配力行使の断念、である。これらの要請は、「市場経済体制の機能可能性と、自由な社会秩序を求める一般社会政策的目的から生じてくる[16]。」したがって、「企業は、それぞれの社会的状況において自由な社会秩序の基礎にふさわしく行動しなければならない[17]。」その場合、ただ受動的に適応するのではなく、「社会の構造的な発展に能動的に参加することが求められる[18]」のである。例えば、新しい需要を喚起しようとする広告・宣伝活動は、その対象である消費者の人間性を侵害することがあって

---

(16) Gaugler, Eduard: Marktwirtschaftliche Anforderungen an Unternehmensverfassung, in: *Sicherung und Fortentwicklung der sozialen Marktwirtschaft. Ordnungspolitische Aufgaben*, Stuttgart 1979, S. 14.

(17) Gaugler, Eduard: Unternehmen im Spannungsfeld betriebwirtschaftlicher und humanitärer Erfodernisse, S. 85

(18) (19) Ebenda, S. 86.

はならず、むしろ人間社会がより人間的で豊かな社会に発展することができるように貢献しなければならない。ガウグラーのいう市場経済的要請とは、いうまでもなくいわゆる市場原理主義ではない。むしろ市場原理は人間主義原理に従わなければならないという主張である。

　企業は営利経済的制度であるという、第3の事実は、それ自体としては純粋に経済的事実のように見える。しかし、ガウグラーによれば、それはすでに人間主義的要請を内包した緊張領域なのである。「企業の存続に対する脅威を早めに認識し、その存立を確保する活動を適時に開始することは、企業経営者の中心的な課題である。企業の存続のみならず雇用の確保もまたこの課題に依存しているがゆえに、この課題はきわめて人間主義的な意義を有している[19]。」すなわち、市場経済において企業が競争優位に立つべく行動することそれ自体がすでに人間主義的要請を含んでいる。企業自体の維持・存続を通して、企業は、個人および社会に貢献しているというのである。

　労働共同体としての企業において、その構成員に報酬を分配する過程には常に人間主義的要請から来る緊張領域が横たわっている。この場合、経営成果を経営構成員に公平に分配する普遍妥当的基準というものは存在しない。「資本提供者、企業者、従業員の間における経営経済的創造価値の分配は、経済的な自動作用によって行われるのではない。人間主義的に志向する発展した産業社会においては、この分配は直接・間接の関係者間の交渉を通して解決されるところの、永遠の課題である[20]」とガウグラーはいう。

　経営経済的観点に立つと、経営構成員三者のどれかひとつについての最小成果持分は、「この持分のさらなる削減がその要素の企業からの退出へ導き、それに代わるものを調達できないし、また他の要素によって代替できないところで決定される[21]」という。これは、企業自体の維持の観点から経営肢体の維持を捉えようとする考え方である。全体を犠牲にして部分を維持することはできない。したがって、分配の源泉となる経営成果をたえず大きくすることに企

---

(20) (21) Ebenda, S. 88.

業は努力せざるを得ず、このような行動それ自体が人間主義的要請の命じるところとなってくるという。しかし、この要請は企業エゴイズムへ導かないであろうか。これに対しては、第2の事実に由来する人間主義的要請が企業に責任ある行動を要求する。

ガウグラーのいう人間主義的要請とは、すでに指摘したように、つまるところ倫理的・規範的要請であり、企業および企業構成員にはこの要請に応える責任を課するものである。ヴンデーラーが「責任ある経営管理・人事管理論」の方向へガウグラーを分類したのもまさにこのような意味においてであった。

2. 労働の人間化と経営経済的要請

「労働の人間化」(Humanisierung der Arbeit) は、1960年代末から70年代にかけて活発に論議されるようになり、1976年、ガウグラーも労働の人間化に関する研究調査を行っている[22]。ガウグラーによれば、労働世界の人間化はすでに19世紀半ばには開始されており、過酷な労働条件や劣悪な労働環境を少しでも改善しようとする試みや施策、あるいは国家による労働者保護政策や企業者の自発的な労働者福祉政策、労働組合の労働条件改善運動なども労働の人間化として広く理解される。

しかし、1970年代の労働の人間化は、「職務設計」(Arbeitsstrukturierung) の問題として把握される。この場合、労働の人間化の運動は、極度の分業化の進行とその結果としての人間労働の技術的従属に対する批判から出発して、労働世界を人間の観点から再構築しようとするものである。そして、現代の労働の人間化運動の本質的な特徴は、技術決定論 (technologischer Determinismus) からの解放にある。かつては技術が労働組織を規定するという技術決定論が支配的であったが、近年における技術の進歩はこのような技術決定論の限界を打破することを可能にした。

---

(22) Gaugler, Eduard: *Humanisierung der Arbeitswelt und Produktivität. Literaturanalyse — Praktische Beispiele — Empfehlungen für die Praxis*. Studie im Auftrag des Bayerischen Staatsministerium für Arbeit und Sozialordnung München, Mannheim 1976.

「現代の技術は、個々の仕事場の労働内容および経営全体の労働組織を労働者の個人的要求に方向づけるとともに、分業化された労働過程にあって自律的処理の能力と意欲を尊重するチャンスをもたらしている[23]。」このチャンスを生かして「人間主義的な労働組織」を形成していくことが新しい職務設計の課題であり、それが人間主義的要請に対する対応である。

職務設計においては、職務領域の量的・質的拡大が中心となる[24]。量的拡大としては、職務拡大（Arbeitserweiterung）と職務交替（Arbeitswechsel）があり、質的拡大としては、職務充実（Arbeitsbereicherung）と集団自律性の創造ないし高度化（Schaffung oder Erhöhung der Gruppenautonomie）がある。

職務の量的拡大は、確かに職務範囲の拡大をもたらすが、権限の範囲や決定権はこれによって大きく変わることはない。労働の人間化にとってより重要なことは、職務の質的拡大である。職務充実によって個人の責任範囲と自由裁量余地の拡大が生まれる。また、一定の職務群を複数の人間が重複して遂行できるような労働組織を設計すれば、個人の責任・権限範囲が拡大され、しかも職務編制上のフレキシビリティが高まる。

ガウグラーによれば、「労働世界における技術の発展と労働組織の人間主義的形態は、従業員の技能と密接な関係にある[25]。」新しい技術の出現に伴って、これまでになかった新しい技能（Andersqualifikation）が要求されるようになる。すなわち、「動的に発展する技術が導入され、またフレキシブルな組織モデルが適用されていくと、労働者の技能についての概念は固定的で静態的なものに止まることはできない[26]。」したがって、労働の人間化は、新たに要求される技能をいかに継続的かつ効果的に労働者に習得させるかという問題へ自ずと導かれていく。

---

(23) Gaugler, Eduard: Humane Arbeitsorganisation, in; *Tagesordnung der Zukunft*, hrsg. von Klaus Weigelt, Bonn 1986, S. 99.
(24) Gaugler, Eduard: Humanisierung der Arbeit, in; *Internationale Katholische Zeitschrift*, 13.Jg., 2/1984, S. 138ff.
(25) Gaugler, Eduard: Humane Arbeitsorganisation, S. 99.
(26) Ebenda, S. 100.

ここでは、当面の技能育成というよりも問題志向的・目標追求的な教育政策の展開が求められる。さらに技能の高度化・多様化に対応するために「鍵となる技能」(Schlüsselqualifikation) をどう習得させるかという問題がある。この場合、「鍵となる技能」とは、①基本的連関を理解する能力、すなわち、それによって個別的事実を整理することができるようになる能力、②習得した知識を未知の新しい状況や問題へ有効に適用できる能力、である。労働の人間化は、このように新しい技能の習得を要請するとともに、新たに習得された技能がさらに労働の人間化を推し進めていくという過程を含んでいる。

ところで、このように理解された労働の人間化は、企業の経済的目標、すなわち経営経済的要請と両立し得るのであろうか。「人間主義的労働とは、人間にとって意味のある労働であり、……人間がその活動を投入する意味が職業的労働によって直接に媒介されるように、職務設計が行われなくてはならない[27]。」この場合、以下の三つのケースが考えられる。①特別の費用を伴わずに実現できる場合、②労働の人間化に必要とされる追加的費用以上に経済的効果がもたらされる場合、③人間主義的要請と経営経済的要請の間にコンフリクトが生じる場合、である。①と②のケースでは人間主義的要請と経営経済的要請は調和・両立している。問題は③のケースである。

労働の人間化目標と経済的目標との間にコンフリクトが生じている場合、企業は大きな緊張領域の中に置かれることになる。企業はそこで経済的・社会的状況に適合した戦略を選択していかなければならない。それは、「企業の専門的能力と倫理的責任意識に対して最高度の要請を課するものである。企業レベル（監査役会・取締役会）や経営レベルでの労働者の共同決定によって、企業者に対する、このような要請が弱まるわけではない。むしろ人間主義的要請と経営経済的要請との間の緊張領域における最適解決の責任は、共同決定が行われる企業においては労働者代表にまで拡大される[28]」のである。緊張領域に

---

(27) Gaugler, Eduard: Humanisierung der Arbeit, S. 142.
(28) Gaugler, Eduard: Unternehmen im Spannungsfeld betriebwirtschaftlicher und humanitärer Erfodernisse, S. 92-93.

置かれた企業の行動を決定的に規定するものとして、共同決定制度の問題、すなわち企業体制の問題が提起されてくる。

3. 人間主義的要請と共同決定

　グロホッラ (Grochla, Erwin) の記念論文集に寄せられたガウグラーの論文「企業政策と労働者の共同決定」は、現行の共同決定制度に対してかなり批判的な立場を表明している。「第2次世界大戦後において企業レベルでの労働者の共同決定に結びつけられていた期待は、これまでの経験からすると実現されていないし、たとえ実現されたとしてもそれは企業政策的な犠牲を甘受したうえでのことである[29]」と。1951年の「モンタン共同決定法」、1952年の「経営組織法」、1972年の「改正経営組織法」、1976年の「拡大共同決定法」によって規定されている、ドイツの共同決定体制は、企業政策にどのような影響をもたらしてきたのか。これがガウグラーの問題であるが、その評価は上述のようにネガティブである。

　この場合、企業政策 (Unternehmungspolitik) とは、グーテンベルク (Gutenberg, Erich) のいうところの"真の指導決定"(echte Führungsentscheidung) であって、「委譲することのできない決定[30]」である。ガウグラーによれば、労働者代表は、「共同決定法」はいうまでもなく、「経営組織法」によっても経営協議会を通して企業政策的意思決定に関与することができる。経営協議会は、もともと社会的事項については共同決定権を有しているが、例えば経営変更のような場合には直接的な共同決定権を行使することができる。このように共同決定制度によって、企業体制は、一元的構造から二元的構造へ変化している。企業体制の構造的変化は企業政策の決定にどのような影響をもたらしているのか。

　二元的構造をもった企業体制において、労働者は、一方では資本所有者に対

---

(29) Gaugler, Eduard: Unternehmungspolitik und Mitbestimmung der Arbeitnehmer, in; *Zukunftsaspekte der anwendungsorientierten Betriebswirtschaftslehre*, hrsg. von E. Gaugler/ H.G. Meissner/ N. Thom, Stuttgart 1986, S. 71.

(30) Gutenberug, Erich: Einführung in die Betriebswirtschaftslehre, Wiesbaden 1958, S. 46.

する利害競争者・利害対立者として登場するが、他方では企業の給付パートナー、企業パートナーとして存在する。すなわち、共同決定企業では、企業目標の設定について、一面では労働者自身の利益の実現可能性という観点からアプローチし、他面では、企業を利益共同体として把握し、利益の共通性という観点から接近する。

このような二重構造をもった企業体制は、果たして円滑な企業経営を助けるであろうか。ガウグラーは、このような二元的構造は、労働者の譲歩を可能にするかもしれないが、利害調整のために費やされる多くの時間と複雑な意思決定のゆえに、大きなコスト要因になると考える。さらに労働者側に目を向けると、監査役会における労働者代表の間に利害の対立が生まれる可能性があり、これもまたコスト要因になり得る。結局、共同決定制度は、企業政策にとって"機能障害的な作用"(dysfunktionale Wirkung) をもたらすという。

では、実際に企業目的の実現に対して共同決定制度はどのような影響を与えているのだろうか。この点について、ガウグラーは、1970年のビーデンコプフ委員会の報告に同意する。それによれば、「被用者共同決定は、企業政策的に重要な目的に対立するものではない。しかし、それは目的の社会的限定をもたらしている。共同決定企業においては、企業目的の満足化傾向は見られるが、企業目的の最大化は見られない[31]」のである。さらに、企業体制の二元的構造は、雇用確保の問題や経営危機の問題についても二価的に作用する。共同決定機関において、労使が積極的に協力・協働することもあれば、互いに拒絶的な反応を示すこともある。

以上のように企業政策の観点から、ガウグラーは、労資同権的共同決定制度についてきわめて否定的な評価を下すのである。このような主張の根底には、市場経済体制における企業体制は、その企業政策的意思決定においては一元的構造をもつほうが適切であるという判断が横たわっている。人間主義的要請と経営経済的要請の緊張領域にある企業は、企業政策的決定とその責任は二重構

---

(31) Gaugler, Eduard: Unternehmungspolitik und Mitbestimmung der Arbeitnehmer, S. 67.

造をもった共同決定体制に委ねられるべきではなく、あくまで企業者にその究極の責任が託されなければならないとする。これがガウグラーの共同決定観であり、企業体制観である。それはまた彼の経営パートナーシャフト思想を特徴づけるところのものである。

Ⅲ. 経営パートナーシャフトにおける経営参加と成果参加

1. パートナーシャフト的共同決定

　1971年から1974年まで4年間にわたってヴュルツベルク教会会議が開催され、その決議文書のひとつとして『教会と労働者』がまとめられた。この文書は、「"労働と資本"というシェーマは不十分である[32]」としながらも、「歴史的に存在してきた社会関係の重要な構造が"労働と資本"という張りつめた弓によって特質づけられることは否定できない[33]」として、以下のようなことを述べている。「経済の秩序は、(生産手段の) 所有に基づく権限によってあるいは所有から由来する権限によって大きく規定されている。このような権限を行使する者と、他人の生産手段の下で働くことで所得を獲得することに依存している労働者との間には、利害の共通性とともに利害の相違・対立および権力の不均衡が存在する。経済的・社会的な進歩があり、パートナーシャフト的協働の必然性があったとしても、経済的給付生産に参加するすべての者は、このような二極的対立を軽視してはならないし、否定してはならない[34]」と。

　この『教会と労働者』の発言について、ガウグラーは以下のような理解を示した。まず「社会抗争の原因をもっぱら階級的対立に求めるマルクス的モデルは否定されている[35]」とし、むしろそこでは「資本所有者と労働者との間には並行する利害の一致が存在することが強調されている[36]」と解釈する。利

---

[32] [33] [34] *Kirche und Arbeiterschaft, in; Unbequeme Grenzziehung. Schriften von Oswald von Nell-Breuning*, hrsg. von Ilse Brusis/ Maria Grönefeld, Köln 1990, S. 245.

[35] Gaugler, Eduard: Soziale Partnerschaft — oder Klassenkampf?, in; *Christophorus*, 25. Jg., H.3, 1980, S. 8.

害の相違・対立および権力の不均衡については、「経営と経済におけるパートナーシャフト的構造とパートナーシャフト的人間行動を要請する志向は、究極的にはもともと人間間には全体的な利害の一致というものは存在しないというところに、まさにその根拠を有する[37]」という理解を示している。すなわち、そこに対立・抗争があるからこそパートナーシャフト的調和を求める行動が展開されるのだという。先にガウグラーは、二元的構造をもった共同決定制度は"機能障害的な作用"をもたらすと批判したが、対立・抗争が制度化されることがあってはならないのであり、統合の原理に立った共同決定が制度化されなければならないのである。

『教会と労働者』は"Mehrhaben zum Mehrsein"を強調する。今日の労働者にとって重要なことは、分配の問題よりも労働者の人間性の問題であるという認識に立って、職業教育の問題、労働の人間化、共同決定の問題が言及されている。「人間は、与えられた責任の大きさと共に成長する。財産や所得の多さによってのみでなく、責任の大きさによって人間は豊かになる。しかも人間は、自分が支配できるもの、単独であるいは他人と共同で決定できるものについてのみ責任をもつことができる[38]。」さらに共同決定の問題に言及する。「企業あるいは企業の監査役会における共同決定のあらゆる形態は、労働者の積極的参加に、すなわち参加する労働者の自由と責任に基づかなければならない。したがって、外部に由来する権力分配や権力変換のみを目指し、企業で働く人々の認識や意思を無視して、大部分の共同決定が実行されるような制度は、このことからして正しいとはいえない[39]」と。

ガウグラーはそこにパートナーシャフト的共同決定の構想が表明されていると理解する。それは、各人の人格的価値（Personale Wertigkeit）の実現を中心に置いた共同決定の構想である。ガウグラーはいう、「パートナーシャフト的共同決定は、不信感の上に築かれてはならない。むしろ、それは、共同決定に

---

(36)(37) Ebenda, S. 9.
(38) *Kirche und Arbeiterschaft*, S.249.
(39) Ebenda, S. 249-250.

参加する人々の成長と啓発を内包し、共同責任を担う能力と意欲を生み出すものでなければならない[40]」と。ここに、ガウグラーの共同決定思考とそれを支える経営パートナーシャフト思考がきわめて簡潔に表明されている。それは、フィッシャー経営学から継承されてきた思想財であり、またシュピンドラー以来「パートナーシャフト協会」(AGP) の運動を支えてきた基本的思考である。

　ガウグラーはいろいろな機会に経営パートナーシャフトの歴史について考察を行っているが、最近の論稿として2008年に書かれた「従業員参加の歴史的展開」(Historische Entwicklung der Mitarbeiterbeteiligung) がある。その中に以下のような記述がある。

　「19世紀および20世紀の最初の10年間において多くの企業は、経営における人事管理の方法を家父長主義的様式から保護者的 (protektoralen) な管理スタイルへ変化させてきた。いくつかの企業は、経営における労働者委員会によって"立憲的工場制度"の構想を実践した（経営委員会における労働者代表の協働の始まり）。1920年の経営協議会法は、使用者と経営協議会の間の協働を要求し、それはさらに第2次世界大戦後は1952年の経営組織法、1972年および2001年の経営組織法の改正へと発展している[41]。」

　ここで注目されるのは、いわゆる「モンタン共同決定法」の歴史については全く触れられていないということである。現在の労資同権的共同決定制度がガウグラーによって否定されているわけではない。ドイツの企業体制を規定する基本的枠組みのひとつとして認識されている[42]。しかしそれにもかかわらず、労資同権原則に立つ共同決定は、経営パートナーシャフトの精神史とは流れを

---

(40)　Gaugler, Eduard: Soziale Partnerschaft—oder Klassenkampf?, S. 10.
(41)　Gaugler, Eduard: Historische Entwicklung der Mitarbeiterbeteiligung, in; *Mitarbeiterbeteiligung im Mittelstand. Ein Atlas erfolgreicher Beteiligungsmodelle*, hrsg. von Stefan Fritz, Düsseldorf 2008, S.96.
(42)　Gaugler, Eduard: *Mitbestimmung der Arbeitnehmer in der Betriebs- und Unternehmensverfassung*, Mannheim 2007. 増田正勝訳「ドイツの経営体制・企業体制における労働者の共同決定」『広島経済大学経済研究論集』第30巻第1・2号、2007年10月。

異にしていると考えられている。使用者と経営協議会との間の信頼ある協働を規定する経営組織法の精神の中に、経営パートナーシャフト思考の発展を見ているのである。

2. 経営パートナーシャフトと成果参加

すでに「パートナーシャフト協会」(AGP) の定款に見たように、経営パートナーシャフトの二つの柱のうちのひとつは、「共同で獲得した成果 (Erfolg) に、または企業の資本に、あるいはこの両者に従業員が参加すること」である。一般に経営成果への従業員参加といわれるものがそれであり、ガウグラーには多くの文献があるが[43]、ここではその基本的見解を見るに止めておく。

企業が獲得した経営成果は、「三つの生産要素、すなわち企業経営者、自己資本投下、従業員給付の三者の協働の結果である。参加基礎の大きさは要素結合の投入に応じている。経営成果参加制度において、協働する三つの要素のひとつのみに経済的成果が帰属するようなことがあってはならない[44]。」では、この三者において経営成果はどのように分配されなければならないか。

各自の貢献に応じて分配せよ、という帰属学説は、それが現実的にはほとんど不可能であるという理由から、ガウグラーにおいては否定される。また何か市場法則のようなものによって決定されるものでもない。「参加基礎から労働という要素に分配されるべき持分を算出するための分配率は、一般に超経営的に確定することはできない。それは、経営個別的に見出される[45]。」本書にお

---

(43) ここで利用している文献以外に、例えば以下のような文献がある。
　　Gaugler, Eduard: Belegschaftsaktien in betriebswirtschaftlicher und sozialpolitischer Sicht, in; *Zeitschrift für Betriebswirtschaft*, 37. Jg., 1967, S.741-749.
　　Gaugler, Eduard: Erfolgsbeteiligung; in; *Handwörterbuch des Personalwesens*, 1. Aufl., Suttgart 1975, S. 794-806.
　　Gaugler, Eduard: Mitarbeiterkapital im arbeitgebenden Unternehmen, in; *Jahrbuch für Betriebswirte 1980*, hrsg. von Werner Kresse/ Walter Alt, Stuttgart 1980, S. 197-204.
(44) (45) (46)　Gaugler, Eduard: Mitarbeiterbeteiligung am Unternehmenserfolg, in; *Mitarbeiterbeteiligung und Mitbestimmung im Unternehmen*, hrsg.von F.R. Fitzroy/ K. Kraft, Berlin 1987, S. 17.

いて取り上げてきた経営パートナーシャフトの実践例では、例えば利潤参加における分配率は企業によってまちまちであった。パウル・シュピンドラー・ヴェルク社では25％、ゼドゥス・シュトル社では50％という具合であった。

　労働共同体を構成する基本要素の間で経営成果をどのように分配するかは、普遍的な公準を探求する問題ではなく、パートナーシャフト企業がそれぞれ固有の企業政策によって決定する問題であろう。しかし、完全に恣意的なものであってもよいということにはならない。ガウグラーは、分配率の決定にとって重要となる三つの観点を指摘する[46]。

　第1に、企業経営者・自己資本投下・従業員給付という三つの要素のいずれかが企業から駆逐されることがあってはならない。また、将来における要素投入の準備が保持されなければならない。参加基礎額を三つの要素へ配分する場合、それらが相互に調和し、企業の維持・発展が確保される必要がある。すなわち、企業自体の維持および企業構成員の維持の観点である。

　第2に、企業の投資需要が財務的に可能でなければならない。従業員が経営成果持分の全部または一部を継続的にあるいは一定期間にわたってその財務的利用を企業に委ねる場合は、従業員の分配率は状況によってより有利になる可能性がある。ここでは成果持分の投資的利用が中心となる。すなわち、経営の財務的均衡の維持と資本参加の観点である。

　第3に、分配率は、長期的平均から見て、従業員を参加目標の意味において動機づけないような最低額へ導いてはならない。したがって分配率は、企業が積極的な結果を求めるのであれば、従業員持分には一定の最低限度を保障すべきである。すなわち、動機づけ要因としての機能の維持の観点である。

　以上の三つの観点を考慮して分配率と参加基礎額が決定されたとして、これを参加者各人に配分する場合、その配分方法もまた、経営パートナーシャフトによって何をめざそうとしているか、その企業の企業政策によって個別的に決まってくる。何か一般的な基準というものがあるわけではない。これまでしばしば利用されているのは、月額あるいは年額の賃金総額に比例させる方法である。

グスキ／シュナイダーの調査によれば、1976年の時点において、770社において従業員の資本参加が行われ、それに参加している労働者数はおよそ80万人で、そのうち70万人は従業員株式の形態で資本参加している[47]。このような状況に関連してガウグラーは以下のようなことを述べる。
　「経営パートナーシャフトの意味においてこれらの企業には大きな意義がある。カトリック社会論によって要請されてきた"労働と資本の再結合"に具体的に貢献しているのである。このような従業員の資本参加は、集団的な財産形成の構想とは全く異なっており、それぞれの従業員にとってそれはきわめて身近なものとなり、しかも日常的な経験領域と結びつくという長所を有している。ますます多くの企業と資本所有者が、経営パートナーシャフトのかかる要因に対して控え目な態度を放棄して、資本参加という参加モデルを実現しているのは驚くべきことではない[48]」と。
　しかしながら、資本参加の最も典型的な従業員株式によって「労働と資本の再結合」が実現され、そのことによって職場が自らのものとして果たして意識されるかどうか、これは簡単には答えられない問題であろう。ガウグラーが上に指摘したような長所が実現されるためには、資本参加以外の多様な要因がそこに関係していると考えられる。この問題は、かつて経営社会学者のブリーフス（Briefs, Goetz）が「所有疎外」として提起した問題であったが[49]、労働者の資本参加によって直ちに解決されるにはあまりにも複雑かつ錯綜した問題領域である。例えば、労働疎外を克服するために半自律的作業集団の形成が有効であるとして、この形成課題の実現にとって果たして従業員の資本参加が必要条件となるかどうか、これも簡単には答えられない問題である。資本参加が従業員の共同決定権を強化する方向に作用するのであれば、あるいは有効である

---

(47) Guski, Hans/ Schneider, Hans J.: *Betriebliche Vermögensbeteiligung in der Bundesrepublik Deutschland*, Köln 1977, S. 27.
(48) Gaugler, Eduard: Soziale Partnerschaft — oder Klassenkampf?, S. 15.
(49) ブリーフスの疎外論については、増田正勝『ドイツ経営政策思想』（森山書店、1981年）「第5章　ブリーフスの経営社会学」。

といえるかもしれない。

Ⅳ. パートナーシャフト運動とガウグラー

1.「パートナーシャフト協会」(AGP) とガウグラー

　ガウグラーがいつから「パートナーシャフト協会」(AGP) と関わり合いをもつようになったのかつまびらかではないが、おそらくフィッシャーの助手を務め始めた頃からではないかと思われる。はじめは、AGP の会報 "*AGP-Mitteilungen*" の編集を手伝ったりしていたようであるが、やがてフィッシャーが AGP の理事を引退すると、その後を継いで同協会の理事に就任した。1980 年に、AGP の会員が中心になって財団「企業者的経済における社会的変革」(Sozialer Wandel in der unternehmerischen Wirtschaft) が設立されると、この財団の学識顧問を務めるとともに、このときに創設された「パートナーシャフト賞」の審査の責任を担うことになった。毎年行われる授賞式では審査委員会を代表して、受賞したパートナーシャフト企業について「祝辞」の形で講評を行うのが、学識顧問としてのガウグラーの大きな役割であった。

　「パートナーシャフト賞」の授賞式で披露される、ガウグラーの講評は、受賞した企業の経営パートナーシャフトがどのように評価されているのかという点からばかりではなく、ガウグラーがその時点においてパートナーシャフト運動の現状と方向をどのように認識していたかという点においても、たいへん興味深いものがある。

　マンハイム大学を拠点として展開される、ガウグラーの研究活動とその精力的な著述活動は、それらが経営パートナーシャフトや従業員参加の問題に関連している限りで、AGP を中心とするパートナーシャフト運動に直接・間接に大きく貢献することになった。例えば成果参加に関する多くの論稿がまさにそれを示しているように、パートナーシャフト運動における、ガウグラーの最も大きな役割は、過去・現在・未来を見渡しつつ経営パートナーシャフトの現状を批判するとともに、将来に向けてパートナーシャフト運動を方向づけていく

ことであった。その際に基軸となる観点が、フィッシャー以来継承されてきた、カトリック社会論に立った経営パートナーシャフトの思想であった。

では、その時どきにガウグラーはパートナーシャフト運動をどのように評価してきたであろうか。

2. パートナーシャフト運動の評価
2—1. 1950年代から1960年代までのパートナーシャフト運動

1970年に出版されたシュピンドラーの著『パートナーシャフトの実践』(*Praxis der Partnerschaft*) の末尾に、ガウグラーがコメンタールを寄せている。それは二つの部分から成り、第1部は「パウル・シュピンドラー・ヴェルク社の共同企業者制度の証言力 (Aussagekraft)」と題され、同社の20年間の経営パートナーシャフト実践について評価を試みている。第2部は「20年間におけるパートナーシャフト構想の一般的展開」というテーマの下で、パートナーシャフト運動20年間の歩みについて考察を加えている。ガウグラーがレーゲンスブルク大学時代のことである。この20年間をガウグラーはどう評価していたであろうか。

1949年から1952年の間に経営パートナーシャフトを実践する企業が急速に増えたが、その後はゆるやかなカーブを描き、1960年代の末あたりから再び増加に転じている。1950年に「パートナーシャフト協会」(AGP) が創設されるが、そのパートナーシャフト運動とは別のところで経営パートナーシャフトを自ら導入する企業も見られた。この20年間を総括して、「今日、パートナーシャフト・モデルは基本的に検証済みのものとして証明されている[50]」とガウグラーは述べている。もっとも、1970年の時点で数百の企業で経営パートナーシャフトが実践されていたとはいえ、「真のパートナーシャフト経営の総数は未だに比較的少数に止まっていることを見過ごしてはならない[51]」と注

---

[50] [51] Gaugler, Eduard: Kommentar, in; Spindler, Gert P.: *Praxis der Partnerschaft*, Düsseldorf/Wien 1970, S. 248.

意を促している。

　実践されている経営パートナーシャフトのモデルは、本書で取り上げた企業でもそうであったように、当時においても企業ごとに個別的で多様であった。しかし、ガウグラーによれば、一定の共通した、以下の四つの傾向が見られるという。①パートナーシャフト的成果参加の実践、②資本参加への傾向、③経営内的情報の強化、④経営体制の構築、である。

　①パートナーシャフト的成果参加の実践：パートナーシャフト企業では、いったん導入された成果参加制度は、経済的な企業環境が変化しても中止されることはほとんどなく、環境変化に適応させつつこれを維持している。

　②資本参加への傾向：1950年のAGPの定款には従業員の資本参加はまだ経営パートナーシャフトの構想に含まれていなかったが、60年代の中頃から現金支給的な成果参加から資本参加へ移行するパートナーシャフト企業が増えていく。

　③経営内的情報の強化：パートナーシャフト企業では、企業の経済的成果に関する情報とそれへの参加に関する情報の提供が強化されるとともに、経営管理層と従業員との間の双方向性の情報の授受が促進される傾向がある。

　④経営体制の構築：「経営組織法」の法的枠組みを超えるような経営体制の構築が見られる。経営における従業員の地位が強化され、経営協議会の権限が法的枠組みを超えて拡大され、またパートナーシャフト委員会は法的に規定された経済委員会よりも幅広い活動範囲をもっている。

　最後の「パートナーシャフト委員会」については以下のような点を指摘する。①経済委員会よりもその委員数が多い。②経済委員会よりもその機能の範囲が広い。③経営組織法では経済委員会の委員は使用者と経営協議会によって決定されるが、パートナーシャフト委員会では選挙による場合が多い。④パートナーシャフト委員会と経営協議会の間には密接な協働関係が見られる。すなわち、パートナーシャフト企業における、経営レベルの経営参加は、経営組織

法よりもその構成および機能において拡大が見られるという。

この20年間における重要な変化として、ガウグラーは、以下の三つの点を指摘している。

第1は、マルクス主義的な二階級モデルからの脱却である。1950年前後のパートナーシャフト運動は、シュピンドラーに典型的に見られたように、労働組合の階級闘争路線をあまりにも敏感に意識したがために、自らも労働と資本という二階級モデルに強くとらわれることになった。経営体制においても使用者（企業者、資本提供者）に対して被用者が対決しているというモデルである。ところが経営パートナーシャフトの実践が進展するにつれて、「企業の経営管理者層（Führungskräfte）なくして、あるいはこれと対立しては経営パートナーシャフトは実現できない[52]」という認識が生まれ、「今やこのような認識はパートナーシャフト的構想の共有財となっている[53]。」経営パートナーシャフトの発展にとって、中間・上部管理者層をパートナーシャフト構想へ組み入れていくことが必要になってくる。

第2に、労働者の主体性の回復および基本的人権の尊重という面は、これまでのパートナーシャフト運動では二次的ないし副次的に取り扱われてきた。「自己啓発（Persönlichkeitsentfaltung）の促進とそれに基づいた、経営における協働がパートナーシャフト運動の明白な目標[54]」とならなければならない。その場合、主体性の回復をめざす従業員教育と経営組織法に沿った人権の確立が求められる。

第3には、労働組合との協働である。労働組合の行動がパートナーシャフト運動に対して抑制的な影響をもたらしてきたことは否定できないとしても、これまでの経験からいえることは、「労働組合なくして、あるいは労働組合と対立した形で展開される経営パートナーシャフトは、全く疑わしい大胆な企てである[55]」という。50年代からすれば労働協約パートナー間の協力関係も大き

---

(52) (53)　Ebenda, S. 256.
(54)　Ebenda, S. 260.

く前進し、労働組合の指導者たちも現在の経済社会秩序を原則的に肯定しこれと根源的に対立することはなくなっており、経営パートナーシャフトにおいて労働組合との協働を進めることは、戦後の時代に比べるとはるかに容易になっている。

2－2. 1970年代のパートナーシャフト運動

1970年代には共同決定の領域で大きな前進があった。まず1972年に経営組織法が改正され、経営レベルにおける使用者と経営協議会の信頼ある協働関係の形成と平和義務が再確認されるとともに、労働の人間化に関して職場における共同決定権が拡大された。パートナーシャフト運動はもともと経営組織法による経営体制を支持してきたので、これは望ましい改正であったし、また労働の人間化による労働者の主体性の回復と基本的人権の実現も本来めざす方向であった。1976年の拡大共同決定法によって、モンタン産業以外の全産業において労働者の共同決定権が実現されることとなった。ガウグラーは二重構造的な企業体制に必ずしも賛成ではないが、「これによって使用者と資本提供者に対する個別労働者とその代表者の法的地位が確立・強化された[56]」と評価している。パートナーシャフト運動の進展にとってより良好な環境条件が整備されてきた。

他方、経営の超えたレベルでのパートナーシャフト、すなわち社会的パートナーシャフトの進展については、労使間の利害対立によってややマイナスに評価されるが、それでもパートナーシャフト的な解決方向を探求しようとする労使間の志向は以前に比べると強まっていると見ている。

経営パートナーシャフトの歴史は、常にイニシアティフが企業者から発していることを教えてくれるが、共同決定権の拡大に伴って、労働者および経営協議会が経営パートナーシャフトに強い関心を寄せるようになったのも70年代

---

(55) Ebenda, S. 263.
(56) Gaugler, Eduard: Drei Jahrzehnte AGP, in: *Menschen machen Wirtschaft*, hrsg. von Michael Lezius, Grafenau 1982, S. 40.

の変化である。

このような動向の中で「パートナーシャフト協会」(AGP) は、1972年にその定款を大幅に改定した。そのことについてはすでに本書の第8章において見てきたところであるが、成果参加と並んで資本参加を物的参加の基本要素に組み入れた。他方、物的参加に対して精神的参加の意義が改めて強調されている[57]。

1970年には「第3次財産形成法」が制定され、財産効果的給付を労働協約によって投資賃金として利用する道が開けた。しかし、雇用されている企業への資本参加はほとんど進展していない。1970年代の中頃で、出資された資金の98％は、口座預金、住宅建設貯蓄、生命保険等の現金財産へ投下されている。このような状況について、ガウグラーは、以下のような評価を行っている[58]。

まず第1に、財産的貯蓄から資本参加の方向へ向かって労働者のメンタリティに変化が生まれてきたことをガウグラーは評価する。第2に、雇用されている企業への資本参加を一般に強調し過ぎるきらいがあり、資本参加を多様な財産形成政策的ミックスのひとつとして把握する観点が必要であるという。第3に、現金的財産形成はむしろ資本参加への前段階かつその源泉として理解すべきであるとする。資本参加が進まないことをガウグラーは全く悲観していない。

2—3. 1980年代以降のパートナーシャフト運動

1984年の「第4次財産形成法」の制定とともに所得税法の一部改正が行わ

---

(57) 改定された定款は以下のようである。「経営的パートナーシャフトとは、企業経営者と従業員との間の、契約によって協定された協働の形態であり、それは、すべての参加者に最高度の自己啓発を可能にし、また、さまざまの協力および適切な責任を伴った共同決定によって労働疎外を克服しようとするものである。このパートナーシャフトの不可欠の構成要素は、共同で獲得した成果に、または企業の資本に、あるいはこの両者に従業員が参加することである。」

(58) Gaugler, Eduard: Neue Aspekt der Kapitalbeteiligung, in; *Menschen machen Wirtschaft*, hrsg. von Michael Lezius, Grafenau 1982, S. 133-135.

れ、「財産参加法」という新しい呼称が登場することとなった。従来の貯蓄型を主流とする財産形成方式から資本参加の方向へ決定的な政策転換が行われた。従業員株式や受益証券などによって企業資本へ直接・間接に参加する方法が労働者財産形成カタログの中に大きく登場するようになった。ガウグラーによれば、「パートナーシャフト企業とAGPは、雇用されている企業の資本への従業員の参加という実践形態をもって、自由で個別的な財産形成形態を促進させ、集団的強制規範による財産形成を政治的に押し止めることができた[59]」のである。

この時代の大きな変化のひとつは、経営パートナーシャフトが企業の競争力を高める要因として認識されるようになってきたということである。すなわち、パートナーシャフト的企業文化およびパートナーシャフト的に形成された給付生産過程の中に重要な成果要因が横たわっていることが認識されるようになってきたのである。現代の経済・社会において企業はこれまでにも増してさまざまの挑戦的課題に直面している。それらに適切に対応するためには、企業者的発想と責任をもって行動する従業員がいっそう求められるようになってきた。かつてシュピンドラーが提唱した「従業員から共同企業者へ」("Mitarbeiter werden Mitunternehmer")というモットーがようやくその意味を獲得してきたのである。「今日では、共同企業者的に積極的に参加する従業員が企業の存続と経営成果にとって必要不可欠であるという認識が広まっている[60]」とガウグラーはいう。

1980年代の終わりにベルリンの壁が崩壊して東西ドイツの再統合がなされた。パートナーシャフト運動は旧東ドイツ部分でも展開されるようになり、とくにManagement by Outによるパートナーシャフト企業が増えている。

ガウグラーは、1950年から今日に至る40年にわたるパートナーシャフト運動を振り返って以下のように述べている。「経営パートナーシャフトの長年の

---

(59) (60) (61) Gaugler, Eduard: Die AGP in sechs Jahrzehnten, in; *AGP-Forum*, Kassel, Nr.1, 2007, S. 5.

経験が教えてくれるところでは、大規模企業よりも中規模企業の方がその構造においてより有利な前提条件を有しているということである[61]」と。多くの場合、経営パートナーシャフトは企業者のイニシアティブによって生まれてきた。ドイツの中規模企業では株式会社よりも合資会社や有限会社の会社形態をとる企業が多い。そこでは家族経営や独立企業者によって会社の所有構造が守られている。このことは、今後とも経営パートナーシャフトの実践は、企業者（所有者）の個性やその創意性に待つところがきわめて大きいことを物語っている。

V. 結　　論

　近年、ドイツにおいても「株主価値中心主義」（Shareholder-Value-Konzept）が極度に推し進められた。資本提供者の利益を企業政策の唯一の決定基準とする考え方である。ガウグラーはこれを激しく批判する。「パートナーシャフト構想の代表者たちは、企業およびその成果に対する資本提供者の利害を決して否定するものではない。しかし、株主価値は、企業経営にとっては、同じく企業に対して正当な請求権をもつ他の利害関係者と並んで、その目標基準のひとつであるに過ぎない。したがって、パートナーシャフト企業は、むしろステークホルダー原理（Stakeholder-Prinzip）に方向づけられるものでなければならない[62]」と。この場合、ステークホルダーは企業構成員だけではない。例えば、環境保全などもパートナーシャフト企業の目標に含まれてくる。ステークホルダーのひとりである従業員については、成果参加や資本参加などの物的参加と並んで、「従業員の人格価値へ方向づけられた人事管理がパートナーシャフト的企業経営の中心的要素として形成されなければならない[63]」と改めて強調している。

　労資同権原則ないし労資対等原則によって監査役会を構成する企業体制、す

---

(62)(63) Gaugler, Eduard: Historische Entwicklung der Mitarbeiterbeteiligung, S.98.

なわち「モンタン共同決定法」(1951年) および「拡大共同決定法」(1976年) によって規定される企業体制は、すでに今日において大企業の企業体制を構成する基本的枠組みであるにもかかわらず、ガウグラーにおいては全面的な支持を得ていない。企業の最高意思決定機関は一元的構造をもつべきで、現行の二元的構造は機能障害的な作用をもたらすというのがガウグラーの主張である。この意味からすれば、「経営組織法」による、資本代表2、労働代表1の比率で監査役会を構成する企業体制の方がガウグラーの主張に適うことになる。われわれは、このような共同決定思想を「パートナーシャフト的共同決定思想」と称してきた。それは、フィッシャーとも共有する共同決定思想であり、またシュピンドラー以来「パートナーシャフト協会」(AGP) の運動を支えてきた思想でもある。

ところが現実には、本書でも取り上げたドゥレーガーヴェルク社の経営パートナーシャフトに見られるように、労資同権原則に基づく共同決定体制と経営パートナーシャフトがいわば同居しているのである。この両者は異質のもの同士であるのか、それとも同質性をもつものであるのか、本書においては十分に考察を加えていない。ガウグラーは、経営パートナーシャフトの精神史において異質のものとして描いている。かつて労働組合のトゥフトフェルトは、シュピンドラーを批判して、「労働者運動において革命的マルクス主義の後を継いだのは経済民主主義の思想であった。利潤参加の思想はこれとは全く別の源から発している[64]」と述べたことがあった。これは1950年のことであったが、きわめて重要な指摘である。これをいわば裏返しにしたものがガウグラーの経営パートナーシャフト史であるといえる。

われわれは、別著『キリスト教経営思想―近代経営体制とドイツ・カトリシズム』(1999年) において、ドイツ・カトリシズムにおいても共同決定思想について二つの流れがあることを指摘している。ひとつの流れは、キリスト教的

---

(64) Tuchtfeldt, Egon: Zur Problematik der Gewinnbeteiligung, in; *Gewerkschaftliche Monatshefte*, Jg.1, H.6, 1950, S. 259.

経済民主主義の思想に立つもので、社会経済過程における労資協働の思想、すなわち「社会的パートナーシャフトの思想」から共同決定論を展開する方向である。これをわれわれは「進歩派」と称した。いまひとつの流れは、まさに本書で見てきたところの「パートナーシャフト的共同決定思想」である。フィッシャーやガウグラーの共同決定思想をこの流れに含ませてきた。これをわれわれは「保守派」と称してきた。ドイツにおける社会的カトリシズムの歴史は、この二つの流れの間でたえず論争が行われてきたことを物語っているが、われわれが至り着いた結論は、ドイツ・カトリシズムの経営思想とは、「社会的パートナーシャフトの思考」と「経営パートナーシャフトの思考」を統合した経営思想であり[65]、「経営パートナーシャフトの思考」は「社会的パートナーシャフトの思考」を前提としてはじめて成立し得る[66]というものであった。

　われわれの立場から見ると、ドイツにおける経営パートナーシャフトの運動においては未だに二つの流れは並走して合流しないままである。経営パートナーシャフトの実践においてはすでに合流しているのであるから、この二つの流れを統合するような思想と理論を構築することがパートナーシャフト運動に強く求められる。少なくとも「パートナーシャフト協会」（AGP）の定款を見るかぎり「社会的パートナーシャフトの思考」はまだ十分に捉えられていないのである。

---

(65)　増田正勝『キリスト教経営思想—近代経営体制とドイツ・カトリシズム』(1999年)、3頁。
(66)　上掲書、7頁。

主要基礎論文一覧

第1章　「パウル・シュピンドラー・ヴェルク社の経営パートナーシャフト」『広島経済大学経済研究論集』第29巻第4号、2007年3月。

第2章　「ゼドゥス・シュトル社のパートナーシャフト経営」『広島経済大学経済研究論集』第28巻第2号、2005年9月。

第3章　「ピエロト社の経営パートナーシャフト」『広島経済大学経済研究論集』第31巻第3号、2008年12月。

第4章　「グリューンベック社の経営パートナーシャフト」『広島経済大学創立四十周年記念論文集』、2007年10月。

第5章　「ベルテルスマン社の経営パートナーシャフト」『広島経済大学経済研究論集』第31巻第1号、2008年6月。

第6章　「ドゥレーガーヴェルク社の経営パートナーシャフト」『広島経済大学経済研究論集』第29巻第2・3号、2006年12月。

第7章　「労働者財産形成法の展開と経営パートナーシャフト」『広島経済大学経済研究論集』第32巻第1号、2009年6月。

第8章　「経営パートナーシャフトと労働組合」『広島経済大学経済研究論集』第32巻第2号、2009年9月。

第10章　「フィッシャー経営学とカトリシズム」『山口経済学雑誌』第34巻第3・4号、1985年6月。
　　　　『キリスト教経営思想—近代経営体制とドイツ・カトリシズム』（森山書店、1999年）「第10章　フィッシャーのパートナーシャフト思想」

第11章　「E. ガウグラーの経営学説—パートナーシャフト的共同決定論の展開」『山口経済学雑誌』第44巻第5・6号、1996年3月。
　　　　「ガウグラー経営学と経営パートナーシャフトの構想」『広島経済大学経済研究論集』第32巻第3号、2009年12月。

事 項 索 引

＊欧文事項のうち斜体文字で表記したものは雑誌・機関誌等の名称を示す。
＊和文事項はローマ字読みしてアイウエオ順に並べてある。

A

AGP-Mitteilungen（『AGP 通信』）……*217, 220, 283*
ASU（Arbeitsgemeinschaft selbstständiger Unternehmer）……………………30, 213
AGP（Arbeitsgemeinschaft zur Förderung der Partnerschaft in der Wirtschaft e.V.）
………………………………2, 211ff.
——創設 30 周年………………………222
——創設 40 周年………………………224
——の構成員……………………………234
——の指導像……………………………233f.
——の組織………………………………226
——の目標………………………………234
AGP パートナーシャフト企業文化賞…………230
Arvato……………………………………106
アーノルト・プラン……………………154
アガルツ危機……………………………192
アルフレート・クルップ財団……………44
アルベルト・シュトル合資会社（Albert Stoll GmbH & Co.KG）………………35

B

BKU（Bund Katholischer Unternehmer カトリック企業者連盟）………………154
BMG………………………………………105
ベルテルスマン基本秩序（Bertelsmann Grundordnung）………………………102
ベルテルスマン・クラブ（Club Bertelsmann）
……………………………………………101
ベルテルスマン社（Bertelsman AG）
………………………97ff., 140, 148, 170, 227
ベルテルスマン社企業体制（Unternehmensverfassung）……114, 117
ベルテルスマン・モデル………………108ff

ベルテルスマン財団（Bertelsmann-Stiftung）
……………………………103, 119ff., 122, 130
ボーフム宣言……………………………249
物的参加（materielle Beteiligung）…………12, 29

C

CDU（Christlich-Demokratische Union キリスト教民主同盟）………………196
——社会委員会…………………………154
CGD（Christlicher Gewerkschaftsbewegung Deutschland キリスト教労働組合）
……………………………………………196
貯蓄プレミアム法（Sparprämiengesetz）……157

D

DAG（Deutsche Angestellten-Gewerkschaft）
………………………………187, 200, 230
DAG モデル………………………………201, 202
DGB（Deutscher Gewerkschaftsbund ドイツ労働組合総同盟）…………165, 187, 188, 192, 195, 196, 203, 209
Direct Group……………………………106
ダイムラー・ベンツ社（Daimler Benz AG）
……………………………………………160
デュッセルドルフ指導原理……………154
ドイツ・コーポレート・ガバナンス原則（Deutscher Corporate Governance Kodex）………………………………146
ドイツ人事管理学会（Deutsche Gesellschaft für Personalführung DGFP）……………130
ドイツ職員労働組合（→ DAG）
ドイツ労働組合総同盟（→ DGB）
ドゥイスブルク銅精錬所（Duisburger Kupferhütte）……………………155, 186
ドゥレーガー・コンツェルン（Dräger-Konzern）

‥‥‥‥‥‥‥‥‥‥‥‥‥‥‥‥‥‥‥‥‥‥‥‥*125*
ドゥレーガー・メディカル社（Dräger Medical
　　AG & Co.KG）‥‥‥‥‥‥‥‥‥‥‥‥*125*
ドゥレーガー・セイフティー社（Dräger Safety
　　AG & Co.KGaA）‥‥‥‥‥‥‥‥‥‥*125*
ドゥレーガー財団（Dräger-Stiftung）‥‥‥‥‥*129*
ドゥレーガー文化‥‥‥‥‥‥‥‥‥‥‥‥‥*133*
ドゥレーガーヴェルク社（Drägerwerk AG）
　　‥‥‥‥‥‥‥‥‥‥‥‥‥‥‥‥‥*125ff.*
独立企業者協会（→ ASU）
独立性原理（Eigenständigkeitsprinzip）‥‥‥‥*245*

E

エミール・ルックス合資会社（Emil Lux KG）
　　‥‥‥‥‥‥‥‥‥‥‥‥‥‥‥‥‥‥*220*
エルゴノミー（Ergonomie）‥‥‥‥‥‥‥‥‥*36*

F

Familienuntenehmer — ASU‥‥‥‥‥‥‥‥*213*
フェルカー社（Baufirma Wilhelm Völker）‥‥*155*
フェルディナント・ピエロトぶどう栽培・ワイン
　　醸造有限会社（Ferdinand Pieroth-
　　Weingut-Weinkellerei GmbH）
　　‥‥‥‥‥‥‥‥‥‥‥‥‥*51ff., 55, 228*
福祉財団（Fürsorgestiftung）
　　ゼドゥス・シュトル社の——‥‥‥‥‥‥‥*39*
フォード社（Ford-Werke）‥‥‥‥‥‥‥‥*186*

G

Gewerkschaftliche Monatshefte（『月刊労働組合雑
　　誌』）‥‥‥‥‥‥‥‥‥‥‥‥‥*122, 188*
GiZ（Gesellschaft für innerbetriebliche
　　Zusammenarbeit GmbH）‥‥‥‥*69, 222,
　　237*
Gruner + Jahr‥‥‥‥‥‥‥‥‥‥‥‥‥‥*105*
技術決定論（technologischer Determinismus）
　　‥‥‥‥‥‥‥‥‥‥‥‥‥‥‥‥‥‥*272*
グリコール・ワイン・スキャンダル‥‥*51, 56, 74*
クリストフ・シュトル合資会社（Cristoph Stoll
　　GmbH&Co.KG）‥‥‥‥‥‥‥‥‥‥*36*
グリューンベック従業員参加有限会社
　　（Grünbeck-Mitarbeiter-Beteiligungs-
　　GmbH）‥‥‥‥‥‥‥‥‥‥‥‥*79, 83*
グリューンベック水質浄化有限会社（Grünbeck
　　Wasseraufbereitung GmbH）
　　‥‥‥‥‥‥‥‥‥‥‥‥‥‥‥*75, 78, 85*
グリューンベック水化学・水処理装置製造
　　（Grünbeck Wasserchemie und
　　Apparatebau）‥‥‥‥‥‥‥‥‥‥‥‥*76*
グリューンベック社‥‥‥‥‥‥‥‥‥‥‥*76ff.*
グリューンベック・モデル‥‥‥‥‥*79ff., 91, 179*
ゲジカ有限会社（Gesika Büromöbelwerk
　　GmbH）‥‥‥‥‥‥‥‥‥‥‥‥‥‥*37*

H

ハウエンシルト家具製造有限会社（Hauenschild
　　Möbelfabrik GmbH&Co.）‥‥‥‥‥‥*227*
ハンス・ベックラー財団（Hans-Böckler-
　　Stiftung）‥‥‥‥‥‥‥‥‥‥‥‥‥*123*
ヘキスト社（Hoechst AG）‥‥‥‥‥‥‥‥*159*
ヘトラーゲ株式合資会社（Hettlage KGaA）‥*227*
ヒューレット・パッカード有限会社（Hewlett-
　　Packard GmbH）‥‥‥‥‥‥‥‥‥‥*228*
ホーマック社（Homag AG）‥‥‥‥‥‥‥*226*
ホイッスラー・プラン‥‥‥‥‥‥‥‥*154, 196*
補完性原理（Subsidiaritätsprinzip）‥‥‥*245, 250*
ホペック蓄電池工業社（Accumulatorenwerke
　　Hoppeck Carl Zoellner & Sohn
　　GmbH&co、KG）‥‥‥‥‥‥‥‥‥‥*220*

J

ジーメンス社（Siemens AG）‥‥‥‥‥‥‥*159*
従業員株式（Mitarbeiteraktie）‥‥‥‥‥‥‥*282*
従業員貸付（Arbeitnehmerdarlehen/
　　Mitarbeiterdarlehen）‥‥‥‥‥‥‥*40, 221*
グリューンベック社の——‥‥‥‥‥‥‥*78, 81*
従業員協議会（Mitarbeiterbesprechung）
　　ベルテルスマン社の——‥‥‥‥‥‥‥‥*118*
従業員持株制度‥‥‥‥‥‥‥‥‥‥‥‥‥‥*74*
従業員参加（Mitarbeiterbeteiligung）‥‥‥*58, 181*
従業員参加プログラム（Mitarbeiter-Beteiligungs-
　　Programm）
　　ピエロト社の——‥‥‥‥‥‥‥‥‥‥‥*74*
従業員資本参加制度
　　（Mitarbeiterkapitalbeteiligung）‥‥‥*43*
住宅建設法（第2次）（Wohnungsbaugesetz）
　　‥‥‥‥‥‥‥‥‥‥‥‥‥‥‥‥*155, 157*
住宅建設プレミアム法（Wohnungsbauprämien-

事項索引　297

受益権（Genußrecht）……………108, 167
受益証券（Genußschein）…………108, 137, 167
　　ベルテルスマン社の――……………108ff.
　　ドゥレーガーヴェルク社の――………130, 135
受益権管理会社
　　（Genußrechtsverwaltungsgesell-
　　schaft）……………………………108
受益証券管理会社
　　（Genußscheinverwaltungsge-
　　sellschaft）…………………………108
受益証券資本（Genußscheinkapital）………109
人格原理（Personprinzip）………………245

K

KAB（Katholische Arbeiterbewegung
　　カトリック労働者運動）………154, 196
カール・ベルテルスマン賞（Carl-Bertelsmann-
　　Preis）………………………………121
カール・ベルテルスマン出版社
　　（Karl Bertelsmann Verlag）…………97
カール・ツァイス財団………………………44
拡大共同決定法………………204, 220, 287
貸付債権………………………………166
貸付参加
　　ベルテルスマン社の――………………106
　　ピエロト社の――………………………61
カトリック会議（Katholikentag）……………246
　　ボーフム・――（1949年）……………249
　　マインツ・――（1948年）……………246
カトリック企業者連盟（→ KAB）
カトリック社会論……………242, 245, 268, 282
株式参加………………………………181
株主価値最大化主義……………………238
株主価値中心主義………………………290
企業観
　　人間中心主義的――……………………183
　　人間志向的――………………………183
　　資本中心的――………………………183
　　資本志向的――………………………183
企業原則
　　ゼディア・シュトル有限会社の――………48
　　ゼドゥス・シュトル社の――……………48
企業政策………………………………275

企業哲学
　　ゼドゥス・シュトル社の――……………43
企業文化
　　ドゥレーガー社の――…………………130ff.
　　ゼドゥス・シュトル社の――……………44ff.
企業体制
　　一元的構造をもった――………………276
　　二重構造をもった――…………………275
基準積立金（Sollrücklage）………………17
キリスト教的経済民主主義の思想…………291
共同企業者契約（Mitunternehmer-Vertrag）……9
共同企業者諮問委員会（Mitunternehmerbeirat）
　　…………………………………15
共同企業者制度（Mitunternehmertum）
　　……………………………5, 186, 233
共同決議権（Mitentscheidungsrecht）………15
共同決定
　　経営的――……………………………260
　　経営内的――………………………259, 260
　　経営を超えた――………………………259
　　集産主義的――……………………259, 260
　　労資同権的――……………………261, 276
共同決定権………………………………209
共同決定法（Mitbestimmungsgesetz）（1951年）
　　（→モンタン共同決定法）
共同決定法（1976年）……………145, 204
協働の原則
　　シュピンドラー社の――………………11
クッパーミューレ陶磁器製造有限会社（Keramik
　　Manufaktur Kupfermühle GmbH）
　　…………………………………228
936マルク法（936DM-Gesetz）………85, 167
クリストフ・シュトル合資会社（Christof Stoll
　　GmbH & Co.KG）………………36
コーポレート・ガバナンス
　　ドゥレーガーヴェルク社の――…………143
経営エゴイズム………………190, 191, 193
経営管理原則
　　ベルテルスマン社の――………………116, 117
経営協議会
　　シュピンドラー社の――………………19ff
経営思想
　　ライハルト・モーンの――………………111
経営社会学………………………………244

ドイツ——·················240
経営成果··················16, 280
経営組織法（Betriebsverfassungsgesetz）
　　（1952年）···············204, 206, 279
経営組織法（1972年）··········207, 279, 287
経営的一般社会政策（betriebliche
　　Gesellschaftspolitik）··············231
経営内的協働·················11
経営内的協働促進協会（GiZ）·····69, 222, 237, 288
経営パートナーシャフト····92, 176, 177, 214, 217,
　　234, 254, 257
　　——の思想·················194
　　——の精神的基礎··············252ff., 255
経済委員会··················13, 22, 39, 285
経済民主主義··················208
公正賃金··················255ff

M

Mensch und Arbeit im Betrieb·············265
ミュンヘン基本綱領···············203
メゲーレ株式会社（Megerle AG）··········229
モンタン共同決定法（Montan-
　　Mitbestimmungsgesetz）········26, 204,
　　206, 259, 279

N

Das neue Unternehmen··············233
2ペーニッヒ・プラン··············154
ニックスドルフ・コンピュータ株式会社
　　（Nixdorf Computer AG）············228
日本パートナーシャフト協会············263
人間主義的要請················269ff

P

Personal··················265
パートナーシャフト
　　経営内的——·················11
　　——の道·················235
パートナーシャフト委員会
　　（Partnerschaftsausschuß）··········285
　　グリューンベック社の——··········80
　　シュピンドラー社の——··········13, 19
　　ピエロト社の——·············59
パートナーシャフト運動············284ff., 292

パートナーシャフト関係
　　経営を超えた——·············258
パートナーシャフト企業··········113, 285, 289
パートナーシャフト協会（→ AGP）····2, 30, 124,
　　127, 130, 176, 186, 210, 211ff., 251,
　　279, 283
パートナーシャフト賞····72, 75, 95, 148, 202, 221,
　　227ff., 283
パートナーシャフト的企業文化··········223, 289
パートナーシャフト的共同決定············278
　　——思想·················291
パートナーシップ（Partnership）
　　アングロサクソン的——···········258
パウル・シュピンドラー・ヴェルク社（Paul-
　　Spindler-Werke KG）······3ff., 155, 281
ピエロト社···················51, 52ff.
ピエロト社会制度（Pieroth-Sozial-System）····66
ピエロト社会ハンドブック（Pieroth-
　　Sozialhandbuch）················67
ピエロト・ブルー···············55, 57
ピエロト・モデル·················58ff.
ピエロト財産参加モデル················63
ピットラー機械製造株式会社（Pittler
　　Maschinenfabrik AG）············221
ヘキスト社（Hoechst AG）
ホツイスラー・プラン·············154

R

Rondom Haus················105
RTL··················105
ラボレーム・エギゼルチェンズ（Laborem
　　exercens）··············267, 268
利潤··················189ff.
利潤参加··········181, 185, 189, 201, 239
　　グリューンベック社の——·········79, 81
利潤参加制度
　　ベルテルスマン社の——···········103
倫理的・規範的経営学··············242
レーバー・プラン················161
連合サービス業労働組合（Vereinten Dienstleis-
　　tungsgewerkschaft）············200
連帯性（Solidalität）
　　経営的——··············191, 193
　　労働組合的——··············190, 193

事項索引　299

連帯性原理（Solidaritätsprinzip）………245, 250
ローゼンタール株式会社（Rosenthal AG）……229
労資協働の思想………………………………6
労働組合観
　シュピンドラーの―― ………………………194
労働者代表制………………………………239
労働者貯蓄手当（Arbeitnehmer-Sparzulage）
　………………………………164, 167, 173
労働者財産形成促進法（Das Gesetz zur
　　Förderng der Vermögensbildung der
　　Arbeitnehmer）（→財産形成法）…151
労働者財産形成法（→財産形成法）…………219
労働主義（Laborismus）……………………268
労働主義的（laboristische）参加……………235
労働主義的（laboristische）資本参加モデル…68
労働主義的従業員参加モデル………………68
労働の人間化……………………………219, 272
624マルク（624DM-Gesetz）…………………164

S

SPD（Sozialdemokratische Partei Deutschlands
　　ドイツ社会民主党）…………………196
Süddeutsche Zeitung（『南ドイツ新聞』）…………30
産業財団（Industriestiftung）…………………44
312マルク法（312 DM-Gesetz）……………159
肢体性原理（Gliedprinzip）…………………245
資産参加………………………………18, 22, 28
資本参加…165, 171f., 175, 180, 195, 200, 202, 282,
　　285
　資本主義的―― ………………………………236
　ドゥレーガーヴェルク社の―― ……………135ff.
　ベルテルスマン社の―― ………………106ff., 111ff.
　ゼドゥス・シュトル社の―― ………………39ff.
　ピエロト社の―― ……………………………62, 70
ステークホルダー原理………………………290
ステークホルダー主義………………………238
成果達成共同体（Errungenschaftsgemeinschaft）
　………………………………10, 12, 178, 186
成果賃金（Ergebnislohn）……………………186
成果参加（Ertragsbeteiligung/
　　Ergebnisbeteiligung）…27, 157, 280ff.,
　　285
　シュピンドラー社の―― ………………16ff., 27
　ゼドゥス・シュトル社の―― ………………38f.

ピエロト社の―― ………………………………60
経営を超える―― …………………………197
精神的参加（immaterielle Beteiligung）……12, 30
存在論的社会学……………………………244, 245
損失参加………………………………………18, 62
社会資本（Sozialkapital）………196, 198, 201
社会資本フォンド（Sozialkapitalfond）………196ff.
社会的正義…………………………………256
社会的職分……………………………247, 249
社会的パートナーシャフト（soziale
　　Partnerschaft）……87, 90, 92, 258, 287
　――の思想…………………………………292
社会福祉組織（die soziale Einrichtung）
　シュピンドラー社の―― ………………………6
社会フォンド………………………………161
シュピンドラー・モデル（Spindler-Modell）…9ff.,
　　187, 189, 206
シュトル・ヴィタ財産（Stoll VITA Stiftung）
　………………………………………36, 43ff.
職務設計（Arbeitsstrukturierung）…………272
所得税法第19条a項………………168, 173, 174
所有参加（Miteigentum）………64, 153, 200, 209
　――の系譜………………………………239
　――政策…………………………………239
所有疎外……………………………………282

T

追加的給付
　シュピンドラー社の―― ………………………17
テイロリックス株式会社（Taylorix AG）……229
投資賃金（Investivlohn）……………………162
投資賃金プラン…………………………154, 196
匿名組合契約（stille Gesellschaftsvertrag）……62
匿名組合参加
　セドゥス・シュトル社の―― ……………41ff., 281
匿名参加
　グリューンベック社の―― ……………………84
匿名社員…………………………………167

U

ウニオン・ヴェルク社（Union-Werk AG）……191,
　　193

V

ヴァイトミューラー合資会社 (C.A.Weidmüller KG)……221
ヴィルクハーン有限会社 (Wilkhahn GmbH)……229
ヴュルツベルク教会会議……277

W

WIV AG……57
WIV インターナショナル株式会社 (Wein International Vertrieb International AG)……51, 56

Z

財団「企業者的経済における社会変革」(Sozialer Wandel in der unternehmerischen Wirtschaft)……72, 95, 221, 227
財産管理会社 (Vermögensverwaltungsgesellschaft)……107
財産形成
  経営的――……166
財産形成法 (Vermögensbildungsgesetz)……151
  第1次――……156ff., 195
  第2次――……161ff.
  第3次――……163ff., 288
  第4次――……84, 89, 140, 151, 165ff., 179, 196, 199, 288
  第5次――……173f.
財産効果的給付 (vermögenswirksame Leistung)……157
財産参加……59
財産参加法 (Vermögensbeteiligungsgesetz)……84, 151, 199, 289
  第1次――……165, 168
  第2次――……173, 202
  第3次――……174
ザクセン車両電化商事有限会社 (Sachen Fahrzeugelektrik Handels-GmbH)……229
ザルツデートフル社 (Salzdetfurt AG)……159
ゼディア・シュトル有限会社 (Sedia Stoll GmbH)……44
ゼドゥス・シュトル・コンツェルン (Sedus Stoll Konzern)……37
ゼドゥス・シュトル社 (Sedus Stoll AG)……28, 33, 35ff., 44
全体主義経営……195

欧文人名索引

A

Abbe（アッベ），Ernst··········31, 185, 233, 240
Agartz（アガルツ），Viktor··········192
Arnold（アーノルト），Karl··········154

B

Bertelsmann（ベルテルスマン），Carl··········97
Berlelsmann（ベルテルスマン），Friederike····99
Bertelsmann（ベルテルスマン），Heinrich······98
Beyer（ベイヤー），Heinrich··········48, 50
Böckler（ベックラー），Hans··········123, 192
Bosch（ボッシュ），Robert··········31
Blüm（ブリューム），Nobert··········166
Brandts（ブランツ），Franz··········233
Briefs（ブリーフス），Goetz··········153, 282
Büttner（ビュットナー），H.W.··········196

C

Cattepoel（カッテポエル），Dirk··········24, 25

D

Dietrich（ディートリッヒ），Rudolf··········241
Dräger（ドゥレーガー），Bernhard··········128
Dräger（ドゥレーガー），Christian····95, 124, 127, 130, 131, 148, 220, 222, 227, 253, 263
Dräger（ドゥレーガー），Heinrich（1847-1917）
··········126, 127
Dräger（ドゥレーガー），Heinrich（1898-1986）
··········128
Dräger（ドゥレーガー），Stefan··········126, 145
Dräger（ドゥレーガー），Theo··········144
Drucker（ドラッカー），Peter··········134

E

Ernst（エルンスト），Walter··········82, 86

F

Faltlhauser（ファルトゥルハウザー），Kurt
··········65, 69, 89
Fink（フィンク），Ulf··········208
Fischer（フィッシャー），Manfred··········104
Fischer（フィッシャー），Guido·····1, 34, 65, 216, 239ff., 241, 265, 266
Freese（フレーゼ），Heinrich····31, 185, 233, 240
Friedrichs（フリードリッヒス），Hans··········262
Frings（フリングス），Josef··········20

G

Gaugler（ガウグラー），Eduard·····30, 65, 73, 75, 177, 217, 222, 227, 237, 241, 265ff., 266
Geers（ゲールス），Volker··········214
Gleitze（グライツェ），Bruno··········196
Grochla（グロッホラ），Erwin··········275
Grünbeck（グリューンベック），Josef··76, 86, 89, 152, 179
Gundlach（グントラッハ），Gustav··········250
Gutenberg（グーテンベルク），Erich·····240, 275

H

Harkort（ハールコート），Friedrich··········31
Häussler（ホイッスラー），Erwin··········154
Hinkel（ヒンケル），Karl··········196, 205
Höffner（ヘフナー），Joseph··········245

J

Johannes Paul Ⅱ（ヨハネ・パウロ二世）······268

K

Kallup（カループ），Ernst··········34, 49
Kalveram（カルフェラム），Wilhelm··········267
Klopfer（クロッパー），Werner··········65
Klüber（クリューバー），Franz··········245
Knoblauch（クノップラウヒ），Jörg··········226
Knüpffer（クニュップァー），Rudolf von······216
Kolbinger（コルビンガー），Josef··········266
Konitzer（コニッツァー），Ursula··········203
Kuschetzki（クシェツキ），Horst··········226

Kuß（クッス），Ernst·····························186

L

Leber（レーバー），Georg························161
Lehmann（レーマン），Max Rudolf············243
Lezius（レチウス），Hans Michael······48, 50, 217, 220, 230
Lux（ルックス），Emil····························220

M

Maier（マイアー），Kurt··························241
Maneth（マネート），Alfred························90
Mark（マーク），Gerd······························111
Marx（マルクス），August·······················266
Mehrens（メーレンス），Klaus··················199
Mohn（モーン），Johannes························99
Mohn（モーン），Heinrich·························99
Mohn（モーン），Reinhard········96, 101, 102, 111, 113, 120, 123, 149, 182

N

Nell-Breuning（ネル・ブロイニング），Oswald von·······························20, 87, 250
Nicklisch（ニックリッシュ），Heinrich····241, 266

P

Pieroth（ピエロト），Andreas······················53
Pieroth（ピエロト），Elmar··54, 65, 152, 178, 253
Pieroth（ピエロト），Kuno····················54, 68
Pieroth（ピエロト），Philipp Ferdinand·········53

R

Reichvilser（ライヒフィルザー），Helmut·····262

S

Sacks（ザックス），Ernst·························217

Schäfer（シェーファー），Erich··················243
Schäkel（シェーケル），Uwe····················221
Schanz（シャンツ），Günther···················110
Schmitt（シュミット），Arnold··················241
Schmoller（シュモーラー），Gustav············185
Schneider（シュナイダー），Hans J.··152, 222, 237
Schuler（シューラー），Gerhard················226
Spindler（シュピンドラー），Gert Paul·····1, 4, 88, 176, 178, 192, 205, 212
Spindler（シュピンドラー），Paul··················4
Stoll（シュトル），Albert Ⅰ·······················35
Stoll（シュトル），Albert Ⅱ·······················36
Stoll（シュトル），Christoph······34, 36, 44, 46, 50
Stoll（シュトル），Emma·····················36, 45

T

Thordsen（トルトゼン），Johannes·············101
Tilders（ティルダーズ），Theo············191, 195
Tuchtfeldt（トゥフトフェルト），Egon···188, 208, 291

V

Vieregg（フィーレッグ），Josef··················251

W

Wagner（ヴァーグナー），Adolf··················185
Weidemann（ヴァイデマン），Dieter······221, 224, 226
Wistinghausen（ヴィスティングハウゼン），Jochen···214
Wixforth（ヴィックスフォート），Fritz·····99, 101
Wössner（ヴェッスナー），Mark···········104, 114
Wunderer（ヴンデーラー），Rudolf········266, 272

Z

Zoellner（ツェルナー），Claus············221, 223

著者紹介

山口大学名誉教授　博士（経営学、神戸大学）
略歴　1937年　中国大連市に生まれる
　　　1963年　神戸大学経営学部卒業
　　　1968年　神戸大学大学院経営学研究科博士課程単位取得
　　　1980年　山口大学経済学部教授
　　　2001年　広島経済大学経済学部教授（現在に至る）
専攻　ドイツ経営学
著書　『ドイツ経営政策思想』　森山書店　1981年
　　　『キリスト教経営思想―近代経営体制とドイツ・カトリシズム―』　森山書店　1999年

ドイツ経営パートナーシャフト史

2010年3月25日　初版第1刷発行　広島経済大学研究双書第32冊

著　者　ⓒ増田正勝
発行者　菅田直文
発行所　有限会社　森山書店　〒101-0054　東京都千代田区神田錦町1-10林ビル
　　　　TEL 03-3293-7061　FAX 03-3293-7063　振替口座　00180-9-32919

落丁・乱丁本はお取りかえします　　　　印刷・製本　シナノ書籍印刷

本書の内容の一部あるいは全部を無断で複写複製することは、著作権および出版社の権利の侵害となりますので、その場合は予め小社あて許諾を求めてください。

ISBN 978-4-8394-2089-5